【课题基金】浙江省教育厅一般科研项目：浙江省数字乡村"整体智治"的实践逻辑与实现路径研究（编号：Y202353648）

U0660230

新质生产力赋能数字乡村建设研究

唐　洁◎著

中国商务出版社

·北京·

图书在版编目（CIP）数据

新质生产力赋能数字乡村建设研究 / 唐洁著 .

北京 : 中国商务出版社 , 2024. 11. -- ISBN 978-7

-5103-5423-6

Ⅰ. F320.3-39

中国国家版本馆 CIP 数据核字第 2024VP4310 号

新质生产力赋能数字乡村建设研究

唐　洁　著

出版发行 : 中国商务出版社有限公司

地　　　址 : 北京市东城区安定门外大街东后巷 28 号　邮编 : 100710

网　　　址 : http://www.cctpress.com

联系电话 : 010—64515150（发行部）　　010—64212247（总编室）

　　　　　　010—64515164（事业部）　　010—64248236（印制部）

责任编辑 : 杨　晨

排　　　版 : 河南济航文化有限公司

印　　　刷 : 宝蕾元仁浩（天津）印刷有限公司

开　　　本 : 787 毫米 × 1092 毫米　1/16

印　　　张 : 13.5　　　　　　　　　字　　数 : 215 千字

版　　　次 : 2024 年 11 月第 1 版　　印　　次 : 2024 年 11 月第 1 次印刷

书　　　号 : ISBN 978-7-5103-5423-6

定　　　价 : 79.00 元

前　言

在信息技术迅猛发展和全球化进程加速推进的今天，数字化和智能化正在深刻改变全球社会经济发展的方向和格局。本书深入探讨了这一变革如何影响农村地区，特别是如何通过新质生产力的赋能作用，推动数字乡村建设，实现农村经济社会全面振兴。

本书指出农村地区作为粮食和资源的主要生产基地，其发展对于国家粮食安全、资源供给稳定性以及整体经济的可持续性和社会稳定性具有至关重要的影响。数字化和智能化技术的革新，为农村地区带来了前所未有的机遇，同时也带来了挑战。这些技术不仅能够提升农村生产力和社会管理水平，还能促进农村从传统农业向现代农业的转型，增强其在全球经济一体化背景下的竞争力。

本书全面分析了数字乡村建设的关键作用和潜力，旨在为农村现代化进程提供理论支持和实践路径。书中详细讨论了先进的信息技术如何在农村地区得到应用，以及这些技术在优化资源配置、改善环境质量、提升居民生活水平等方面的作用。同时，本书也深入探讨了数字乡村建设过程中可能面临的挑战，如技术普及不均、基础设施不完善、人才缺乏等问题，并提出了相应的策略和措施来应对这些挑战。

本书深入探讨新质生产力如何赋能数字乡村治理建设的各个方面。书中详细阐释了数字乡村和新质生产力的精确定义及其特点，为全书的分析框架搭建了坚实的理论基础。通过对信息技术和创新驱动下的生产力形态进行深入解析，揭示了其在数字乡村建设中的战略重要性和多维作用。本书还聚焦新质生产力如何通过创新融合、科技兴农和智慧治理等路径，为数字乡村的可持续发展提供理论逻辑和实施路径。

本书通过深入分析国内外各类典型案例，展示了不同国家在数字乡村建设领域的成功实践和经验教训。国内案例介绍多个地区的数字乡村建设模式，国际案例则展示了数字乡村建设在全球背景下的多样化应用和效果。

本书还深入探讨了新质生产力推动数字乡村建设的发展趋势以及所面临的挑战。从数字安全保障、乡村基础设施建设、人才培养以及区域发展不平衡等多个角度进行全面分析，为相关决策者、学术研究者和实践者提供了深入思考和可操作的政策建议。未来，随着技术的进步和社会需求的不断演变，新质生产力将继续在数字乡村治理建设中发挥关键作用，推动乡村社会经济实现持续健康发展的宏伟目标。

作　者
2024 年 3 月

目　录

第一章　绪　论

一、引言

随着信息技术的迅猛发展和全球化进程的加速，数字化和智能化正在深刻地改变着全球社会经济发展的方向和格局。这些革新不仅发生在城市，还覆盖了农村这一重要的生产和社会空间。这使得农村面临着前所未有的机遇和挑战。农村地区作为粮食和资源的主要生产基地，其发展不仅关乎国家的粮食安全和资源供给的稳定性，还直接影响到整体经济的可持续性和社会的稳定性。数字化和智能化不仅是技术的革新，更是社会变革的引擎。在这一变革的推动下，农村有望实现从传统农业向现代农业的转型，在全球经济一体化的背景下找到新的发展动力和竞争优势。因此，本书将全面探讨数字乡村建设在推动农村经济社会全面振兴中的关键作用和潜力，并提供理论支持和实践路径，以实现农村经济的可持续发展和社会的全面进步。

在全球化的背景下，数字乡村建设成为推动农村经济社会全面振兴的重要路径之一。本书旨在深入探讨数字化和智能化技术如何赋能农村发展，从而提升农村生产力和社会管理水平。通过分析先进信息技术在农村地区的应用，探讨其在优化资源配置、改善环境质量、提升居民生活水平等方面的作用。同时，本书还将探讨数字乡村建设过程中可能面临的挑战，例如，技术普及不均、基础设施不完善、人才缺乏等问题，并提出相应的策略和措施。

本书深入探讨了新质生产力如何赋能数字乡村治理建设的各个方面，涵盖了概念界定、治理路径分析以及详尽的案例研究。

在"概念"部分，本书详细阐释了数字乡村和新质生产力的精确定义及其特点，为全书的分析框架奠定了坚实的理论基础。通过对信息技术和创新驱动下的生产力形态进行深入解析，揭示了其在数字乡村建设中的战略重要性和多维作用。"治理路径"部分则聚焦于新质生产力如何通过创新融合、科技兴农和智慧治理等路径，为数字乡村的可持续发展提供理论逻辑和实施路径。本书探讨了新质生产力在优化资源配置、提升农村居民生活水平及推动乡村经济结构转型中的具体作用机制，以及这些机制如何在实际应用中产生协同效应和长期影响。

二、研究背景与意义

农村作为国家现代化进程中不可或缺的组成部分，其发展水平直接影响国家整体发展的均衡性和可持续性。然而，长期以来，传统的农业生产模式和社会管理方式已经无法有效应对社会的多样化需求和快速变化的挑战。特别是在信息化和智能化的进程中，农村发展面临着更为复杂和深刻的新形势。传统农业生产模式的固有局限性显而易见，如低效率的种植和养殖方式、高能耗的生产过程，以及由此带来的环境污染问题，这些已经成为制约农村发展的重要瓶颈。同时，传统的农村社会管理体制和服务体系越发滞后，无法有效地满足信息时代快速变化的需求。在这种背景下，数字乡村建设应运而生，不仅成为迈向现代农业、健康农村和美丽乡村的重要抓手，还是推动农村经济社会全面振兴的战略路径。

数字乡村建设的核心在于充分利用先进的信息技术，如互联网、大数据分析、人工智能等，以赋能传统农业和农村社会管理。通过数字化和智能化手段，可以显著提升农村生产效率，优化资源配置，改善生态环境质量，并提高农民的生活水平和社会福祉。例如，精准农业技术允许农民根据大数据分析的结果调整种植策略，实现农作物的精准施肥和灌溉，从而减少农药和化肥的使用，保护土壤生态系统。在社会管理方面，数字化和智能化使农村的教育、医疗和基础设施建设能够更精准地满足居民需求，提供高效的公共服务和管理。

然而，数字乡村建设面临着诸多挑战，如技术普及不均、基础设施落后、信息安全问题以及农民科技素养不足等。为了有效应对这些挑战，需要政府、企业和社会各界共同努力，制定并实施全面的政策措施，推动数字技术在农村的广泛应用和普及，同时加强农民的技术培训和教育，提高其利用新技术的能力。因此，数字乡村建设不仅是技术进步的体现，更是农村现代化进程的重要推动力量。通过有效整合和应用先进的信息技术，可以实现农村经济的结构性优化和转型升级，推动农村社会治理体系的现代化和精细化，最终实现农村经济的可持续发展和社会的全面进步。

三、研究内容与结构

本书分为六章，旨在全面探讨新质生产力在数字乡村建设过程中的作用和面临的挑战。第一章为绪论，第二章至第六章涵盖了新质生产力的概念与特性、数字乡村建设探究、新质生产力在数字乡村建设中的治理路径、实践案例分析、面临的挑战与对策等内容（见图1.1）。

第二章"新质生产力的概念与特性"：新质生产力作为一种通过信息技术和创新推动资源有效利用和经济增长质量提升的生产力形态，具有重要的理论和实践意义。本章将详细阐述新质生产力的基本定义及其历史演变，着重探讨信息技术、创新能力、智能化生产、市场竞争力以及社会价值创造能力等核心要素。通过深入分析新质生产力在技术创新引领、产业结构优化、市场竞争力提升和经济增长质量改善等方面的作用机制，揭示其在推动经济高质量发展中的战略价值和实践路径。

第三章"数字乡村建设探究"：数字乡村作为应对现代化挑战的重要战略，在乡村治理、产业发展及居民生活中的应用日益广泛。本章将从数字乡村的定义与内涵入手，深入探讨其在乡村综合治理、产业结构调整、第三产业发展以及居民生活水平提升中的具体应用场景。此外，还将进一步分析数字乡村建设的战略目标与任务，并通过政策支持效果对比研究，深入剖析数字乡村建设中的挑战与根源，为未来乡村发展战略的制定提供理论依据和实证支持。

第四章"新质生产力在数字乡村建设中的治理路径"：本章将重点探讨新质生产力与数字乡村建设的融合路径和治理机制。通过融合创新、科技兴农和智慧治理三个方面的综合分析，揭示新质生产力如何通过技术创新引领、科技兴农实践以及智慧治理策略，为数字乡村建设注入新动力。研究将涵盖科技在现代农业中的应用案例，以及智慧治理在乡村管理中的实际效果和策略应用，为理论逻辑与实施路径提供系统性支持和实证分析，从而为乡村社会经济可持续发展提供新思路和实践路径。

第五章"新质生产力赋能数字乡村建设的实践案例"：本章分为国内和国际两大部分，通过广泛而深入的案例分析，展示不同地区和国家在数字乡村建设方面的多样化成功经验和实践成果。国内案例涵盖了浦口区、曹县、垫江县、德清县等地的数字乡村建设典型模式，国际案例则涵盖了印度、非洲、马来西亚、美国、日本、英国等国家的数字乡村建设成功案例。通过对比分析不同背景和发展阶段下的数字乡村建设模式及实践启示，揭示其在全球乡村现代化进程中的普适性和可持续性，为未来乡村治理与发展提供丰富的经验和智慧。

第六章"新质生产力赋能数字乡村建设面临的挑战与对策"：本章将深入分析数字乡村建设中新质生产力面临的主要挑战与问题，从数字安全与潜在风险、乡村基础设施软硬件建设不足、区域发展不均衡等多个方面进行全面评估，探讨其对数字乡村建设可持续发展的潜在影响。随后，提出一系列具体而有效的政策建议与对策研究，包括建立健全数字安全防护体系、深化数字经济与农村振兴深度融合、加强农业科技创新能力等措施，为推动数字乡村建设的深入发展提供实践指南和政策支持。

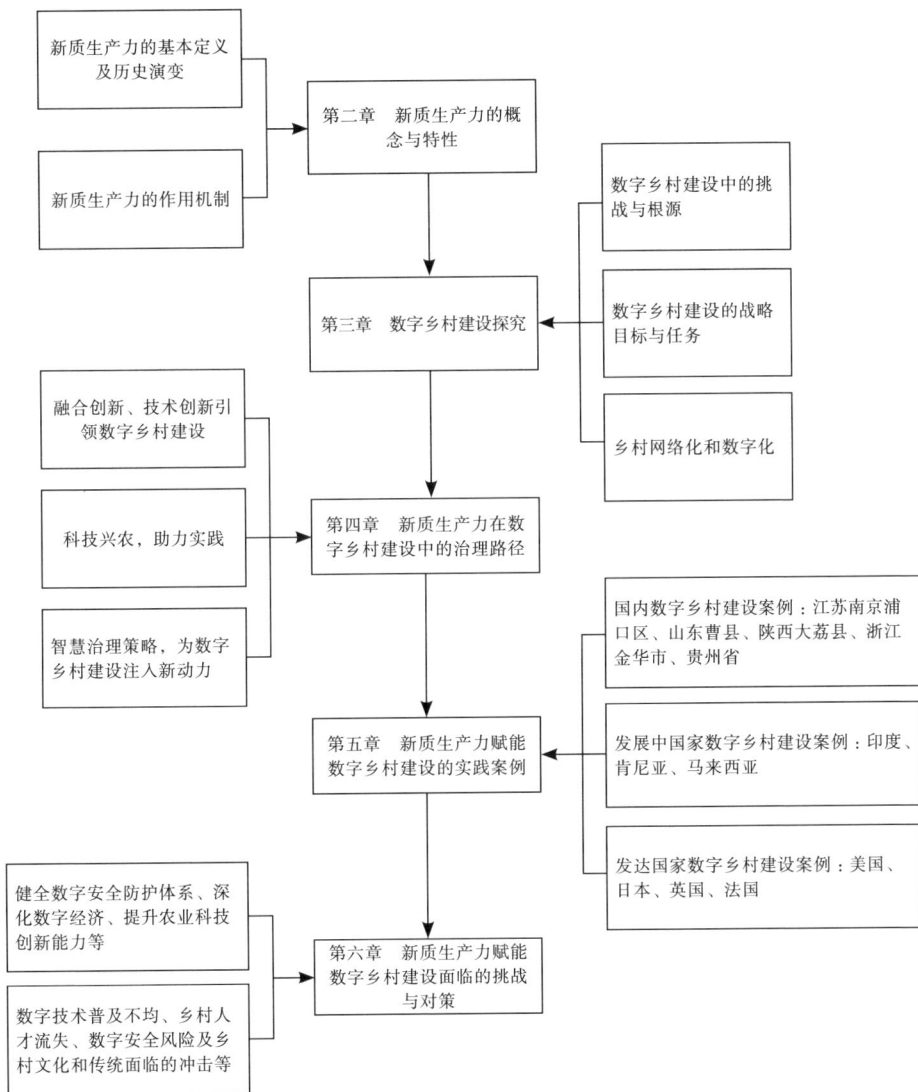

图1.1 内容结构框架

四、结语

本书通过对新质生产力与数字乡村建设的深入探讨和系统分析，全面揭示了其在推动乡村全面振兴、优化资源配置、提升居民生活质量等方面的重要作用和潜力。新质生产力作为信息技术和创新驱动的生产力形态，不仅能够提升农业生产效率和产品质量，还能促进乡村经济结构优化，推动乡村产业向高附加值、绿色可持续发展方向转型。数字乡村建设则以其网络化和数字化特征，有效改善了乡村基础设施，提升了公共服务水平，增强了乡村居民的生活便利性和幸福感。

同时，本书也深入分析了实践中可能遇到的各类挑战和问题。例如，数字技术普及不均、乡村人才流失、数字安全风险以及乡村文化和传统面临的冲击等，这些问题不仅限制了新质生产力和数字乡村建设的全面推广，也对乡村发展的长期可持续性构成挑战。面对这些挑战，本书提供了多角度、多层次的分析和对策建议，旨在为学术界、政策制定者和实践者提供全面的理论参考和实施指南。

随着技术的不断进步和社会需求的不断演变，新质生产力与数字乡村建设的重要性将持续凸显。未来，随着人工智能、大数据、物联网等新一代信息技术的广泛应用，以及人们对高品质生活和环境可持续性的日益重视，新质生产力和数字乡村建设将成为促进乡村社会经济持续健康发展的重要支撑。这不仅需要政府在政策层面的持续支持和引导，还需要学术界和企业在技术创新和实践应用方面的不懈努力，以实现乡村全面振兴和经济可持续增长的共同目标。

第二章 新质生产力的概念与特性

第一节 新质生产力的定义

一、新质生产力的基本定义

生产力作为经济学的核心概念，历史上受到了古典政治经济学和马克思主义政治经济学的深刻关注。其致力于揭示生产力形成的原因及其对社会发展的影响。马克思主义政治经济学认为生产力是促进社会历史发展的核心因素，并主张生产力应经历从量的积累到质的飞跃的转变。在数字化与智能化的时代背景下，这一转变不仅扩展了生产力的理论范畴，还引发了生产模式的深刻变革。技术革新作为新生产力的关键组成部分，不仅能够带动产业的升级换代，更是推动经济与社会向更高层次发展的决定性力量，为实现国家的繁荣富强奠定了坚实的基础。

在历史唯物主义的理论框架下，马克思曾使用"新的生产力"和"新兴生产力"等术语来描述生产力在不同时代、不同发展阶段和社会形态中的具体表现。2023年9月，习近平总书记在黑龙江考察时指出："要整合科技创新资源，引领发展战略性新兴产业和未来产业，加快形成新质生产力。""积极培育新能源、新材料、先进制造、电子信息等战略性新兴产业，积极培育未来产业，加快形成新质生产力，增强发展新动能。"2023年12月的中央经济工作会议进一步强调，"要以科技创新推动产业创新，特别是以颠覆性技术和前沿技术催生新产业、新模式、新动能，发展新质生产力"。

习近平总书记关于创新驱动发展的重要论述，凸显了新质生产力在当代中国经济社会发展中的关键地位。尤其是在信息化和数字化的推动下，这些论述展现了新质生产力的主要表现形式。新质生产力的理论演进，根植于马克思主义生产力理论的沃土之中，展示了技术革新如何推动多方面的社会变迁。习近平总书记提出的新质生产力概念，扩展了马克思主义生产力理论的内涵，反映了新时代中国特色社会主义生产力发展的新趋势，是生产力的一次新飞跃。新质生产力的提出，为中国经济高质量发展和中国式现代化提供了新的指导原则。党的二十大报告提出，"高质量发展是全面建设社会主义现代化国家的首要任务"，"必须坚持科技是第一生产力、人才是第一资源、创新是第一动力"。

为了更好地理解新质生产力的核心内涵和科学意义，我们需要深入探讨。与传统生产力相比，新质生产力的独特之处在于其依托科技创新，以创新驱动为发展方式，并强调绿色低碳的发展方向（见图2.1）。这三个方面集中体现了新质生产力的核心特征。此外，技术革新正快速推进新质生产力的壮大，引导生产关系进行相应的调整，并促进生产模式与经济社会结构的革新。这种新质生产力的增长与当前的可持续发展理念相得益彰，助力中国在智能制造业和数字经济领域的战略布局，同时通过创新提高生产效率，催生新兴产业和商业模式。培育这种新质生产力需要人才、资本和制度的全方位支持。其不仅更新了生产工具，还重塑了社会结构和劳动方式，形成全球经济的互动的新格局，推动国际分工体系快速演变。马克思主义的分析框架为理解这些变化提供了宝贵的经验，展示了科技进步如何全方位地改变生产和生活，促进经济和社会的全面发展。

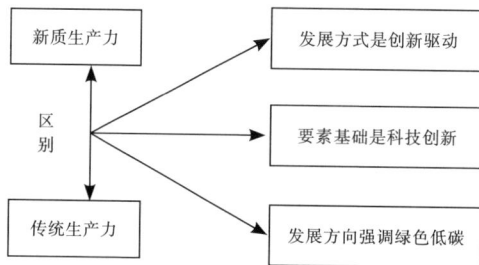

图2.1 新质生产力与传统生产力的异同

二、新质生产力的核心要素

作为当代经济发展的新形式，新质生产力以创新为核心驱动力，不仅在技术应用上取得了重要进展，还对传统经济增长方式和生产力发展路径进行了重大突破。其特点包括高科技、高效能和高质量，契合现代发展理念。这种生产力的形成不仅依赖技术革新，还需要生产要素的创新配置和产业结构的转型升级。新质生产力是生产力现代化的具体体现，即一种新的高水平现代化生产力。其表现为新类型、新结构、高技术水平、高质量、高效率和可持续的生产力种类和结构。与传统生产力相比，新质生产力具有更高的技术水平、更好的质量、更高的效率和更强的可持续性。新质生产力不仅涵盖了生产工具和生产方式的创新，还包括管理模式、经营理念的全面变革。其核心要素包括技术创新、信息化程度、资源配置效率以及生态友好性。新质生产力是以技术创新为核心的生产力形态，旨在通过前沿技术如互联网、大数据等与农业农村发展的高度整合，提升农业生产的效率和质量。其核心在于劳动者、劳动资料和劳动对象的优化组合，其标志是全要素生产率的提升。这种生产力的独特性在于持续的创新驱动力，关键在于提供优质产品和服务，从而实现生产力水平的提升，推动经济高质量发展。

综上，新质生产力不仅是经济增长的结果，更是社会结构变化和生产方式变革的产物。通过技术革新和生产要素优化，其推动了社会经济的发展，为各行业的创新与进步提供了动力。因此，新质生产力的重要性不仅在于对单一行业的影响，更在于作为整体经济结构和社会生产方式转型的重要力量，为可持续发展奠定了基础。

三、新质生产力的引领作用

新质生产力作为一种生产力发展进步的新形式，其具有内在向上突破发展的自驱力。尤其是在技术创新引领、产业结构优化、创新生产要素、提升市场竞争力、改善经济增长质量、创造社会价值等方面都有着不可替代的独特优势。本节通过以下几方面的阐述新质生产力对社会发展的引领作用，见图2.2。

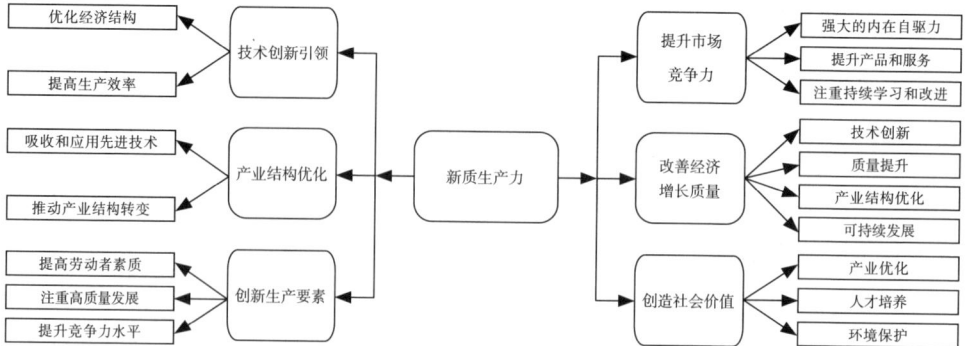

图2.2　新质生产力的引领作用

（一）技术创新引领方面

新质生产力的核心在于创新驱动，其强调通过技术进步来优化经济结构和提高生产效率。在当今时代，互联网、大数据、人工智能等前沿技术的发展，已经成为推动生产力发展的关键因素。这些技术创新不仅改变了传统的生产方式，还催生了智能制造、新能源等新兴产业的发展，为经济增长注入了新的活力。通过这些技术创新，生产过程变得更加智能化和自动化。智能制造通过集成先进的信息技术和制造技术，提高了生产过程的灵活性和精确性，降低了生产成本，提升了产品质量。新能源产业的发展则减少了对化石能源的依赖，推动了能源结构的优化和环境的可持续发展。新质生产力的发展还依赖于人才、技术装备、管理创新等资源的优化配置。人才是创新的源泉，通过培养和引进高素质的人才，企业能够不断推出创新产品和服务，满足市场需求。技术装备的更新换代则为生产提供了更高效的工具和手段。管理创新则涉及企业运营模式、组织结构、企业文化等方面的创新，这些创新有助于提高企业的决策效率和市场响应速度。新质生产力的发展不仅关注经济效益的提升，更重视社会价值的创造。在提高生产效率和经济效益的同时，新质生产力注重环境保护、社会责任和可持续发展。通过采用清洁能源、循环经济等模式，新质生产力减少了对环境的影响，促进了社会福祉的提升。新质生产力的发展还推动了经济从资源型向技术型、知识型转变。在资源型经济中，增长主要依赖于自然资源的开采和消耗。而在技术型、知识型经济中，创新成为推动经济增长的主要动力。这种转变有助于减少对自然资源的依赖，提高经济的可持续性和抗风险能力。

创新是发展新质生产力、推动经济转型和全面增长的关键。只有不断创新，企业才能在激烈的市场竞争中保持领先地位，国家才能在全球经济中占据有利地位。因此，各国政府和企业都应加大对创新的投入和支持，营造创新环境，激发社会创新活力。新质生产力的发展是经济转型和可持续发展的重要途径。通过技术创新、资源优化配置、人才培养和管理创新，新质生产力能够提高生产效率，增强企业的市场竞争力，促进经济的全面增长。还应注重社会价值的创造和可持续发展的推进，为建设一个更加繁荣、公正、可持续的世界作出贡献。

（二）产业结构优化方面

新质生产力的发展以其在技术创新中的主导地位和在产业结构优化中的显著成效，引领着全球经济的深刻变革。这一生产力的兴起，不仅在于其推动技术革新的能力，更在于其对产业结构优化和升级产生的深远影响。通过吸收和应用先进技术，新质生产力促使产业结构向高技术、高附加值方向转变，从而提升了经济的整体竞争力。这种转变表现在传统的重工业逐渐向现代服务业和高技术产业升级上，智能制造、生物技术、新能源等领域的快速发展，正是新质生产力推动产业结构优化的直接体现。

在发展驱动方面，新质生产力的重要性同样不容小觑。其通过创新生产方式和管理模式，有效提高了资源利用率和生产效率。这不仅涉及技术装备的更新换代和智能化发展，还包括管理理念的创新，如敏捷管理、平台化管理等。这些创新管理模式使企业运作更加灵活高效，促进了整个产业链的优化升级。新质生产力还催生了包括数字经济、共享经济在内的大量新兴产业。这些产业的发展，旨在打破旧有的经济结构格局，为经济增长注入新的动力和活力。新兴产业的兴起，不仅对经济具有重要意义，还在培育社会服务业、提高人民生活质量及幸福感方面发挥着关键作用。新质生产力带来的产业结构优化，促进了经济的结构转型和质变，为经济的持续健康发展奠定了坚实基础。这种优化既体现了技术进步对经济的深刻影响，也彰显了新兴产业在经济发展中的重要地位和影响力。

随着新质生产力的不断发展，我们可以看到，其正在推动经济向更加智能、绿色、可持续的方向前进。智能制造的广泛应用，提高了生产过程的自动化和智能化水平，减少了资源浪费，提高了生产效率。生物技术的突破为医疗健康、农业发展等领域带来了革命性的变化。新能源的开发利用减少了对化石能源的依赖，推动了能源结构转型，助力应对气候变化和环境保护。此外，新质生产力的发展还促进了全球经济的互联互通。数字经济打破了时间和空间的限制，促进了全球贸易和投资便利化。共享经济优化了资源配置，提高了资源利用效率，为社会带来了更多的共享价值。

新质生产力以其强大的创新能力和优化效应，推动着全球经济的转型升级。其不仅提升了经济的竞争力，还在促进社会进步、提高人民福祉方面发挥着重要作用。展望未来，我们有理由相信新质生产力将继续引领经济的高质量发展，为构建一个更加繁荣、和谐、可持续的世界贡献力量。

（三）创新生产要素方面

经济发展新质生产力的关键之一在于实现促进质量和效率提高的生产要素创新。这不仅涉及劳动者、劳动材料、劳动对象等传统生产要素，更在于这些要素的创新应用和优化组合。新质生产力的核心在于通过创新驱动实现生产要素的高效利用和价值最大化。新质生产力要求提升劳动者的创新能力和知识结构。高素质的劳动者是技术创新和应用的重要推手。他们不仅能够理解和掌握先进技术，而且能够运用这些技术解决实际问题，推动生产过程的创新和改进。这些劳动者通常具有交叉学科的背景和综合能力，具备创新思维，能够快速适应新技术和新工作方式。他们的工作不仅在于执行既定的任务，更在于发现问题、提出解决方案并推动实施。因此，教育培训的调整和优化成为支撑新质生产力发展的重要保证。

通过提高人才培养质量、丰富教育渠道，可以培养更多具有创新能力和技术专长的人才。这包括加强基础教育，提升高等教育的质量和深度，以及推动终身教育和继续教育的发展。教育体系需要不断更新，以适应快速变化的技术环境和市场需求，确保劳动者能够持续提升自身技能和知识。

新质生产力还需要高水平的劳动力和生产工具。高质量的劳动材料和生产工具是新质生产力的基础。这包括高技术装备、智能生产设备、先进生产设备和原材料。通过引入和应用这些高新技术和装备，企业可以实现生产过程的自动化、智能化和高效化，提高生产效率和产品质量。例如，智能制造技术的应用使得生产过程更加灵活和精确，减少了人为错误和资源浪费。特别是通过工业互联网、物联网技术，实现了设备之间的数据互联，以及生产过程的实时监控和优化。这些技术的应用不仅提高了生产效率，还增强了生产的可预测性和可控性。通过数据分析和智能决策，企业能够更好地管理生产过程，预测和应对市场变化，提高竞争力。

新质生产力还涉及劳动对象的创新。随着技术的进步，劳动对象也在不断变化。例如，生物技术、新材料技术等领域的发展为生产提供了新的原材料和产品。这些新材料和产品不仅具有更高的性能，而且更加环保和可持续。通过创新劳动对象，企业能够开发新的市场和产品，满足消费者的需求，提高市场竞争力。

新质生产力的发展还促进了产业结构的优化和升级。通过技术创新和生产要素的优化组合，企业能够从传统的生产方式向更加智能、高效、环保的生产方式转变。这种转变不仅提高了生产效率和产品质量，还推动了经济的可持续发展。因此，新质生产力的发展是经济转型升级的重要驱动力。通过创新生产要素的应用和优化组合，新质生产力能够提高生产效率和产品质量，推动经济的高质量发展。这需要政府、企业和教育机构共同努力，通过政策支持、技术创新、教育培训等多方面措施实现新质生产力的全面发展。随着技术的不断进步和应用，新质生产力将继续在全球经济发展中发挥重要作用，为构建一个更加繁荣、和谐、可持续发展的世界作出贡献。

新质生产力也注重劳动对象的创新和优化。这里的劳动对象是指生产过程中处理的物质对象，包括设计产品、选择原材料、优化生产工艺等。在这方面，企业通过设计创新和工艺优化，可以生产出更贴近市场需求、更环保的产品，增加附加值，提高市场竞争力。同时，保护意识的增强也要求新质生产力推动绿色可持续的材料和工艺的应用，实现对环境的低干扰，促进可持续发展。通过包含生产创新要素的新质生产力，可以有效实现高质量发展和可持续竞争力。通过劳动者、劳动材料、劳动对象的创新优化，企业可以应对市场变化，提高生产效率和产品质量，进一步推动经济向高质量发展转型，不仅能提高企业自身竞争力，还能促进整个经济结构的升级和完善。

在产品设计方面，企业通过创新设计，可以开发出更符合消费者需求、更具吸引力的产品。这不仅涉及外观设计的美观性，还包括产品功能的实用性和创新性。通过设计创新，企业能够提供更多样化的产品选择，满足不同消费者的需求，从而增加产品的市场竞争力。

原材料的选择也是劳动对象创新的重要组成部分。随着环保意识的增强，越来越多的企业开始注重选择环保、可持续的原材料。这些材料不仅对环境的影响较小，而且往往具有更好的性能和更长的使用寿命。通过使用这些绿色可持续的材料，企业不仅能够减少对环境的干扰，还能够提升产品的附加值和市场竞争力。生产工艺的优化同样关键。企业通过采用先进的生产工艺和设备，可以提高生产效率，减少资源浪费，降低生产成本。同时，优化生产工艺还有助于提高产品的质量和一致性，满足消费者对高品质产品的需求。例如，智能制造技术的应用，使生产过程更加自动化和智能化，减少了人为错误，提高了生产效率和产品质量。

新质生产力还强调对环境的保护和可持续发展。在劳动对象的创新和优化过程中，企业需要考虑材料和工艺对环境的影响，推动绿色可持续的材料和工艺的应用。这不仅有助于减少生产过程中的资源消耗和废弃物排放，还能够提升企业的社会责任形象，增强消费者的信任和忠诚度。通过包含生产创新要素的新质生产力，企业能够有效实现高质量发展和可持续竞争力。这不仅涉及劳动者、劳动材料、劳动对象的创新优化，还包括生产方式和管理模式的创新。通过这些创新，企业能够更好地应对市场变化，提高生产效率和产品质量，进一步推动经济高质量发展。在这个过程中，企业不仅能够提高自身的竞争力，还能够促进整个经济结构的升级和完善。新质生产力的发展，推动了产业结构的优化，促进了高技术产业和现代服务业的发展，增强了经济的整体竞争力和抗风险能力。同时，新质生产力还有助于提升社会福祉，改善人民的生活质量，推动社会的全面进步。

新质生产力的发展是一个全面、系统的过程，涉及多个方面的创新和优化。通过不断推动劳动对象的创新和优化，企业能够实现更高质量的发展，增强自身的市场竞争力，为经济的可持续发展作出贡献。随着技术的不断进步和应用，新质生产力将继续在全球经济发展中发挥重要作用，为建设一个更加繁荣、和谐、可持续发展的世界提供坚实的支撑。

（四）提升市场竞争力方面

新质生产力是有效促进经济可持续发展、提升市场竞争力的强大内在驱动力。在全球化、数字化加速发展的背景下，支撑市场竞争力的不再是价格优势，而是创新能力、产品质量水平、服务水平等综合优势。新质生产力首先注重提升创新能力，企业可以不断进行技术创新，投入研发，开发具有竞争优势的新产品、新技术，从而对市场需求的变化做出快速反应，取得竞争优势。创新不仅指产品创新、技术创新，还包括商业模式创新、营销创新等，这些创新确实可以扩大市场份额、增强品牌影响力。产品和服务的高质量是新质生产力的重点，企业可以优化生产流程，加强质量技术标准管理，生产出更可靠、更优质的产品，满足消费者对质量的追求。优质的产品不仅能提高市场竞争力，还能加强长期稳定的客户关系，确保客户忠诚度和口碑效应更强。此外，新质生产力强调服务水平和客户体验的提升。在激烈的市场竞争中，每一个愿意提供高质量产品的企业都需要确保该产品有高质量的售后服务，从而创造客户满意度和体验，提供全面的客户支持。良好的体验有助于留住老客户，吸引新客户，提高市场竞争力。新质生产力注重持续改进和学习的文化。只有通过持续改进和提高竞争力，才能构建学习型组织和持续改进机制，帮助企业保持竞争力。这种文化不仅可以提高企业的适应性和灵活性，还可以促进创新和技术进步，从而在快速变化的市场环境中保持企业的竞争优势。新质生产力在创新、生产高质量的产品和服务、提供高质量的客户体验、保持持续改进的文化等方面，推动了市场竞争力的提升。这种竞争力不仅体现在市场份额和盈利能力的提高上，还体现在行业中的领导地位和持续发展能力上。这样，新质生产力进一步推动了整个经济的高质量发展。

（五）经济增长质量改善方面

一是新质生产力正成为推动经济增长质量提升的关键力量。在全球化和技术革新的双重推动下，经济发展的模式正在从注重数量增长转向更加注重质量和效益的提升。新质生产力的多方面创新和改进，正在引领这一转变，为经济的高质量发展注入新的活力。

技术创新和生产效率的提升是新质生产力提升经济增长质量的首要途径。物联网、大数据分析、人工智能等先进技术的应用，正在使生产过程更加智能化和自动化。这些技术不仅优化了生产流程，降低了生产成本，而且显著提高了资源的利用效率。通过这些技术的应用，企业能够更加精准地预测市场需求，快速响应市场变化，从而在激烈的市场竞争中占据有利地位。

二是新质生产力促进了产品和服务质量的提升。企业通过不断的技术创新和质量管理的提升，能够生产出更高质量、更高附加值的产品和服务。这些高质量的产品不仅满足了消费者对品质的期待，提高了消费者对企业的满意度和信任度，而且增强了产品的市场竞争力，提升了销售价值，促进了企业的经济增长。新质生产力的发展还推动了整个产业结构的优化升级。通过合理、有效地利用技术创新和新兴产业活动，传统企业和产业得以向高附加值、知识密集型领域转移。这种产业结构的优化，不仅提高了整个经济的结构合理性和适应性，而且有利于培育新经济的形成和发展，为经济增长注入了新的动力和活力。

三是可持续发展的理念和实践的另一个重要方面。新质生产力通过引入绿色技术，高效利用资源，减少对环境的有害影响，推动经济增长模式向生态友好型转变。这种转变不仅保护了生态环境，而且保持了经济的长期稳定和持续增长，实现了经济发展和环境保护的双赢。

四是新质生产力注重创新驱动的企业文化建设。企业文化的创新，能够激发员工的创造力和积极性，促进企业内部的创新氛围。这种创新文化不仅有助于企业在产品、技术和服务上不断推陈出新，而且有助于企业在管理和运营模式上进行创新，提高企业的灵活性和适应性。

在全球化的背景下，企业需要与全球的合作伙伴进行开放合作，共享资源，协同创新。通过开放合作，企业能够更快地获取新的知识和技术，提高创新能力，增强竞争力。

新质生产力正通过技术创新、质量提升、产业结构优化、可持续发展等多维度的创新和改进，推动经济增长质量的提升。这种提升不仅体现在企业的竞争力和经济效益上，更体现在整个经济的结构优化、可持续发展能力和社会福祉的提升上。随着新质生产力的不断发展和应用，我们有理由相信，其将为经济的高质量发展提供更加坚实的支撑，为建设一个更加繁荣、和谐、可持续的世界作出更大的贡献。这种调整提升不仅体现在经济增长速度的提高上，更重要的是在经济结构优化、资源利用效率和环境保护方面取得了显著成就。因此，新质生产力成为推动经济转型升级和高质量发展的重要引擎之一。

（六）社会价值创造方面

新质生产力在创造社会价值方面发挥着重要作用，通过全方位的创新发展，为广大劳动者带来了多种经济、社会、生态效益。新质生产力通过技术创新和高效生产方式，提升产品和服务的质量和效率，不仅提高了消费者的生活水平，也提高了公共服务水平。在推动可持续发展方面，新质生产力推动了产业结构优化，由传统制造业向高科技、高附加值产业升级。结构优化在带动新兴产业发展的同时，也创造了更多的就业机会和经济增长点，促进了社会经济的全面发展。例如，新能源产业和分布式账本应用的智能制造技术，不仅提高了能源利用效率，还创造了大量绿色就业岗位，推动了社会可持续发展。在加快人才队伍长远发展方面，新质生产力主要集中在技术创新和人才培养，带动教育和人力资源的发展。新质生产力通过先进的教育技术和培训方式，提升劳动者的技术水平，加强人才培养和创新能力建设，对长远发展和人才队伍建设具有重要意义。新质生产力注重可持续发展和环境保护，合理使用绿色技术和资源，将对环境的有害影响降到最低。

从技术层面看，新质生产力不仅通过绿色意识和行为保护了自然资源和生态环境，也为我们的后代留下了更好的生存环境，体现了可持续发展时代的长远眼光和责任担当。新质生产力通过技术创新、产业优化、人才培养、环境保护等为社会创造了巨大价值，带动了经济高质量发展，提升了社会生产力综合水平，促进了社会公平和民生改善，是实现全面建设社会主义现代化国家目标的重要动力保障。

新质生产力作为生产力发展的新形态，具有强大的内在突破和自我发展驱动力，在很多方面具有相当独特和不可替代的优势。在技术创新引领方面，大量应用前沿技术，大幅提高了生产效率和产品质量，推动了产业结构调整和传统产业的升级，优化了产业布局，使其更加合理、有效、高效，推动经济高质量发展。此外，具有高技术特征的新型生产要素被引入生产过程，改变了传统的生产模式，如新型劳动者、生产工具等，促进了全要素生产率的提高，增强了经济活力和韧性。

在市场竞争力提升方面，新质生产力能够通过永不停歇的创新和技术进步，使企业在全球市场中保持领先地位，并增强了企业在全球市场的韧性和竞争力。新质生产力的另一个亮点是经济增长质量的提高。绿色技术与可持续发展理念相结合，在保证经济效益的同时，兼顾环境保护和资源合理利用，促进了经济的持续发展。社会价值创造——高质量生产力，以更高程度融入社会生产力，提升人类生活质量，缩小城乡差距，以技术进步和创新促进社会全面发展。通过这些分析，将更全面地理解高质量生产力在现代经济社会中的核心地位和战略意义，引领高质量发展和全面进步。

第二节　新质生产力的特点

一、新质生产力的基本特点

新质生产力以其创新驱动性、技术融合性、资源优化性和生态友好性四大基本特点成为推动社会经济发展的核心力量。这些特点不仅定义了新质生产力的本质，也为经济的高质量发展和可持续发展奠定了坚实的基础。

创新驱动性是新质生产力的首要特征。在这一特征的推动下，企业不断进行技术创新，投入研发，开发具有竞争优势的新产品和新技术。这种创新不仅涉及产品和技术本身，还包括商业模式、营销策略等各个方面。通过不断创新，企业能够快速响应市场需求的变化，提升自身的竞争力。创新驱动性还体现在企业文化中，鼓励员工的创造性思维和主动性，从而在整个组织中形成一种持续创新的氛围。技术融合性是新质生产力的另一显著特点。通过将互联网、云计算、大数据、人工智能等新兴技术深度融合于各行各业，新质生产力打破了传统生产力的局限。这种技术融合不仅提升了生产效率，还增强了企业的市场竞争力。例如，智能制造技术的应用使得生产过程更加自动化和智能化，物联网技术则实现了设备之间的智能互联和数据共享，大幅提升了生产和运营的效率。资源优化性是新质生产力的关键优势之一。新质生产力通过优化资源配置，提高资源利用效率，实现了生产过程的高效和经济。这包括对原材料、能源、人力资源和资本等各类资源的合理配置和高效利用。通过先进的管理方法和信息技术，企业能够更精确地预测需求，减少浪费，提高生产效率。资源优化性还体现在对供应链的管理上，通过优化供应链流程，降低物流成本，提高响应速度。生态友好性是新质生产力的重要发展方向。随着环保意识的增强和可持续发展理念的普及，新质生产力越来越注重生产过程的环境影响。通过引入绿色技术和清洁能源，新质生产力致力于减少生产过程中的能源消耗和废弃物排放，实现生产过程的绿色化和生态化。这种生态友好的生产方式不仅有助于保护环境，还能够提升企业的社会责任形象，增强消费者的信任和忠诚度。新质生产力的这些特点共同构成了其核心优势，推进了社会经济的高质量发展和可持续发展（见图2.3）。

在全球化和技术革新的背景下，新质生产力的应用正在多个领域得到推广。从制造业到服务业，从农业到医疗保健，新质生产力通过技术创新和资源优化，提升了生产效率，改善了产品质量，增强了企业的市场竞争力，促进了产业结构的优化和升级。通过推动传统产业向高附加值、知识密集型领域转型，新质生产力有助于培育新兴产业，为经济增长注入新的动力。同时，新质生产力的发展还带动了就业结构的优化，创造了更多高质量的就业机会，提升了劳动者的技能和收入水平。新质生产力以其四大基本特点引领经济和社会的深刻变革的方向。随着技术的不断进步和应用，新质生产力将继续在全球经济发展中发挥重要作用，为建设一个更加繁荣、和谐、可持续的世界作出更大的贡献。

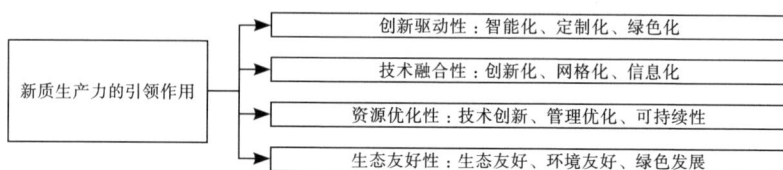

图2.3　新质生产力的特点

（一）在创新驱动性方面

技术创新是新质生产力的核心。随着信息技术的飞速发展，以互联网、大数据、云计算、人工智能为代表的先进技术极大地改变了生产和服务方式，大大提升了效率和效益。人工智能应用于制造业，不仅提高了生产效率，而且通过智能检测、预测性维护等手段减少了故障和停机时间。大数据技术通过分析海量数据，支持企业决策，使其更好地把握市场趋势和消费者需求。正是传统管理模式的创新，才使新质生产力的发展成为可能。敏捷管理、平台管理、网络化协同管理等新型管理模式，使得资源配置更加高效，组织结构更加灵活。敏捷管理增强了组织的适应性，平台管理通过共享平台，实现资源利用率的最大化；网络化协同管理通过信息技术，实现跨地域、跨部门的协同工作，显著地提高了工作效率。此外，创新突破了传统的经济模式，催生了共享经济、平台经济等新兴商业模式。共享经济可以通过利用闲置资源实现资源和价值的最大化；平台经济则通过开放的交易平台提高交易效率和市场透明度。

新质生产力的发展离不开生产方式的创新。以智能化、定制化、绿色化为代表的新型生产方式，不仅提高了生产效率，而且改善了产品质量和生产环境。智能制造通过物联网、人工智能等技术实现了生产过程的自动化、智能化；个性化生产满足了客户的个性化需求；绿色生产从可持续发展的视角出发，发展环保技术，有利于节约资源、保护环境。建设新质生产力的关键在于创新能力。企业和国家要加强创新能力建设，构建完善的创新体系，培养创新人才，营造创新文化，制定支持创新的政策，优化创新环境，促进科技进步。高素质人才是发展新质生产力的基础，他们具备信息技术知识、创新思维和终身学习的能力。高素质的人才不仅有助于技术创新，还能促进管理创新和商业模式创新。因此，企业和国家必须从多方面吸引和培养高素质人才。国家在保护人才的同时，可以制定促进新质生产力发展的政策。展望未来，随着信息技术的不断发展和创新能力的建设，新质生产力将在智能制造、数字经济、绿色经济等新兴领域发挥重要作用，企业和国家应抓住机遇，推动高质量经济和社会发展，向可持续发展的目标迈进。

新质生产力的创新驱动特征体现在技术创新、管理创新、商业模式创新、生产方式创新等方面。这些创新是新质生产力的核心，使其在各个层面都具备了传统生产力所不能及的潜力和优势，并带动经济社会的高质量发展，实现可持续发展的目标。

（二）在技术融合性方面

构建新质生产力离不开技术的融合，特别是互联网、大数据、人工智能等前沿技术的深度融合，它们的交叉应用对生产力提升和经济结构变革产生了巨大的推动作用。

互联网技术的应用已经超越信息传输和通信，延伸至整个生产过程。通过设备、传感器等设施的互联互通，实现生产过程的数字化和智能化管理。互联设备将实时采集和分析生产数据，通过及时监控和预测性维护，调整生产计划，合理安排资源，大幅提升生产效率和质量。大数据技术使企业决策更加精准，通过对海量数据的采集、存储、处理和分析，产生深刻的洞察，这是新质生产力的重要基础之一。因此，大数据可以应用于制造业的生产流程优化和供应链管理，通过数据驱动的预测分析降低生产过程中可能出现的风险和成本，同时使产品的个性化成为可能，以满足多样化的消费者需求，从而提高市场竞争力。在人工智能技术蓬勃发展的今天，新质生产力将配备强大的计算能力。此外，将机器学习与深度学习算法相结合应用于制造业生产过程的控制和优化，实现了自动化、智能化的生产环境。实时数据分析使人们能够调整生产计划和工艺参数，确保智能制造系统的高效运行，并有效提高资源利用率。人工智能还将通过在质量检测、产品设计优化以及供应链管理中发挥关键作用，为整个生产系统提供稳定性和灵活性。其将最终促使技术融合，引发生产和产品的变化，并深刻影响产业结构。物联网、大数据分析、人工智能等诸多技术的融合，进一步催生了智能制造、智能交通、智慧农业等新兴产业。这些新兴产业不仅改变了传统的产业生产经营模式，也催生了新的市场需求和业态，在技术融合带来的经济效益之外，还推动了经济增长新动能的形成。

技术融合除了对经济效益的贡献，对于实现可持续发展目标也将大有裨益。绿色技术与环境监测系统的技术融合，可以减少自然资源的消耗和环境污染，从而有效推动生产模式向更加环保或可持续的方向转变。智能能源管理系统、智慧城市解决方案等创新，可以优化资源利用，减少碳排放，实现经济增长与生态环境保护的良性互动。因此，技术融合对高质量新质生产力建设具有良好的支撑作用。互联网、大数据、人工智能等先进技术深度融合发展，效率更高、质量更高，更有利于推动产业结构升级和经济增长方式转变。科技融合有利于不断培育智能化、网络化、绿色化、创新能力强、技术升级的新质生产力，为经济社会发展注入新的活力和动力。

（三）在资源优化性方面

新质生产力的崛起标志着经济发展进入了一个新的阶段，这一阶段不仅强调技术进步与创新，更重视资源的优化利用。资源优化作为新质生产力的核心特征之一，其重要性体现在多个层面。

资源优化利用意味着对各种生产要素如资本、劳动力、技术、信息和自然资源等进行更加高效和合理的配置。通过精确的市场分析和需求预测，企业能够更好地规划资源的使用，减少浪费，提高资源的转化效率。这种优化配置不仅提升了生产效率，也为企业带来了成本上的优势。资源优化还涉及生产过程中能源和材料的节约使用。新质生产力倡导采用节能技术和清洁能源，减少对传统能源的依赖，降低能源消耗和环境污染。同时，通过循环经济和废物利用，新质生产力促进了资源的循环再利用，减少了对新资源的需求，这不仅有助于保护环境，也为企业带来了经济效益。资源优化利用还体现在对人力资源的合理开发和管理上。新质生产力强调人才的培养和使用，通过提供培训和发展机会，提高员工的技能和创新能力。这种对人才的投资不仅提升了员工的工作满意度和忠诚度，也为企业带来了更高的生产效率和更强的创新能力。资源优化也涉及信息技术的应用，通过大数据、云计算、物联网等技术手段，实现对生产过程的实时监控和智能管理。这些技术的应用提高了资源使用的信息透明度，使得资源配置更加精准，响应市场变化更加迅速。

资源优化的最终目标是实现经济的可持续发展。新质生产力通过优化资源利用，不仅提高了当前的生产效率和经济效益，更为经济的长期稳定增长奠定了基础。这种发展模式注重经济、社会和环境三者之间的平衡，追求在满足当代人需求的同时，不损害后代人满足需求的能力。新质生产力的资源优化利用，是其对传统生产方式的重大突破。其要求企业不仅要关注短期利益，更要有长远的视角，通过持续的技术创新和管理改进，实现资源的可持续利用。这种优化利用不仅提升了企业的竞争力，也为整个社会的经济和环境带来了积极的影响。

随着全球经济一体化和环境问题的日益严峻，新质生产力的资源优化利用将越来越受到重视。企业、政府和社会需要共同努力，推动资源优化利用的实践，以实现经济的高质量发展和生态环境的可持续保护。通过这种方式，新质生产力将引领我们走向一个更加繁荣、和谐、可持续的未来。

新质生产力的精髓在于对资源的充分利用与循环利用，这不仅有助于减少资源浪费，还能有效缓解环境压力。在传统生产模式中，常见的问题包括高能耗和低物耗，这些问题对环境和经济效益构成了挑战。与之相对，新质生产力通过一系列的优化措施，实现了资源的高效利用。

工艺优化是新质生产力中的一项关键措施。通过采用先进的生产工艺，企业能够更精准地控制生产过程中的能耗和原材料消耗。智能控制系统的引入，使得生产过程更加自动化和智能化，从而在减少人力成本的同时，也降低了对环境的潜在危害。精细化管理是新质生产力的另一大特色。通过对生产过程的每一个环节进行严格管理，企业能够实现对资源使用的精确控制。这种管理方式不仅能够降低生产成本，还能提高生产效率，使企业在激烈的市场竞争中保持优势。废弃物的回收利用是新质生产力对环境保护的另一大贡献。通过有效的回收和再利用系统，企业能够将生产过程中产生的废弃物转化为可再利用的资源，从而实现资源的循环利用。

新质生产力还强调社会资源的协调利用。开放式创新平台和共享经济模式的推广，使得企业之间能够共享科研成果、生产设备和人力资源。这种协同利用方式不仅提高了资源的综合利用效率，还促进了产业链的优化和创新能力的提升。社会资源的协同利用为经济社会的可持续发展注入了新动能。通过资源的高效配置和产业链的优化，新质生产力推动了经济的高质量发展，实现了生产效率和经济效益的显著提升。这一高质量发展，需要通过技术创新和管理创新来实现。技术创新涵盖生产工艺的改进、新能源的开发和利用以及新材料的研发。管理创新则涉及企业组织结构的优化、运营模式的创新以及市场策略的调整。

随着科技的不断发展，人工智能、物联网、大数据等新兴技术将得到广泛应用。这些技术的应用将进一步推动生产力向资源优化配置、智能化、可持续发展的方向迈进，展现出巨大的发展潜力。在未来，新质生产力将继续引领经济的高质量发展。通过不断的技术创新和管理创新，新质生产力将推动资源的高效利用和环境的可持续性。这不仅会为企业带来更强的竞争力和更高的经济效益，还将为社会的可持续发展作出重要贡献。新质生产力的发展预示着一个更加繁荣、和谐、可持续的未来。

（四）在生态友好性方面

新质生产力的发展不仅体现在技术进步与经济效益的提高上，更在于其保护环境、实现可持续发展。因此，生态友好是新质生产力的本质特征，其本质在于通过绿色技术和可持续发展理念减少生产活动对环境的不利影响，促进生态环境与经济发展的协调发展。新质生产力通过引入绿色技术、清洁能源、节能技术、环境监测与治理技术，在生产过程中减少碳排放，提高资源利用效率。以太阳能、风能为例，这些清洁能源不仅减少了对化石能源的依赖，而且能有效减少温室气体排放，应对气候变化和环境污染问题。通过优化生产设备和工艺节约能源，降低能耗、减少废气排放，减轻环境负荷，提高生产效率。新质生产力促使企业逐步转向循环经济模式，即"减量化、再利用、再循环"，实现废弃物再利用和资源循环利用，减少资源消耗与废弃物排放，节约土地、水资源，改善空气质量，促进生态系统修复和环境持续改善。新质生产力包括生态环境监测和保护，通过智能监测系统跟踪当前的空气质量、水质、土壤污染情况，及时采取措施，预防和减少环境污染。同时，推动环境管理技术和法规的实施，使生产活动受到环境监管，维护生态系统的稳定和生物多样性。也就是说，新质生产力应该更加重视企业的社会责任，绿色生产方式和绿色产品将增强消费者保护环境与消费绿色产品的意识，并鼓励企业积极参与环境保护和社区服务活动，促进社会经济的不断发展，以生态文明的思维构建新的生产和消费模式。

绿色发展是新质生产力的重点方向和核心能力之一。新质生产力通过技术创新和环境保护措施，在提高经济效益的同时保护生态环境，为未来社会的可持续发展奠定坚实基础。随着环保意识的增强和技术进步的持续，新质生产力在绿色友好的实践与创新将不断推动全球产业朝着绿色、高效、可持续的方向发展。新质生产力以其创新驱动性、技术融合性、资源优化性和生态友好性四大基本特点，展现出其独特的核心优势。这四大基本特点共同构成了新质生产力的核心优势，为实现社会经济的高质量、可持续发展提供了重要支持，这些特点不仅推动了生产方式的变革，加快了多个领域的深度融合与革命性进步，也提升了市场竞争力，全面促进了经济的健康发展和社会的全面进步。

二、新质生产力的核心要素

在现代经济发展中，由于高科技的普及和创新管理理念的具体应用，新质生产力导致生产效率的提高、生产方式的转变、产品和服务性质变化。新质生产力的形成和发展是一个从工业化向信息化、数字化、智能化的深刻社会变革过程。其构成复杂多样，涵盖技术、人才、管理等诸多维度。概括来说，它主要包含以下两个核心要素。

首先，先进的信息技术作为新质生产力的核心和基础，使现代世界的生产和服务方式发生了巨大变化。互联网、大数据、云计算、人工智能等前沿技术的广泛应用，极大地提升了生产效率和效益。这些技术的普及和深度融合，使得信息的采集、处理和分析更为快捷，为企业和政府决策提供了强有力的支持，为创新开辟了广阔的前景。新质生产力的另一重要特征是创新能力，这也是其重要的驱动力。新质生产力的本质在于持续创新，以快速响应市场变化。这不仅是技术层面的创新，还包括管理模式和商业模式等领域的创新。企业必须不断更新技术并调整战略，以适应不断变化的市场需求，保持竞争优势。随着全球化和数字化的加速，创新不仅是企业持续发展的关键，也是一个国家综合经济实力和国际竞争力的体现。随着技术的不断升级和应用范围的扩大，新质生产力将继续在全球经济中发挥核心作用，引领未来新经济模式的创新发展。

其次，高素质人才资源是推动新质生产力发展的关键因素。具有信息技术知识、创新思维和终身学习能力的高素质人才被视为推动新质生产力发展的重要力量。这些人才不仅拥有深厚的信息技术知识、敏锐的创新思维和持续的学习能力，能够迅速掌握并运用新兴技术，而且能够灵活应对瞬息万变的市场环境，通过不断的创新带动行业进步和发展。

因此，引入新的管理模式也是新质生产力不可或缺的一部分。随着生产方式的创新，传统的管理模式已不再适用，敏捷管理、平台化管理、网络化协同等新型管理模式不断兴起。这些新模式不仅提高了资源配置效率，使企业组织更加灵活和敏捷，也有利于促进创新和协同合作，不断完善和发展新质生产力。随着生产方式的革新，传统的管理模式已经显得力不从心，新型管理模式的兴起，大幅提升了资源的有效配置能力，使企业组织更加灵活和响应迅速。

优秀人才与新型管理模式的结合，为新质生产力的发展提供了良好的基础和持续的动力。在技术进步和市场竞争加剧的背景下，这些因素共同推动经济结构优化和产业转型深化，为未来经济注入强大的生机和潜力。此外，新质生产力的一大特征是生态友好。通过运用绿色技术和可持续发展方式，大力推进生态环境保护，大幅降低生产活动对环境的危害。绿色经济的深入发展，不仅将减少碳排放和资源消耗，还将为未来的可持续发展奠定良好基础。新质生产力不仅关注经济效益的提高，更注重对社会和环境的贡献，全面采用先进的信息技术、持续创新能力、优质人才资源和新型管理模式，在实现社会经济发展的同时，努力实现人与自然的和谐共生。

新质生产力在注重经济效益的同时，更加重视对社会和环境的贡献。全面采用先进信息技术、持续创新能力、优质人才资源和新型管理模式，推动了社会经济的发展，还努力实现人与自然的和谐共生。这一发展战略不仅增强了企业和产业的竞争力，同时有力地支持了人与自然和谐相处的目标。只有在先进技术、创新能力、高素质人才和新型管理模式的共同作用下，新质生产力才能拥有坚实的基础和持续的动力为未来经济发展注入强大的活力。

第三节　新质生产力与传统生产力的比较

新质生产力的提出，是对传统生产力概念的深化和发展，其本质在于"新"和"质"的有机结合。"新"代表着新能源、新材料、先进制造、电子信息等新兴领域的快速发展，这些领域作为新质生产力的重要组成部分，正推动着经济结构的深刻变革。与传统生产力相比，新质生产力更加注重大数据、人工智能、工业互联网等前沿技术的应用。这些技术的应用不仅提高了生产效率，还增强了经济的创新能力和竞争力，促进了经济的高质量增长。

在数字化和智能化的浪潮中，新质生产力催生了新的生产要素，包括新型劳动力、高科技生产工具和高新技术产业。新型劳动力具有更高的技术水平和创新能力，能够适应快速变化的生产环境；高科技生产工具提高了生产的自动化和智能化水平,降低了生产成本;高新技术产业则代表了新质生产力的发展方向,引领着经济的转型升级。

技术革新是新质生产力发展的主要动力。"新"的实现依赖于技术的重大突破,而"质"的精髓在于推动经济的高质量增长。这表明新质生产力已经超越了传统的技术体系和发展模式,以技术革新为引领,推动产业的创新和升级,促进经济结构的优化和转型。通过关键技术的突破性进展,新质生产力不断激发经济的活力,促进区域的均衡发展,为实现新时代中国特色社会主义的经济社会发展目标提供了实践基础。

新质生产力与传统生产力在技术应用上存在明显差异。新质生产力更加侧重于前沿技术的应用,如人工智能、大数据、云计算等,而传统生产力则更多依赖于机械化和自动化技术。新质生产力在生产要素上进行了革新,新型劳动力、高科技生产工具和高新技术产业成为其核心要素,而传统生产力则更多依赖于自然资源和人力资源。新质生产力以实现经济社会的高质量增长为目标,强调可持续发展和创新驱动,而传统生产力则更多关注规模扩张和成本控制。

新质生产力的提出不仅是理论上的创新,也是实践中的新路径。其以高技能劳动者、新型劳动工具和新型劳动对象为特征,推动社会主义社会的进步。在中国特色社会主义进入新时代的背景下,新质生产力以实现经济社会的高质量增长为目标,以中国式现代化的本质要求为导向,为未来的可持续发展奠定了坚实的基础。

新质生产力的发展不仅对经济结构的优化和产业的升级具有重要意义,也为社会主义现代化建设提供了新的动力和方向。随着技术的不断进步和应用,新质生产力将在全球经济发展中发挥更为重要的作用,为建设一个更加繁荣、和谐、可持续的世界作出更大贡献。

一、从传统生产力到新质生产力的演进

生产力是人类改造自然和征服自然的能力,反映了人与自然界之间的关系。马克思指出,"劳动生产力是由多种情况决定的,其中包括:工人的平均熟练程度、

科学的发展水平和它在工艺上的应用的程度、生产过程的社会结合、生产资料的规模和效能，以及自然科学。"马克思高度重视科学技术的发展及其应用，并反复强调科学技术是生产力的一部分。从传统生产力到新质生产力的演进，是技术革新和社会发展的必然结果。每次工业革命都为生产力的飞跃提供了新的动能和方向。

（一）第一次工业革命（18世纪60年代）

以机械化为标志，将人力从繁重的体力劳动中解放出来，实现了生产效率的大幅提升。蒸汽机的应用标志着人类社会步入大规模生产的新时代。这一时期的生产力虽然取得了巨大进步，但仍然依赖于有限的自然资源和环境的承载力。

（二）第二次工业革命（19世纪末至20世纪初）

电力和内燃机的广泛应用进一步推动了生产方式的变革。生产线的规模化和标准化使得产品的质量更加统一，生产效率得到空前提升。然而，这一时期生产力的增长也伴随着资源的大量消耗和环境的破坏。

（三）第三次工业革命（20世纪中叶）

以信息技术的飞速发展为特征，将人类带入信息时代。计算机、互联网和通信技术的应用不仅极大地提高了信息处理的效率，也为生产过程的自动化和智能化奠定了基础。这一时期的生产力开始向知识密集型和服务导向型转变。

（四）第四次工业革命（2013年）

智能化和数字化的深度融合，人工智能、物联网、大数据、机器学习等前沿技术的应用，正在重塑生产方式，推动生产力向智能化、个性化和灵活化的方向发展。这一时期的生产力被称为新质生产力，不仅注重生产效率的提升，更强调创新能力、资源的可持续利用和环境保护。

新质生产力的演进是对传统生产力的超越和发展。其以技术集成、创新驱动、个性化定制、可持续性、全球互联和人机协作为特征，推动经济结构优化和产业升级。新质生产力的发展不再单纯追求产量的增加，而是更加注重产品和服务的质量，以及生产过程的智能化和绿色化。随着科技的不断进步和应用，新质生产力将继续引领经济和社会的转型，为实现更加繁荣、和谐、可持续的未来发展奠定基础。其代表了人类对生产方式、经济结构和社会关系的不断优化和升级，是工业革命和技术革新的必然结果，生产力的演进见图2.4。

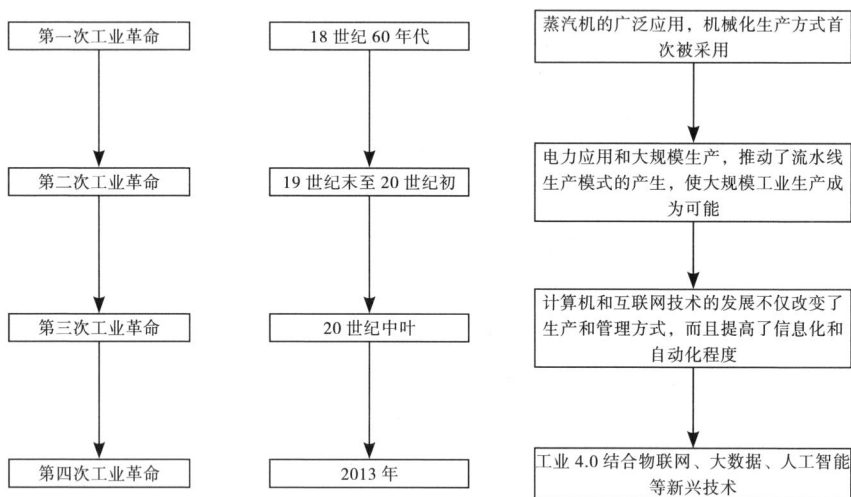

图2.4 生产力的演进

二、新质生产力对传统生产力的作用

新质生产力以前沿科技革新为核心，依托创新的生产要素，以战略性新兴产业和前沿产业为依托，追求人与自然的和谐共存，展现出革命性的特征。其不仅大幅提升了生产效率和人们的生活品质，还代表了一种全新的生产模式、组织形式和经济增长方式。新质生产力不只是对传统生产力的简单升级，而且在本质上实现了生产力的革命性跃升，体现了信息技术的核心地位。通过高科技的广泛应用和创新管理理念的实施，新质生产力实现了生产效率、生产方式以及产品和服务性质的根本变革。其形成和发展标志着社会从工业化向信息化、数字化、智能化转变的深刻过程。

新质生产力的提出，根植于马克思主义政治经济学的生产力理论，并严格遵循马克思主义政治经济学科学的世界观和方法论。这一概念是为了适应我国当前生产力发展阶段的转变、发展条件的更新以及发展环境的变迁而提出的，是对传统生产力理论的进一步发展。与传统生产力相比，新质生产力象征着生产力的一次质的飞跃，是一种全新的力量，以创新科技为核心，以新型生产要素为动力，以战略性新兴产业和前沿产业为平台，以实现人与自然和谐共生为愿景。新质生产力不仅大幅提升了生产效率和人们的生活水平，而且超越了对传统生产力的简单提升，成为一种全新的生产模式、组织形式和经济增长方式。其在质的层面上对生产力进行了革命性跃升，体现了信息技术的核心地位，通过高科技的广泛应用和创新管理理念的实施，实现了生产效率、生产方式以及产品和服务性质的根本变革。

相比传统生产力，新质生产力在生产效率、资源利用方式、对经济增长的影响等方面都表现得更为突出。首先，在生产效率方面，新质生产力借助互联网、大数据、云计算、人工智能等先进信息技术，实现了生产过程的自动化、智能化，大幅提高了生产效率和效益。而传统生产力则依赖机械化和手工操作，自动化程度低，生产周期长，效率低。其次，在资源利用方式上，新质生产力提倡资源的高效优化利用和配置，实现资源要素的精准技术管理，减少浪费，注重利用可再生资源，发展循环经济，将各方面对环境的危害降到最低。而传统生产力资源消耗较大，资源浪费严重，对不可再生资源依赖性强，容易造成环境污染和资源枯竭。最后，在对经济增长的影响方面，新质生产力在创新和技术进步的驱动下，不仅能提高生产效率和资源利用效率，还能催生新的产业和商业模式，推动经济结构优化升级，如互联网经济、共享经济的兴起，为经济发展带来了巨大的空间和潜力。传统生产力对经济增长的推动作用较小，创新能力跟不上市场需求的快速变化，逐渐制约经济的进一步发展。新质生产力具备多方面的优势，不仅能促进生产效率和资源利用效率的提高，还能促进经济的可持续发展，为新时期经济增长注入新的动力。

第三章　数字乡村建设探究

第一节　数字乡村的概念与内涵

一、数字乡村的概念

近年来，随着数字技术的迅猛发展，数字乡村的概念逐渐受到广泛关注，成为热门讨论的话题。中共中央和国务院发布的《中共中央　国务院关于实施乡村振兴战略的意见》以及《数字乡村发展战略纲要》（以下简称《纲要》）标志着该概念的正式提出。《纲要》明确指出："数字乡村是伴随网络化、信息化和数字化在农业和农村经济社会发展中的应用，以及农民现代信息技能的提高而内生的农业农村现代化发展和转型进程。"

数字乡村是指在农业和农村经济发展的框架下，利用网络技术、信息技术和数字技术，促进农村地区向现代化转型的过程。通过互联网、云计算、大数据、人工智能及区块链等现代信息技术，数字乡村实现了乡村产业、治理和生活的数据化，进而优化和提升了农村各个领域的功能和效率。数字乡村的核心要素包括数字基础设施、数字经济、数字社会、数字农业和数字治理。这不仅有助于提高农业生产效率和增加农民收入，还能缩小城乡差距，促进农村社会的全面发展，对推进农业现代化和乡村振兴具有重要作用。

在数字乡村这一议题上，来自不同学科领域的专家有着各自的理解。农业领域的专家倾向于从数字技术如何应用于农业生产的角度来阐释这一概念，而经济学领域的专家则更关注农村地区数字经济的增长。因此，目前还没有一个被普遍认可的定义。多数学者通过探讨互联网、大数据、物联网等技术在农村发展中的应用，提出了数字乡村建设的相关内涵、数字化路径及相应的发展策略。

学者郭红东和陈潇玮认为，数字乡村是一种新型的经济形态，其基础在于数字经济与数字技术，旨在提高乡村产业的数字化水平。王耀宗和牛明雷则认为，数字乡村通过现代信息技术在农村各领域的广泛应用，实现了数字化升级改造和全面感知。部分学者认为，数字乡村依托现代信息技术，通过为人的生产力赋能，促进乡村产业发展并为农民提供服务，从而为乡村农业发展注入动力。同时，强调要充分利用数字技术挖掘乡村农业的发展潜力。

二、数字乡村的内涵

数字乡村建设通过整体规划和配套措施，依托大数据、云计算、物联网和人工智能等新兴信息通信技术，构建功能强大的数字平台，实现数字化与农业、农村经济、治理、文化、社会、生态等各领域的深度融合。通过数字赋能，激发乡村内生发展动力，推动农村传统产业转型升级，实现数字化转型，使传统乡村从静态、封闭、孤立的状态转变为动态、立体、开放、互联的数字乡村，最终形成城乡和谐发展的现代数字生态系统，促进农业农村的高质量现代化发展。例如，党组织可以建立数字化的党建平台，为基层党员提供在线教育和资源；公共服务的网络化和数字化：通过网络平台提供便民服务，如在线办理行政事务、获取医疗健康信息、享受教育资源等，以提高公共服务的可达性和效率；综合治理的网络化和数字化：利用数字技术进行乡村治安管理、环境监测、灾害预警等，以实现更有效的乡村综合治理。这些措施可以增强乡村治理的透明度、参与度和响应速度。同时，通过网络公开村务、财务，提高管理透明度，密切联系村民与政府。

数字技术还用于构建乡村集体资产监督管理平台，建立大数据平台。数字技术和互联网用于建立公共数字文化服务网络，在乡镇及以下区域建设电子阅览室和数字文化驿站。数字化手段也用于整合乡村文物资源，建立数字化信息库，并通过网络渠道向乡村提供资源。此外，互联网被用来构建远程教育平台，有助于将优质的教育资源引入乡村学校。同时，网络技术也被用于将优质的医疗资源引入乡村地区，推动医疗资源的普及，从而解决基层医疗服务问题。乡村综合治理网络化和数字化在党组织和政府的引领下，通过多种创新手段和科技应用，如建设智能化监控系统、推广先进的安全防范技术、加强信息化管理等措施，有效维护了乡村社会治安的稳定。这一全面的治理体系不仅为乡村的持续发展创造了安全稳定的环境，也为居民带来了更高品质的生活保障，推动了乡村振兴战略的全方位落实，促进了农业农村现代化。

三、数字乡村的重要特征——网络化和数字化

"治理"概念源自古典拉丁文或古希腊语，最初的意思是控制、引导和操纵，其理论发展可以追溯到 1989 年《撒哈拉以南：从危机到可持续增长》中提出的"治理危机"。1995 年，全球治理委员会在《我们的全球伙伴关系》中对"治理"进行了定义，指出它是"各种公共的、私人的个人和机构管理其共同事务的诸多方式的总和，是促使相互冲突的或不同利益得以调和，并采取联合行动的持续过程"。此后，治理一词被广泛应用于公共管理学、政治学、社会学等领域。一般而言，治理的基本要素包括治理主体、治理客体、治理目标和治理方式。20 世纪 70 年代以来，随着数字化技术的发展，人类社会步入信息时代，1995 年，《数字化生存》一书的出版，引起了各界对数字化带来的社会影响的广泛关注。数字化的概念起源于技术层面的描述，即"信息处理由模拟信号到 0 和 1 表示的二进制代码转换的过程"，意指"利用计算机信息处理技术把声、光、电和磁等信号转换成数字信号，或把语音、文字和图像等信息转变为数字编码，用于传输与处理的过程"。如今，数字化的概念已从单纯的信号处理和信息转化，扩展到各个产业、行业、市场和社会的全面数字化。这意味着通过深入应用大数据、物联网、人工智能等新一代信息技术，推动数据与经济社会在各个层面和领域的全面融合。乡村综合治理的网络化和数字化主要依靠数字设备在治安管理中的应用以及治理系统的网络化。这个过程实现了传统生产方式和社会治理模式的变革和重构，带来了历史性的改变。乡村综合治理的网络化和数字化见图 3.1。

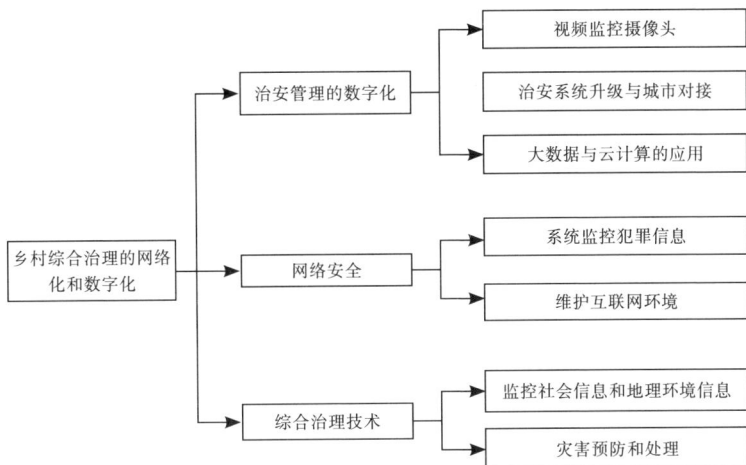

图3.1　乡村综合治理的网络化和数字化

四、数字乡村的基本特征

在科技迅猛发展的背景下，数字乡村成为推动乡村振兴和促进农业农村现代化的重要力量。通过引入新技术和先进设备，数字乡村成功淘汰了传统的生产方式，显著改变了乡村的生活方式。这一变革不仅提升了生产效率，还在改善生态环境方面取得了显著成效。数字乡村的特点主要体现在以下几个方面。

（一）数字化和信息化

狭义的信息化和数字化是指利用信息系统记录的数据资源，通过大数据分析技术实现数据开发和利用。广义的信息化和数字化则是指在数字经济中，信息（数字）技术作为一种资源要素，被各领域广泛采用，并嵌入产业整体流程中，实现深度融合，逐步促进第一、第二、第三产业的发展壮大。本书所使用的广义信息化和数字化概念，是指乡村依托现代信息技术，以县域为治理单元，统筹推进大数据、物联网、云计算等信息技术在农业信息技术研发、农业技术推广、农村电子商务、乡村普惠金融、数字政府等重点领域的应用。实现现代高新技术与传统产业的深度融合，推动农业发展动能从"要素驱动"向"创新驱动"转变，从而实现城乡一体化的美好新农村建设。

信息化和数字化作为现代社会发展的关键驱动力，已经超越单纯的技术应用，成为一种全面渗透到社会各个层面的资源要素和治理手段。狭义的信息化和数字化侧重于数据资源的记录、存储和分析，通过大数据技术挖掘数据的潜在价值，为决策提供支持。而广义的信息化和数字化则更为深远，被视为一种战略资源，推动着经济结构的转型和社会治理的创新。在数字经济的大背景下，信息技术不仅是一种工具，更是一种推动社会进步的新要素。各行各业都在探索如何将信息技术深度融合到自身发展中，从而实现资源的优化配置和效率的最大化。特别是在农业、制造业、服务业等传统产业中，信息技术的应用正在促进产业的升级和转型。

在乡村地区，信息化和数字化的推进尤为重要。其被视为缩小城乡差距、推动乡村振兴的重要手段。依托现代信息技术，乡村地区可以更好地利用大数据、物联网、云计算等技术，提升农业信息技术的研发水平，加快农业技术推广，发展农村电子商务，完善乡村普惠金融服务，构建数字政府，实现现代高新技术与传统产业的深度融合。这不仅能够提高农业生产效率，增加农民收入，还能够促进农村社会治理的现代化。在县域治理单元内，通过统筹推进信息技术的应用，可以实现对农业生产、农村生活、乡村治理等各个方面的全面升级。这不仅有助于推动农业发展动从传统的要素驱动向创新驱动转变，还能够为城乡一体化发展奠定坚实的基础。

在日常生活中，随着互联网的普及和数字化设施设备的使用，乡村治理变得逐渐可视化，农民生活变得更加智能，农民消费变得更加便捷。数字化和信息化正在改变着乡村居民的生活方式，提高他们的生活质量。在数字乡村建设中，信息化和数字化的应用是多维度的。在微观层面，作为治理工具，帮助乡村管理者更高效地处理日常事务，提升服务效率；在中观层面，通过信息技术的应用，实现对乡村治理活动的全过程监控和管理；在宏观层面，信息化和数字化体现了一种治理理念，展示了对乡村治理现代化的追求和对信息技术价值的深刻理解。

随着技术的不断发展和应用，信息化和数字化在乡村建设中的作用日益凸显。其不仅能够促进乡村经济的繁荣，还能推动社会治理创新，提高居民的生活质量，并实现乡村的全面振兴。在未来，随着 5G、人工智能、区块链等新技术的引入，信息化和数字化将在乡村建设中发挥更重要的作用，为建设更加美好的乡村生活贡献力量。

（二）普惠性和普适性

农村的数字化建设发展使农民的生活发生了巨大的变化，即使是偏远的农村地区也能够享受到更便利和优质的公共服务。数字化公共服务在乡村逐步普及，显著提升了农民的生活品质。特别是"互联网＋医疗健康""互联网＋政务服务""互联网＋教育"的延伸，极大地改善了农民的生活条件。通过互联网，更多的农民享受到了国家社会保障体系带来的福利，普惠性医疗保险更加普及，村民可以通过手机办理业务，贫困山区的孩子也能享受到城里儿童所拥有的优质教育资源。

随着农村数字化建设的深入推进，农民的生活正经历着前所未有的变革。数字化不仅为农民带来了便利和高效的公共服务，还在提升他们生活品质方面发挥了重要作用。特别是在偏远的农村地区，数字化建设的发展使这些地区的居民享受到了与城市居民相等的公共服务，从而缩小了城乡差距。

"互联网＋医疗健康"的推广，使农村居民在医疗健康服务方面获得了显著提升。通过互联网平台，农民可以方便地进行远程医疗咨询，获取专业的医疗建议和健康指导。一些地区甚至实现了在线预约挂号、电子病历管理等功能，极大地方便了农民就医。此外，数字化医疗还推动了医疗资源下沉，使得优质医疗资源能够覆盖更广泛的农村地区，提升了农村居民的健康水平。

"互联网＋政务服务"的实施，让农民在办理各种政务服务时享受到了前所未有的便捷。通过互联网平台，农民可以在线办理户籍、社保、税务等各类政务服务，减少了往返政府部门的时间和精力。这种数字化政务服务的普及，不仅提高了政府服务的效率，也增强了农民对政府工作的满意度和信任感。

"互联网＋教育"的推进，为农村地区的孩子打开了一扇通往知识世界的大门。通过互联网，农村孩子可以接触到更丰富的教育资源，享受到与城市孩子同等的教育机会。在线教育平台的兴起，使优质的教育资源得以跨越地域的限制，为农村孩子提供了更多的学习选择和发展空间。这种教育资源的均衡分配，有助于提升农村地区的教育水平，缩小城乡教育差距。

数字化建设还推动了普惠性医疗保险的普及。通过互联网平台，农民可以更方便地了解并参与医疗保险计划，享受到国家社会保障体系带来的福利。普惠性的医疗保险不仅减轻了农民因病致贫的风险，还提高了他们的生活质量。同时，数字化建设还为农民提供了更多的就业机会和创业平台。通过电子商务平台，农民可以将自家的农产品销售到全国各地，拓宽销售渠道，增加收入来源。这种数字化的商业模式，不仅提高了农产品的市场竞争力，也为农民提供了更多的发展机会。

在日常生活中，农民通过手机等移动设备享受到了数字化带来的便利。无论是购物、支付、娱乐还是社交，数字化都极大地丰富了农民的生活。这种数字化生活方式的普及，不仅提高了农民的生活质量，也促进了农村地区的社会经济发展。农村的数字化建设，正在深刻地改变着农民的生活。从医疗健康到政务服务，从教育到就业，数字化的公共服务在乡村逐步普及，农民生活品质在各个维度均得到了提升。随着技术的不断进步和应用，未来的农村数字化建设将为农民带来更多的便利和机遇，推动农村地区的全面振兴。

（三）高效能性和高效率性

数字乡村的智能化改革不仅有效节省了人力成本，而且显著提高了资源的利用效率。在农产品销售环节，消费者可以通过图片、视频选购所需的农产品，买卖双方能够通过互联网随时随地完成在线交易，这使农产品以更为便捷高效的方式销售出去，大幅缩短了交易时间，降低了交易成本。在生产前利用数据分析进行精准生产，根据市场需求和产业定位调整生产计划；在生产过程中实施全程追溯、实时指导和预警提醒系统；在产品销售后，通过线上和线下渠道，利用数字平台搭建高效物流网络，确保产品生产和加工过程可追溯，实现生产的科学化、经营的智能化和服务的高效化。这些措施不仅提升了农业生产的质量和效率，还推动了数字乡村的全面发展，为乡村振兴战略的实施和农业农村现代化的推进作出了重要贡献。数字乡村的智能化改革正深刻地改变着农业生产和销售的各个环节，带来了显著的经济效益和社会影响。利用现代信息技术，农业生产变得更加精准和高效，农产品的销售也变得更加便捷和直接。

例如，在农产品销售环节，数字技术的应用使消费者可以通过图片、视频等多媒体方式选购所需的农产品。这种直观的选购方式不仅提升了消费者的购物体验，也使农产品的销售更加透明和便捷。买卖双方能够通过互联网随时随地完成在线交易，这种交易方式大幅缩短了交易时间，降低了交易成本，提高了交易效率。

在生产前，利用数据分析技术进行精准生产规划，根据市场需求和产业定位调整生产计划，使得农业生产更加符合市场的需求。这种基于数据的决策方式使得农业生产更加科学和合理，减少了资源的浪费，提高了资源的利用效率。在生产过程中，实施全程追溯、实时指导和预警提醒系统，使得农业生产过程更加透明和可控。通过物联网技术，农业生产的每一个环节都能够被实时监控和记录，一旦发现问题，系统会及时发出预警，提醒农户采取相应的措施。这种智能化的生产方式不仅提高了农业生产的质量和效率，也保障了农产品的安全和品质。在产品销售后，通过线上和线下渠道，利用数字平台搭建高效物流网络，确保产品生产和加工过程可追溯。这种全程可追溯的系统不仅提升了消费者对农产品的信任度，也为农产品的品牌建设提供了支持。同时，高效的物流网络也确保了农产品能够及时、安全地送达消费者手中，提高了消费者的满意度。

数字乡村的智能化改革还推动了农业生产的科学化、经营的智能化和服务的高效化。通过智能化的农业生产系统，农户可以根据作物的生长情况和环境变化，实时调整生产管理措施，提高农业生产的科学性和精准性。智能化的经营方式使农户能够更好地管理农业生产和销售，提高经营效率。高效的服务系统使农户能够享受到更加便捷和高效的服务，提高了农业生产的整体效益。

这些措施不仅提升了农业生产的质量和效率，还推动了数字乡村的全面发展。数字乡村的建设不仅为农业生产提供了技术支持，还为农村居民的生活提供了便利。通过数字技术的应用，农村居民可以享受到更加便捷的公共服务，提高了他们的生活质量。数字乡村的智能化改革正在为乡村振兴战略的实施和农业农村现代化的推进作出重要贡献。随着技术的不断进步和应用，未来的数字乡村将会更加智能、高效，为农业和农村的发展提供更加强大的支持。

五、传统乡村与数字乡村的差异

数字乡村是在传统乡村基础上发展而来的新型社会形态，是现代信息文明时代的杰出产物。其不仅仅是对传统农业文明和工业文明时代乡村的简单延续和改善，更是通过数字技术和信息化手段的全面介入，实现了乡村社会经济、文化和生态等方面的深刻变革和显著提升。与传统村落相比，数字乡村在多个方面展现出了显著的差异和全面的升级。数字乡村作为信息文明时代的产物，不仅在生产、生活、生态和治理等方面实现了对传统乡村的全面升级和显著提升，也为实现乡村振兴和现代化发展提供了强有力的支撑。数字乡村的建设和发展不仅是技术进步的体现，还是社会进步和人民生活改善的生动实践。

在数字乡村中，信息技术的应用贯穿于农业生产、农村治理、农民生活等多个方面。农业生产的智能化和精准化，使农业生产效率大幅提升，农产品的质量得到保障。通过物联网技术，农业生产过程得以实时监控和智能管理，农民可以根据作物的生长状况和环境变化，及时调整生产管理措施，增强农业生产的科学性和精准性。农村治理的数字化，使乡村治理更为透明高效。通过建立数字化治理平台，乡村管理者可以实时掌握乡村的各种信息，提高治理效率和效果。同时，数字化治理方式还便于农民参与乡村治理，提高了乡村治理的民主性和参与度。农民生活的信息化，使农民的生活质量得到显著提升。通过互联网和移动设备，农民可以方便地获取各种信息和服务，享受到与城市居民同等的便利。无论是购物、支付、娱乐还是社交，数字化都极大地丰富了农民的生活。

数字乡村的建设和发展，不仅改变了乡村的生产方式和生活方式，还深刻影响了乡村的社会结构和文化形态。在数字乡村中，传统的乡村社会结构和文化形态得到了重构和再造。通过数字化的手段，乡村的文化资源得到了更好的保护和传承，乡村的文化活动也变得更加丰富和多样。与传统村落相比，数字乡村在多个方面都展现出了显著的差异和全面的升级。数字乡村的建设和发展，不仅是技术进步的体现，更是社会进步和人民生活改善的生动实践。其为实现乡村振兴和现代化发展提供了强有力的支撑。当然，数字乡村的建设和发展，也面临着一些挑战和问题。如何保障农民的数字素养、如何保护农民的数字权益、如何实现数字乡村的可持续发展等，都是亟须解决的问题。同时，数字乡村的建设和发展也需要全社会的共同参与和努力，需要政府、企业、社会组织和农民的通力合作。

数字乡村的建设和发展，是信息文明时代的产物，是现代社会发展的重要趋势。随着数字技术的不断进步和应用，数字乡村将会变得更加智能、高效，为农业和农村的发展提供更加强大的支持。其不仅能够提升农民的生活质量，也能够推动乡村的全面振兴和现代化发展，为实现全面建设社会主义现代化国家的目标作出重要贡献。传统乡村与数字乡村的差异对比见表3.1。

表3.1　传统乡村与数字乡村的差异对比

对比维度	传统乡村	数字乡村
生产方式	主要依赖手工劳动和简单工具，生产效率低，市场销路有限，经济发展缓慢	通过机械化、智能化和规模化生产，提高了农业生产效率自动化播种机、智能灌溉系统和无人机等技术使农业生产更为精准高效
销售渠道	农产品销售渠道单一，多通过本地市场或少量外销，易受市场波动影响	多元化销售渠道，通过网络平台直接对接城市市场，减少中间环节，降低交易成本电子商务平台、直播带货等方式拓宽了市场销售渠道
产业链	缺乏系统化和规模化的产业链，产品积压和浪费问题较严重	通过冷链物流、科学的仓储管理和数字平台，实现了农产品从生产到销售的全程优化，延长销售周期，扩大销售范围
日常生活	生活单调枯燥，缺乏多样化的娱乐和休闲活动，信息传播途径有限，村民对外界了解滞后	网络普及丰富了村民的生活和娱乐方式，通过网购、在线观看影视剧和参与在线社交活动，村民可以享受多样化的娱乐和便捷的生活条件
信息获取	信息获取渠道匮乏，村民难以掌握最新政策和市场动态，决策受限	信息技术的应用使村民能及时了解和享受各类便民政策，通过互联网获取农业补贴、医疗保险和教育资助等信息，提升了生活质量和满意度
治理模式	主要依赖村委会管理，村民普遍缺乏参与感和权利意识	通过在线平台，村民可以快速办理事务，增强了参与感和权利意识在线参与村务决策和监督，推动了治理的民主化和透明化
环境保护意识	环境保护意识和管理措施不足，生态环境恶化严重，大量化肥、农药和生活垃圾随意堆放，造成土壤、水体和空气污染	通过构建数字化生态监测系统，实现实时监控和精准治理利用物联网技术和传感器设备，进行污染源早期预警和控制
环境治理	治理手段有限，生活污水直排和垃圾处理不当现象普遍	机械化和智能化设备提高了治理效率智能垃圾分类系统和农村污水处理系统的应用，改善了环境质量
农民参与	农民参与环境保护的积极性和意识较低	通过数字平台教育和宣传，提升了农民的环保意识和参与度，农民能够通过平台举报环境问题，共同维护生态环境

（一）传统乡村与数字乡村在生产方面的差异

在生产方面，传统乡村的农业生产主要依赖手工劳动和简单的工具，市场销路有限，农民收入较低，经济发展也因此相对缓慢。传统的生产方式虽沿袭了数百年，但其低效性和局限性使乡村经济难以有质的飞跃。农产品的销售渠道单一，通常只能进入本地市场或者少量外销，难以形成规模效应，且容易受到市场波动的影响，导致农民的经济收入不稳定。

然而，数字乡村建设利用数字信息技术，大幅优化了农村的生产和营销方式。首先，农业生产逐步实现了机械化、智能化和规模化。高效的农业机械设备替代了传统的手工劳动，使生产效率大幅提升。例如，自动化播种机、智能灌溉系统、无人机喷洒农药等技术的应用，使农业生产的各个环节变得更加精准和高效。智能化的管理系统可以实时监控农作物的生长情况，科学调节水肥管理，从而提高农作物的产量和质量。另外，数字乡村的建设使得销售渠道多元化，生产经营效率显著提高。通过网络互联的优势，乡村的农产品可以直接对接到城市市场，减少中间环节，降低交易成本，增加农民收入。电子商务平台的兴起，使农民可以通过网络直播带货、线上店铺等方式直接向消费者销售农产品，进一步拓宽了市场销售渠道。例如，许多农民通过直播平台向全国各地的消费者展示和销售自己的农产品，既增加了收入，又提高了农产品的知名度。

因此，可以认为借助网络互联的优势，促进了乡村产业链的延伸。数字技术的应用不仅优化了农业生产过程，还涵盖了农产品的存储和销售环节。例如，冷链物流技术的应用，使得农产品能够保持新鲜，延长了销售周期，扩大了销售范围。科学的仓储管理系统，可以根据市场需求和供应情况，灵活调整农产品的库存和销售策略，避免了产品的积压和浪费。与此同时，数字经济与乡村生产深度融合，创新了多种新模式，为乡村产业发展注入了新动力。例如，智慧绿色农业通过物联网技术，实时监测和管理农业生产的各个环节，确保生产过程的绿色环保和高效。农产品电商直播则通过网络平台，将农产品的生产、加工、包装和销售过程透明地展示给消费者，增强了消费者的信任度和购买意愿。共享经济的模式，如共享农机和共享农田等，也在乡村得到了广泛应用，极大地提高了资源的利用效率，降低了生产成本。

综上所述，数字乡村建设通过信息技术的深度介入和应用，不仅提升了农业生产的效率和质量，还拓展了农产品的销售渠道和市场范围，促进了乡村产业链的延伸和优化，实现了从优质种源到科学生产、从机械收割到规模销售的新型产业链，为乡村经济的发展注入了源源不断的新动力。

（二）传统乡村与数字乡村在生活方面的差异

在生活方面，传统乡村的日常生活往往显得单调枯燥，缺乏多样化的娱乐和休闲活动。信息的传播途径有限，使村民对外界的新兴事物和社会发展的了解相对滞后，形成了显著的信息和数字鸿沟。由于信息获取渠道的匮乏，村民难以及时掌握最新的政策和市场动态，进而影响到他们的决策和生活质量。此外，传统乡村的治理模式主要依赖村委会的管理，村民的参与感和权利意识普遍缺乏，治理的效果也因此受到限制。

相比之下，数字乡村的建设以先进的信息技术为支撑，极大地丰富了农民的生活和娱乐方式，显著提升了他们的生活质量和幸福感。数字乡村通过网络的普及，极大地缩短了村民之间以及村民与外界的距离。网购的便捷性使得农民可以足不出户便能购买到各类生活必需品和优质商品，极大地改善了他们的生活条件。通过在线观看影视剧、参与在线游戏和社交互动等方式，村民们可以享受到多样化的娱乐活动，打破了传统乡村生活的单调和枯燥。

并且，由于信息技术的广泛应用和信息政策的普及，农民能够及时了解和享受各类便民政策和政策红利。这些政策的及时传播和落实，不仅提高了农民的收入，还显著提升了他们的满意度。通过互联网，农民们可以方便地获取农业补贴、医疗保险和教育资助等信息，积极参与各类政策的实施，切实感受政策带来的实惠。不仅如此，互联网的便捷服务大大简化了村民的办事流程，提高了村务管理的效率和透明度。村民们可以通过在线平台，快速办理各类事务，如户籍登记、土地承包、医疗保险等，不再需要耗费大量时间和精力去村委会或镇政府办理。这不仅提高了办事效率，还增强了村民的参与感和权利意识。通过在线参与村务决策和监督，村民们能够更积极地参与到乡村治理中，推动其民主化和透明化。

数字乡村的建设不仅改善了农民的物质生活条件，还极大地丰富了他们的精神文化生活。通过数字化的教育资源和培训平台，农民们可以获得更加全面和优质的教育和技能培训，提高自身素质，适应现代农业和农村经济发展求。同时，数字乡村还推动了农村文化的传承和创新，通过数字平台展示和传播乡村的传统文化和民俗活动，增强了农民的文化自信和认同感。总体而言，数字乡村通过信息技术的广泛应用，打破了传统乡村生活的单调和信息闭塞，不仅提高了农民的生活质量和幸福感，还增强了他们的权利意识和参与感。数字乡村的建设推动了乡村生活的现代化和多样化，为乡村的可持续发展注入了新的动力和活力。

（三）传统乡村与数字乡村在生态方面的差异

在生态方面，传统乡村缺乏系统的环境保护意识和有效的管理措施，导致生态环境不断恶化，人居环境的质量普遍较低。农民在追求农业生产高产和低成本的过程中，往往忽视了对生态环境的保护，使用大量化肥、农药和地膜等化学品，导致土壤、空气和水体污染问题日益严重。此外，农村生活垃圾随意堆放和处理不当以及生活污水直排等现象普遍存在，进一步加剧了生态环境的恶化，影响了村民的生活质量和健康安全。与之形成鲜明对比的是，数字乡村的建设将先进的信息技术与乡村生态环境建设深度融合，实现了生态监测的数字化、环境治理的机械化和农村生产的绿色智能化，为生态环境保护注入了新的动力。数字乡村通过构建全面的数字化生态监测系统，能够实时监控大气、水质和土壤等各项环境指标，对环境变化进行精准捕捉和分析。借助物联网技术和传感器设备，能够对污染源进行早期预警和及时控制，有效预防和减少环境污染事件的发生，提高了环境治理的科学性和效率。

此外，随着数字乡村平台和应用的推广，极大地激发了农民广泛参与环境保护的积极性，增强了他们的环境保护意识。通过平台上的环境保护教育和宣传，农民们能够深入了解环保知识和环保法律法规，增强了对环境保护的责任感和自觉性。平台还鼓励农民参与环境保护活动，如垃圾分类、清洁村庄等，共同维护乡村的生态环境。村民们通过平台的随手拍功能，可以即时举报环境污染问题，促进了群防群治，形成了全民参与的环境保护机制。在环境治理方面，数字乡村利用机械化和智能化设备，提高了环境治理的效率和效果。例如，通过智能垃圾分类处理系统，能够实现垃圾的分类收集、运输和处理，减少了垃圾对环境的污染。农村污水处理系统的建设和升级，确保了生活污水的有效处理和达标排放，改善了水体环境质量。此外，智能农机和绿色农业技术的推广，减少了农业生产对环境的负面影响，实现了农业生产的绿色化和可持续发展。

基层政府在数字乡村环境治理中也扮演着重要角色，通过环境监测系统的数据分析和预警功能，政府能够及时掌握环境状况，快速响应和处理环境污染事件，提升了环境监管的精准度和科学性。政府还可以利用数字平台，加强对生态环境保护的监督和管理，制定和实施更为严格的环保政策和措施，确保环境治理的长期有效。

数字乡村建设通过深度融合信息技术和生态环境保护，实现了生态监测的数字化、环境治理的机械化和农村生产的绿色智能化，不仅改善了乡村的自然生态环境，还提升了农民的环境保护意识和参与度，促进了乡村环境的持续改善和可持续发展，建设了宜居、整洁和美丽的乡村环境，为乡村振兴和生态文明建设提供了强有力的保障。

六、数字乡村建设的基本内容

数字乡村建设的目标在于通过推进基础设施建设、构建数据平台以及推广应用场景，全面实现乡村政治、经济、文化、社会、生态和治理的数字化转型。这一广泛而深刻的转型过程涉及多个关键领域的紧密融合和系统建设，旨在应对传统乡村面临的多样化发展挑战和现代化需求。通过数字技术的引入和应用，数字乡村不是简单的技术升级，而是为乡村注入了新的发展动能，促进了乡村经济的多元化、社会治理的精细化以及生态环境的可持续发展。

数字乡村建设是一项系统性工程，其目标是通过一系列综合性措施，实现乡村地区的全面数字化转型。这一转型不仅涵盖基础设施建设，还包括数据平台构建和应用场景推广，从而推动乡村在政治、经济、文化、社会、生态和治理等各方面实现质的飞跃。

在基础设施建设方面，数字乡村建设致力于提升乡村地区的网络覆盖和信息服务能力。通过铺设宽带网络、建设智能电网和推广智能终端等措施，确保乡村地区能够接入高速、稳定的信息网络，为数字化转型奠定基础。构建数据平台是数字乡村建设的另一核心内容。通过整合乡村地区的各类数据资源，建立统一的数据管理和分析平台，可以为乡村治理和决策提供强有力的数据支持。数据平台的建设不仅有助于提高治理效率，还能够促进信息共享和资源优化配置。推广应用场景则是数字乡村建设的实践落脚点。通过开发和推广适合乡村特点的数字化应用，如智慧农业、在线教育、远程医疗、电子商务等，可以有效提升乡村居民的生活质量和经济发展水平。这些应用场景的推广，使得乡村居民能够享受到与城市同等的便捷服务，缩小了城乡之间的差距。

数字乡村建设涉及多个关键领域的融合和系统建设，包括农业生产的智能化、乡村治理的数字化、文化传承的数字化、社会服务的网络化以及生态环境的监控与管理的智能化等。这些领域的融合和建设，旨在应对传统乡村面临的多样化发展挑战，满足乡村居民对现代化生活的需求。数字技术的应用促进了乡村经济的多元化发展，拓宽了农民的就业渠道和增收途径。同时，数字化手段也使社会治理更加精细，提高了治理的针对性和有效性。在生态环境保护方面，数字乡村建设通过智能化的监控和管理，提升了生态环境的保护水平。通过实时监测环境质量、预测和预警环境风险，可以及时采取措施保护生态环境，促进乡村的可持续发展。

数字乡村建设的最终目标是实现乡村地区的全面振兴和现代化发展。通过数字化转型，乡村地区将更好地融入国家的发展大局，实现与城市的协调发展。

（一）数字乡村的基础设施建设

数字乡村的基础设施建设是实现乡村全面数字化转型的前提和基础。在这方面，重点推进了4G、5G网络的普及，并引入光纤通信、微波和卫星技术，这些技术的广泛应用极大地提升了农村地区的网络覆盖率和稳定性。偏远乡村地区的居民因此能够享受高速互联网带来的便利，不仅改善了他们获取信息和与外界沟通的方式，也为乡村地区的经济社会发展提供了新的动能。信息服务基础设施的建设也得到加强，如益农信息社、农村电商服务站等机构的设立，为农民提供了生产和生活所需的基本服务。这些数字化升级的基础设施（如改进的公路数据统计、更新的电子地图和建设的农村物流服务站点）有效促进了农产品的销售，满足了乡村居民增长的网购需求，提升了农村的生活质量和经济活力。

数字乡村的核心建设之一是农业农村数据平台的构建。通过广泛汇集乡村数据资源，建设农业农村基础数据库和大数据平台，数字乡村实现了数据的集中管理、精准分析以及高效应用服务。这些举措提升了农业生产的效率，加强了市场运作的透明度和决策的科学性，为农村经济的现代化发展奠定了坚实基础。数字化的农业农村数据平台的应用，不仅仅是信息技术的应用，更是乡村现代化转型的关键支撑。通过数据的智能化处理和系统化应用，数字乡村不断优化农业生产流程，提高了资源利用效率和生产效益。农民能够更好地应对市场变化和气候波动，提高了农业生产的抗风险能力。数字应用支撑平台的建设进一步加强了政府部门与农民之间的互动和沟通，促进了农村治理的现代化和社会服务的智能化。乡村社区因此获得了更多便捷的公共服务和信息资源，改善了居民的生活质量，提高了乡村治理的效率和透明度。

随着信息技术的不断发展和应用场景的日益丰富，数字乡村将继续探索创新，推动农村各领域的数字化转型。这一转型过程不仅提升了乡村整体的竞争力和可持续发展能力，还为实现乡村振兴战略目标注入了新的活力和动力。数字乡村的持续推进，是对传统乡村模式的全面升级。其为农村经济、社会和生态环境的全面改善提供了重要保障。通过数字化手段，乡村地区的发展潜力得到了充分挖掘，乡村居民的生活水平得到了显著提升，乡村社会的治理能力得到了加强。数字乡村建设是一项长期而复杂的系统工程，需要政府、企业和社会各界的共同努力和协作。随着技术的不断进步和应用，数字乡村将展现出更加广阔的发展前景，为乡村地区带来更加美好的未来，为实现全面建设社会主义现代化国家的目标作出重要贡献。

（二）数字乡村的应用体系建设

在数字应用体系建设方面，数字乡村着力推动智慧农业、智慧绿色乡村、乡村公共服务等领域的发展。智慧农业利用数字信息技术贯穿了从农业生产到销售管理的全过程，促进了农业生产的机械化和数字化发展，拓展了乡村电商和物流体系，优化了售后服务质量，形成了更为完整的产业链和价值链。智慧绿色乡村建设则注重在保护生态环境的前提下推动农业生产的绿色发展，规范了生产过程中的环保标准，并通过物联网、卫星和无人机等技术进行智能监控和预警，以改善和保护乡村的自然环境。此外，数字乡村还加强了乡村公共服务的建设，包括教育、医疗和养老等方面。通过建设教育专网、数字校园和远程医疗协同体系，数字乡村提升了教育和医疗服务的效能，同时搭建智慧养老平台，为老年人群提供了更便捷的生活服务和健康管理方式。

数字乡村建设在数字应用体系建设方面展现出了显著的成效，特别是在智慧农业、智慧绿色乡村和乡村公共服务等领域。这些领域的数字化转型不仅提升了乡村的生产效率和生活质量，也为乡村的可持续发展提供了强有力的支撑。

智慧农业是数字乡村建设的重要组成部分。通过利用数字信息技术，智慧农业贯穿了从农业生产到销售管理的全过程。在农业生产环节，通过引入智能设备和自动化系统，农业生产的机械化和数字化水平得到了显著提升。这不仅提高了农业生产的效率，也保障了农产品的质量和安全。在销售管理环节，智慧农业通过电子商务平台和物流系统，拓展了农产品的销售渠道，优化了售后服务质量，形成了更为完整的产业链和价值链。这种从生产到销售的全链条管理，不仅提高了农产品的市场竞争力，也为农民带来了更高的经济收益。

智慧绿色乡村建设是数字乡村建设的另一重要方面。其注重在保护生态环境的前提下推动农业生产的绿色发展。通过规范生产过程中的环保标准，智慧绿色乡村建设促进了农业生产方式的转变，减少了农业生产对环境的负面影响。同时，利用物联网、卫星和无人机等技术进行智能监控和预警，智慧绿色乡村建设能够有效地改善和保护乡村的自然环境。这种环境友好型的农业生产方式，不仅提升了乡村的生态价值，也为乡村的可持续发展提供了保障。

数字乡村还加强了乡村公共服务的建设，特别是在教育、医疗和养老等方面。通过建设教育专网和数字校园，数字乡村提升了教育服务的质量和覆盖面。农村地区的孩子们可以通过网络享受到优质的教育资源，缩小了城乡教育的差距。在医疗服务方面，通过建设远程医疗协同体系，数字乡村提高了医疗服务的可及性和便利性。农村居民可以通过远程医疗系统获得专业医生的诊断和治疗建议，改善了他们的健康状况。此外，数字乡村还搭建了智慧养老平台，为老年人群提供了更便捷的生活服务和健康管理方式。通过智能设备和系统，老年人可以享受到个性化的养老服务，提高了他们的生活质量。

在数字乡村的建设过程中，数字技术的广泛应用和创新应用是关键。通过引入大数据分析、人工智能、云计算等先进技术，数字乡村能够实现对农业生产、乡村治理和公共服务等方面的智能化管理和服务。这种智能化的管理和服务，不仅提高了乡村的治理效率，也提升了乡村居民的生活质量。数字乡村的建设是一项系统性工程，其涉及农业生产、生态环境保护、公共服务等多个方面。通过数字技术的引入和应用，数字乡村不仅提升了乡村的生产效率和生活质量，也为乡村的可持续发展提供了强有力的支撑。随着数字技术的不断发展和应用，数字乡村将展现出更加广阔的发展前景，为乡村地区带来更加美好的未来。

除此之外，在数字应用体系建设方面，数字乡村不是简单地引入技术，而是通过全面推进智慧农业、智慧绿色乡村和乡村公共服务等多个领域的发展，深化了乡村现代化转型的内涵和广度。首先，智慧农业作为数字乡村的重要组成部分，通过数字信息技术的全面应用，实现了农业生产、销售和管理的全流程智能化。从种植到收割，再到产品销售和市场管理，数字技术的介入不仅提升了农业生产的效率和质量，还推动了农业向机械化和数字化方向的深入发展。其次，乡村电商和物流体系的拓展，优化了农产品的流通方式和市场接触面，进一步完善了乡村产业链和价值链，促进了农产品的市场化和乡村经济的发展。不仅如此，智慧绿色乡村建设在保护生态环境的前提下，突出了促进农业可持续发展的重要性。通过严格规范生产过程中的环保标准，数字乡村确保了农产品的质量和安全。同时，通过物联网、卫星和无人机等高科技手段进行智能监控和预警，有效提升了乡村自然环境保护和管理水平。这些举措不仅改善了乡村生态环境，也为未来农业发展提供了可持续的生态基础。最后，数字乡村还致力于加强乡村公共服务的建设，特别是在教育、医疗和养老等方面的服务提升。通过建设教育专网、数字化校园和远程医疗协同体系，数字乡村大幅提升了教育和医疗服务的效率和覆盖范围，使乡村居民能够享受到与城市同等水平的教育和医疗资源。同时，智慧养老平台的建设为老年人群体提供了更便捷的生活服务和健康管理方式，有效提升了乡村老龄化社会的生活质量和社会融合度。王廷勇等认为，数字乡村建设不是数字经济与农业农村的简单融合，而是通过数字经济及技术的延伸，实现农业农村经济及社会发展的重构。曾亿武等则认为，数字乡村建设通过整体规划和综合应用现代信息技术，提升了农村居民的信息素养和技能，推动了农业农村现代化发展。

因此，数字乡村在推动智慧农业、智慧绿色乡村和乡村公共服务建设的过程中，不仅通过技术创新和应用场景的拓展实现了乡村现代化的全面提升，也为实现乡村振兴战略目标奠定了坚实基础，为乡村经济、社会和生态环境的可持续发展注入了强大动力。

第二节　数字乡村建设的政策支持与现状

一、数字乡村建设政策

2020 年，随着脱贫攻坚战的全面告捷，中国农业农村工作的焦点转移到了全力推动乡村振兴战略的实施上。以习近平同志为核心的党中央高度重视乡村振兴工作，习近平总书记强调，民族复兴，乡村必须振兴。在推进乡村振兴和数字化建设的战略规划中，数字乡村建设占据了核心地位。2018 年 1 月以来，中共中央、国务院及其他相关部门对农业农村的信息化发展给予了高度重视，并出台了多项推进数字乡村战略的文件。这些文件对于实现网络强国、数字中国等战略目标具有重大指导意义。2019 年，中共中央办公厅、国务院办公厅印发了《纲要》，为各区县、各部门的相关工作推进指明了方向。2021年，国家提出"加快推进数字乡村建设"，并将"数字乡村发展行动"列为《"十四五"国家信息化规划》的十大优先行动之一，并作出了明确部署。2022年1月，中央网信办、农业农村部、国家发展改革委、工业和信息化部、科技部、住房和城乡建设部、商务部、市场监管总局、广电总局、国家乡村振兴局会同有关部门制定了《数字乡村发展行动计划（2022—2025年）》，提出了"十四五"时期数字乡村发展的目标、重点任务和保障措施，对数字乡村工作进行了全面部署。这些战略决策明确了数字乡村建设的发展方向，彰显了党中央对于农业农村信息化及数字乡村发展的重点关切，见表3.2。

表3.2 中国数字乡村政策一览表

发布时间	发布部门	文件名称	相关内容
2018年1月	中共中央、国务院	《中共中央 国务院关于实施乡村振兴战略的意见》	实施数字乡村战略，做好整体规划设计，弥合城乡数字鸿沟
2018年9月	中共中央、国务院	《乡村振兴战略规划（2018—2022年）》	实施数字乡村战略，加快物联网、地理信息、智能设备等现代信息技术与农村生产生活的全面深度融合
2019年1月	中央农村工作领导小组办公室、农业农村部	《中央农村工作领导小组办公室农业农村部关于做好2019年农业农村工作的实施意见》	印发实施国家数字农业农村发展规划，加强农村网络宽带设施和农业农村基础数据资源体系建设
2019年1月	中共中央、国务院	《中共中央 国务院关于坚持农业农村优先发展做好"三农"工作的若干意见》	实施数字乡村战略。深入推进"互联网＋农业"，扩大农业物联网示范应用。推进重要农产品全产业链大数据建设，加强国家数字农业农村系统建设
2019年5月	中共中央、国务院	《数字乡村发展战略纲要》	实施数字乡村战略，加快乡村信息基础设施建设，发展农村数字经济
2019年12月	农业农村部、中央网络安全和信息化委员会	《数字农业农村发展规划（2019—2025年）》	实施大数据战略和数字乡村战略、大力推进"互联网＋"现代农业
2020年1月	中共中央、国务院	《中共中央 国务院关于抓好"三农"领域重点工作确保如期实现全面小康的意见》	开展国家数字乡村试点
2020年4月	农业农村部	《社会资本投资农业农村指引》	鼓励社会资本参与数字农业、数字乡村建设
2020年5月	中央网信办、农业农村部、国家发展改革委、工业和信息化部、国务院扶贫办	《关于印发〈2020年数字乡村发展工作要点〉的通知》	明确2020年数字乡村发展工作目标，开展国家数字乡村试点

发布时间	发布部门	文件名称	相关内容
2020 年 7 月	中央网信办、农业农村部、国家发展改革委、工业和信息化部、科技部、国家市场监管总局、国务院扶贫办	《关于开展国家数字乡村试点工作的通知》	部署开展国家数字乡村试点工作
2020 年 11 月	中央网信办信息化发展局、农业农村部市场与信息化司、农业农村部信息中心	《中国数字乡村发展报告（2020 年）》	总结我国数字乡村建设的政策举措、发展进程和阶段性成效，归纳各部门各地区推进数字乡村建设工作的重要进展和经验探索
2021 年 1 月	中共中央、国务院	《中共中央 国务院关于全面推进乡村振兴加快农业农村现代化的意见》	农业农村现代化规划启动实施，脱贫攻坚政策体系和工作机制同乡村振兴有效衔接、平稳过渡，乡村建设行动全面启动
2021 年 2 月	农业农村部	《农业农村部关于落实好党中央、国务院 2021 年农业农村重点工作部署的实施意见》	配合有关部门加强农村供水、乡村清洁能源、数字乡村、村级综合服务等公共基础设施建设
2021 年 4 月	农业农村部法规司	《中华人民共和国乡村振兴促进法》	推进数字乡村建设，培育新产业、新业态、新模式和新型农业经营主体，促进小农户和现代农业发展有机衔接
2021 年 7 月	中央网信办、农业农村部、国家发展改革委、工业和信息化部、科技部、国家市场监管总局、国家乡村振兴局	《数字乡村建设指南 1.0》	数字乡村建设的总体参考架构、数字乡村建设应用场景及关键要素、数字乡村建设典型案例
2021 年 7 月	国家互联网信息办公室	《数字中国发展报告（2020 年）》	总结了"十三五"时期数字中国建设的主要成就和 2020 年取得的新进展和新成效，评估了 2020 年各地区信息化发展情况，提出了"十四五"时期推动数字中国建设的努力方向和工作重点
2021 年 11 月	农业农村部	《农业农村部关于拓展农业多种功能 促进乡村产业高质量发展的指导意见》	农村电商业态类型不断丰富。数字乡村加快建设，农民生产经营能力普遍增强
2022 年 1 月	农业农村部	《农业农村部关于落实党中央国务院 2022 年全面推进乡村振兴重点工作部署的实施意见》	建设智慧农业和数字乡村，推进数字乡村建设

续表

发布时间	发布部门	文件名称	相关内容
2022年1月	中央网信办、农业农村部、国家发展改革委、工业和信息化部、科技部、住房和城乡建设部、商务部、国家市场监管总局、国家逅遍电视总局、国家乡村振兴局	《数字乡村发展行动计划（2022—2025年）》	要加快推进数字乡村建设，充分发挥信息化对乡村振兴的驱动引领作用，整体带动和提升农业农村现代化发展，促进农业全面升级、农村全面进步、农民全面发展
2022年2月	国务院	《国务院关于印发"十四五"推进农业农村现代化规划的通知》	加快数字乡村建设

二、数字乡村建设现状

中国幅员辽阔，地理环境多样，不同地区的乡村条件和农产品种类丰富，导致了乡村建设基础和实际情况的差异。特别是在信息化程度和农民对新技术的接受度方面存在明显不同，因此，中国的数字乡村建设在各地区呈现不同的发展态势。近年来，中国政府出台了多项规划和政策，以指导各地发展智慧农业和推动数字乡村的建设。目前，全国各地正在积极推进数字化建设，并取得了一些显著成果，主要表现在以下几个方面。

第一，"互联网＋"模式推动乡村现代化。在政府的引导下，乡村居民与电商平台紧密合作，促进了乡村电子商务的快速发展。乡村居民开始学习和应用互联网进行经营，通过电商平台销售本地农产品，降低了物流成本，提升了农产品的知名度和销售量。①大数据和云计算技术的应用：在一些乡镇，尽管农业发展受到环境限制，但通过引入大数据和云计算产业，建立信息中心，改变了当地的产业结构，促进了乡村经济的增长。②网络平台和应用软件的普及：许多有益于农业的网络平台和应用软件采用了大数据和云计算技术，帮助农民调节生产、降低运输成本、扩展产品销售渠道。③物联网和智能设备的应用：在一些乡村地区，无人机和智能生产设备已成为农民熟练使用的工具，物联网技术的应用助力农民实现农业生产的自动化，提高了农产品的质量，减少了资源浪费和环境污染。这些技术的应用不仅提升了农业生产力，还推动了乡村产业的融合发展，改善了当地生态环境，吸引了更多游客，带动了乡村生态旅游项目的发展，为村民提供了更多的收入来源。

第二，在促进乡村发展方面，大数据和云计算技术起到了关键作用，极大地便利了乡村居民的日常生产和生活。尽管一些乡镇因环境限制而难以发展农业，但它们成功地引入了大数据和云计算产业，建立了信息中心，这不仅改变了当地的产业结构，还促进了乡村经济的增长。在某些环境条件较差的地区，尽管农产品的产量和质量可能受到影响，但这些因素对大数据和云计算中心的运作影响有限。此外，这些地区的电力资源丰富且成本较低，为数据中心的运营提供了有利条件。通过建立大数据和云计算中心，一些乡镇实现了从经济落后到信息技术枢纽的转变，乡村居民得以掌握先进的生产技术，即使在不利的自然环境中也能进行精准生产，并通过电子商务拓宽了农产品的销售渠道。

第三，利用大数据和云计算技术的在线平台为乡村居民提供了显著的便利。众多支持农业生产的网络服务平台和应用程序整合了这些技术，帮助农民优化生产流程、减少物流开支、拓宽产品销售网络。部分平台通过应用大数据和云计算技术，收集并分析气候数据，以预测天气变化，从而使乡村居民可以迅速对农业活动进行调整，降低不利气候条件对农业生产的影响。此外，一些应用程序通过系统化地分析农产品的物流及市场供需状况，为农民提供关于物流成本和各地区市场需求的深入洞察，使他们能够据此调整销售方案。

第四，物联网和智能设备的引入显著提高了农业生产的效率，促进了乡村产业的多元化发展。在一些乡村，无人机和智能生产工具已经成为农民日常工作中不可或缺的一部分，物联网技术的应用使农业生产过程自动化成为可能。例如，在山东省广饶县，当地农民利用无人机进行精准的农药喷洒和施肥，同时通过无人机对农田进行监控，这不仅提升了农产品的品质，还有效减少了资源浪费和环境污染。在北京，一些桃农采用智能分拣设备，根据桃子的尺寸、色泽和质量进行自动分类，从而极大提升了工作效率。此外，一些乡村在发展农业的同时，还拓展了其他产业，并通过物联网技术实现了产业间的有效融合。在水产和家禽养殖领域，农民通过物联网技术建立了智能化的管理系统，利用传感器实时监测和调整养殖环境，确保了水质和养殖动物的生活条件。这些技术的运用不仅改善了当地的生态环境，还吸引了众多游客，促进了乡村生态旅游业的发展，为村民带来了更多的经济收益。

第三节　数字乡村建设的困境

一、数字乡村建设中的问题

数字乡村的构建是一个多维度、多层次的复杂过程，其依赖于一系列前沿技术的融合与应用。互联网、物联网、大数据、云计算等技术，构成了数字乡村的骨架，支撑起了乡村信息化和数字化的宏伟蓝图。

互联网作为信息时代的基础设施，其在乡村的广泛应用极大地促进了信息的流通和资源的共享。农民通过互联网获取市场信息、学习新技术、推广产品，城乡之间的信息壁垒逐渐被打破，为乡村地区注入了前所未有的活力。物联网技术则将物理世界与数字世界紧密相连，使农业生产的每一个环节——从土壤监测、作物种植、病虫害防治到收获、加工、物流——都能够实现智能化管理。这种精细化的管理方式不仅提高了农业生产的效率和质量，还为农产品的可追溯性提供了技术保障。大数据技术的应用，为乡村地区提供了强大的数据支持，使得决策过程更加科学、精准。通过对气候、土壤、市场需求等海量数据的分析，农业生产活动可以更加精准地适应环境变化和市场需求，提高抗风险能力和市场竞争力。云计算技术的引入，为农村地区提供了弹性的计算资源和庞大的数据存储能力。使乡村地区无须大规模的硬件投资，就能享受高效的信息化服务，推动了乡村教育、医疗、政务等领域的服务创新。

然而，在数字乡村的快速发展过程中，也伴随着一些挑战和问题。基础设施的不完善，特别是在偏远地区的网络覆盖不足，限制了信息技术的普及和应用。此外，农村地区信息化人才的缺乏，以及农民对新技术的接受度和使用能力不足，也是制约数字乡村发展的重要因素。这些问题要求我们必须从多方面着手解决。政府需要加大政策支持力度，推动基础设施建设，提高农村地区的网络覆盖率。同时，通过技术培训和教育普及，提高农民的数字素养，使他们能够更好地利用数字技术改善生产和生活。企业则需要发挥自身技术优势，开发适合农村市场的产品和服务，推动数字技术的创新应用。

数字乡村建设的成功，需要政府、企业、农民以及社会各界的共同努力。通过构建合作共赢的生态圈，形成推动数字乡村发展的合力。这不仅是技术层面的革新，更是社会结构和经济模式的深刻变革。数字乡村的建设，将为乡村振兴战略的实施提供坚实的技术支撑，为农业农村现代化注入新的动力，为实现乡村全面振兴和可持续发展开辟新的道路。随着技术的不断进步和应用的不断深入，数字乡村将展现出更加广阔的发展前景，为乡村地区带来更加繁荣的未来。数字乡村建设中面临的问题见图3.2。

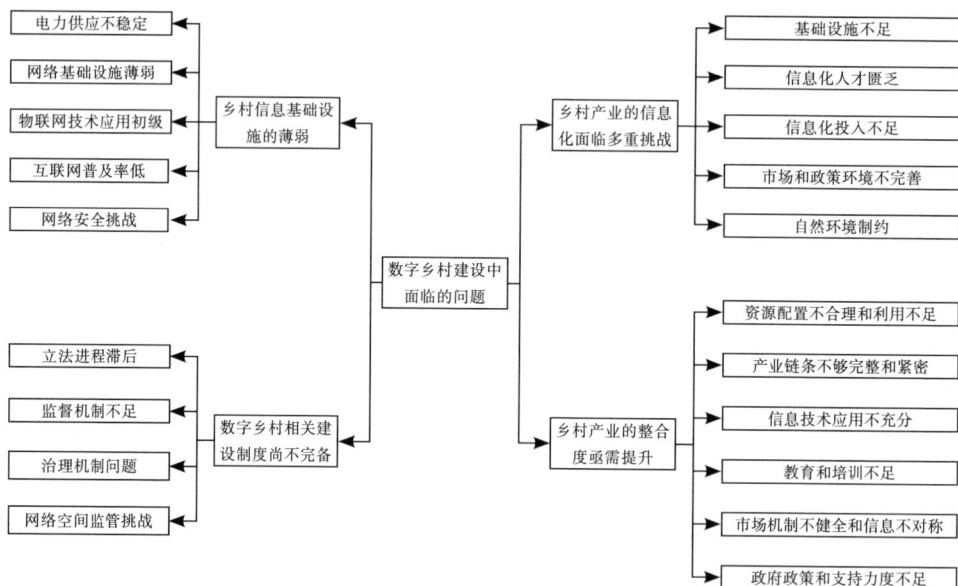

图3.2　数字乡村建设中面临的问题

（一）乡村产业的信息化面临多重挑战

在实现农业农村现代化的进程中，不仅要构建现代化的农业产业体系、生产体系和经营体系，提高农业生产的效率和品质，还要根据各地实际情况发展第二产业和第三产业，并与农业产业实现有机结合，为乡村居民提供更多的收入增长机会。然而，当前乡村产业的信息化建设面临多重挑战，这些挑战严重制约了乡村产业的整体发展和现代化进程。

基础设施不足是乡村产业信息化面临的首要挑战。许多乡村地区的互联网覆盖率低，网络速度慢，导致信息传递和数据处理的效率低下。这不仅影响了农业生产的管理和监控，也限制了乡村电商和其他信息化服务的发展。缺乏稳定可靠的网络基础设施，使得先进的信息技术难以在农村广泛应用。此外，乡村地区的信息化人才匮乏也是一大瓶颈。信息化建设需要大量具备专业知识和技能的人才，而许多乡村地区的人才储备不足，尤其是在信息技术领域。由于城乡教育资源的不平衡，乡村地区的青年人往往缺乏接受高等教育和专业培训的机会。这使得乡村在推进信息化过程中，面临着人才短缺和技术支持不足的双重困境。

不仅如此，农民对信息技术的接受度和应用能力有限。许多农民仍然习惯于传统的生产方式，缺乏对现代信息技术的认识和理解。他们在面对新技术时，往往存在学习和使用上的困难。这不仅导致了农业生产效率的低下，也影响了乡村整体的信息化进程。要让农民充分理解和掌握信息技术，需要进行大量的宣传、教育和培训工作。

在数字乡村建设过程中，乡村产业的信息化投入不足也是一个重要问题。信息化建设需要大量的资金支持，但许多乡村地区的财政状况较为紧张，缺乏足够的资金投入。由于农村经济基础薄弱，政府和企业在信息化建设方面的投资力度不够，使得乡村的信息化水平长期停滞不前。没有充足的资金支持，信息化设备的更新和维护也难以为继。同时，信息技术在农业生产中的应用仍然存在许多技术难题。例如，物联网技术在农田环境监测、精准农业中的应用，仍需克服许多实际操作中的困难。这些技术往往需要进行大量的试验和调整，才能在实际生产中发挥出应有的作用。这一过程往往是费时费力的，需要各方面的协调和配合。

另外，乡村产业的信息化还面临着市场和政策环境的挑战。当前，农村信息化建设的政策支持和市场导向尚不完善。政府在政策制定和执行过程中，存在着力度不够、措施不到位的问题。市场方面，农村信息化产品和服务的市场需求尚未得到充分挖掘和培育，许多信息化项目难以形成规模效应，影响了其可持续发展。

乡村产业信息化的进程还受到自然环境的制约。农业生产对气候环境敏感，农村基础设施建设易受自然灾害的影响。一旦遭遇恶劣天气或自然灾害，农民的损失往往较为严重，信息化设备和系统也可能受到损毁。这使得农村信息化建设的风险和不确定性增加，影响了其推进速度和效果。

综上所述，乡村产业的信息化面临着基础设施不足、人才匮乏、农民接受度低、资金投入不足、技术应用难题、市场和政策环境不完善以及自然环境制约等多重挑战。要推动数字乡村建设和乡村振兴战略，需要全社会共同努力，通过综合施策，逐步克服这些挑战，提升乡村信息化水平，促进乡村产业的多元化发展，提升乡村居民的经济收入和生活质量。

（二）乡村产业的整合度亟须提升

产业融合是数字乡村建设和乡村振兴战略实施的关键部分。数字乡村的推进不仅需要农业的信息化和数字化，还需要促进不同产业间的协同发展，以提高乡村产品的质量和多样性，进而增加乡村居民的收入，增强乡村的综合竞争力。然而，在当前的数字乡村建设中，乡村产业之间的融合程度相对较低，产业互动有限，多数产业仍然独立运作。尽管一些乡村在产业融合方面取得了一定进展，但未能充分利用互联网和物联网技术，导致融合进展缓慢，效益不高。互联网和物联网技术原本可以促进产业间的协作，监控生产流程，并帮助消费者追溯产品来源，但目前大多数乡村产业融合尚未达到这样的深度融合。

乡村产业融合度不高的一个主要原因在于资源配置不合理和利用不足。在很多乡村地区，不同产业之间缺乏有效的资源共享机制，导致资源分散和浪费。例如，农业生产中的副产品和废弃物，未能有效进行再加工或循环利用，这不仅造成了资源浪费，还加剧了环境污染。要提升乡村产业的整合度，需要建立资源共享平台，实现资源的高效配置和综合利用。

此外，产业链条不完整不紧密是乡村产业融合发展面临的另一大问题。乡村产业多处于初级阶段，产品附加值低，缺乏深加工和综合利用的能力。例如，许多农村地区的农产品主要以原材料形式出口，缺乏加工、包装和品牌建设等环节，导致农产品市场竞争力不足，经济效益低下。要实现产业融合，必须延长产业链条，提升产品附加值，形成从生产到销售的完整产业体系。

另外，在乡村产业融合过程中，信息技术应用不足也是一个重要障碍。互联网和物联网技术可以在生产监控、质量追溯、市场推广等方面发挥重要作用，但在许多乡村地区，信息技术的普及程度仍然较低，产业间的信息流通和数据共享尚未实现。例如，通过物联网技术监控农业生产过程，可以实时获取生产数据，优化生产管理，但许多乡村缺乏相关设备和技术支持，未能实现这一目标。要推动产业融合，需要加大对信息技术的投入，提高乡村信息化水平。

教育和培训的不足也是乡村产业整合度不高的重要原因。许多农民和乡村企业家缺乏现代产业融合的理念和技能，对如何利用信息技术和互联网进行产业整合了解不深。例如，农民对农产品加工和品牌建设的认识不足，难以在产业链延伸和产品升级中发挥积极作用。要提高产业融合度，必须加强对乡村人才的培养，通过教育和培训，提升他们的综合素质和技术能力。

政府政策和支持力度的不足也影响了乡村产业的融合发展。尽管国家和地方政府出台了一系列政策支持乡村产业发展，但在实际操作中，政策落实不到位，资金和资源分配不均，导致许多乡村在产业融合过程中遇到困难。例如，一些偏远地区的乡村由于基础设施和资源条件有限，难以吸引企业投资和技术支持，产业融合进展缓慢。政府需要进一步加大对乡村产业融合的政策扶持力度，提供更多的资金和技术支持，帮助乡村克服发展障碍。

市场机制的不健全和市场信息的不对称也阻碍了乡村产业的融合发展。许多乡村产业的市场信息获取渠道有限，难以及时了解市场需求和价格动态，导致生产与市场脱节。例如，农产品市场价格波动大，农民缺乏有效的市场信息，生产和销售存在较大风险。要提高产业融合度，需要建立健全的市场信息服务体系，帮助农民和企业及时获取市场信息，科学制定生产和销售策略。

综上所述，乡村产业的整合度亟须提升。要实现这一目标，需要从资源配置、产业链条、信息技术、教育培训、政府政策和市场机制等多个方面入手，采取综合措施，推动产业融合发展。通过提升乡村产业的整合度，促进多元产业之间的协同运作，提升乡村产品的质量和种类，增加乡村居民的收入，提升乡村的整体竞争力，实现乡村的可持续发展。

（三）乡村信息基础设施的薄弱

数字乡村的建设离不开完善的基础设施，如公路网络、水电系统、物流系统等。这些基础设施是现代社会发展的基石，为数字化、信息化的推进提供了必要的支持。其中，尤为重要的是稳定可靠的农村电力供应。电力作为现代化生产生活的基础能源，对推动数字乡村的信息化和数字化建设至关重要。没有稳定的电力供应，许多信息化设备和数字技术将无法正常运行，从而影响乡村整体的发展进程。然而，要实现数字乡村的全面发展，不仅需要公路网络覆盖到每个角落，还需要高效的物流运输系统。这些基础设施的完善，能够大大提高乡村地区的生产和生活效率。公路网络的建设，能有效改善乡村的交通状况，促进农产品的流通和居民的出行。而高效的物流系统，则可以实现农产品的快速运输，减少在运输过程中的损耗，确保新鲜农产品能够及时进入市场，增加农民的收入。

尤其重要的是完善的信息基础设施。近年来，我国在推广公用移动通信基站方面取得了显著进展，使乡村及偏远地区的通信能力得到了显著提升，居民可以通过移动设备接入互联网，促进了地方网络产业的发展。同时，全国各地也在推广光纤到户，使乡村居民可以便捷地享受高速互联网。但是，仍有部分乡村地区未能接入互联网，普及程度不高。即使在已建有移动通信基站或铺设了光纤网络的地区，也面临着诸如手机信号弱、通信质量不可靠、网络速度缓慢以及基站设备性能问题等一系列挑战。这些问题不仅影响了乡村居民的生活，也阻碍了数字化生产模式在乡村的推广。

近年来，我国一直在积极推动乡村信息化建设，互联网普及进程虽然较为顺利，但物联网技术的应用仍处于初级阶段。物联网技术作为现代信息技术的重要组成部分，具有广泛的应用前景，可以大幅提升农业生产的智能化水平。然而，目前在乡村地区，物联网技术的应用仍面临诸多挑战。例如，技术成本较高、应用推广不足以及农民对新技术接受度低等问题严重制约了物联网技术在乡村的普及和应用。

目前，我国刚刚进入全面小康阶段，乡村基础设施得到显著改善，农业机械化水平也在逐步提升。然而数字化基础设施建设和互联网普及率仍然相对落后。据《中国互联网络发展状况统计报告》，截至 2021 年 6 月，我国农村地区的互联网普及率仅为 59.2%。已普及互联网的区域中，仍存在移动信号和 4G 网络覆盖不足的问题，甚至有些偏远地区仍未实现网络覆盖。例如，在 2020 年新冠疫情期间，陕西曾报道一名大学生因家中网络信号差，不得不在山顶上穿着军大衣上网课。

类似地，贵州、湖北等地也陆续出现了学生为了获取网络信号而不得不前往山区上网的报道。在实际调研中，一些农村地区的网络信号非常弱或者完全没有信号，尽管这样的情况并不普遍，且这些地区的居民主要是老年人，他们通常不使用智能设备。因此，我国乡村中互联网普及率不高，这对智慧农业、智慧物流、智慧水利等依赖互联网信号的建设构成了巨大挑战，也是乡村振兴和数字乡村建设面临的重要问题。物联网技术和相关设备在大多数乡村地区尚未普及，物联网基础设施建设和推广方面存在明显不足。因此，与成熟的网络系统相比，乡村地区在网络系统的建设、存储和共享方面明显欠缺。

（四）数字乡村相关建设制度尚不完备

数字乡村相关建设制度的不健全问题已成为当前数字乡村发展的一大障碍。数字乡村的制度建设尚未完备，这是数字乡村发展中亟待解决的关键问题。要推动数字乡村的全面发展，必须确立一套系统完善、科学规范、运行高效的制度体系，以保障其顺利运行和长期可持续发展。

尽管我国已经颁布一系列关键性文件，如《数字乡村发展行动计划 (2022—2025 年)》，提出了全面推进数字乡村发展的总体规划，但数字乡村建设仍处于探索阶段，整体配套机制尚未完善。数字乡村的治理机制问题不仅影响了其发展的整体效率，也对其长期可持续性构成了潜在威胁。尽管数字乡村在某些方面取得了进展，但治理机制的系统建设和完善仍然是当前亟须解决的关键问题之一。数字乡村中村民参与治理的方式相对单一，主要通过微信群获取村务信息，而在互联网平台上的参与度较低，这限制了村民在数字乡村治理中发挥更大作用的可能性。村民参与度不高不仅影响了决策的民主性和透明度，还制约了数字技术在乡村治理中的实际效能。此外，数字乡村在数据信息采集方面缺乏统一的规范性和可行性标准，特别是在农业领域。缺乏法律保障、监管机制不完善以及数据存储安全问题的模糊性，使得数字乡村面临信息泄露和数据安全风险。这些问题不仅影响了数字乡村信息化进程，还可能对农村社会和经济稳定造成潜在威胁。

数字乡村网络空间的有效监管也面临着多重挑战。网络空间的虚拟性和广泛传播特性增加了监管的复杂性和难度。尤其是随着社交媒体和短视频等新兴平台的快速发展，数字乡村自媒体成为展示和推广乡村形象、农产品销售的重要渠道。然而，当前监管体系尚未有效应对这些新兴形式带来的监管挑战，导致在农产品质量、宣传信息真实性以及消费者权益保护等方面存在较大的漏洞和不确定性。

因此，为推动数字乡村建设的全面发展，迫切需要加强对治理机制、数据信息采集规范和网络空间监管的研究和建设。只有建立健全的制度体系，完善治理机制和监管措施，才能有效地促进数字技术在乡村振兴中的广泛应用，实现数字乡村建设的长远可持续发展目标。

二、数字乡村建设中问题的产生根源

数字乡村建设中的问题源于各方面因素。每个因素都在不同程度上制约了数字乡村的全面推进和深入发展。这些因素相互交织、相互影响，综合作用导致了数字乡村建设中出现的各种问题。以下是对这些问题根源的详细分析。

乡村信息化人才短缺、数字基础设施需求的日益增长以及对数字乡村建设思想理解的不足，是当前乡村数字化转型面临的三大主要挑战。信息化人才的短缺限制了乡村地区对新兴数字技术的接受、应用和创新能力，使乡村地区在数字化进程中难以跟上时代步伐。随着数字乡村建设的不断深入，对信息基础设施的要求也越来越高，包括高速互联网的普及、智能设备的部署以及数据平台的建设等，这些都对乡村地区的基础设施建设提出了新的挑战。对数字乡村建设思想理解得不足，也使得一些地方政府和农民对数字化转型的重要性认识不够，缺乏长远规划和积极行动，影响了数字乡村建设的整体推进和效果。这三个方面的问题相互交织，共同构成了乡村数字化转型的瓶颈，需要通过综合措施和长期努力来解决。

（一）乡村信息化人才短缺

在数字乡村建设中，信息化人才的不足是一个亟待解决的问题。这一进程需要各类人才的参与，特别是那些掌握信息技术、能够引领乡村信息化进程的专业技术人员，以及深刻理解数字乡村建设重要性的基层干部和当地居民。然而，许多乡村地区在这些方面的人才资源非常有限，特别是在缺少能够带动乡村居民参与数字乡村建设的基层领导和本地人才方面。尽管一些乡村得到了来自省市的技术人员的支持，这些人员在一定程度上能够协助农业生产和网络设施的建设，但由于基层干部对数字乡村建设的理解不够深入，信息化发展的步伐依旧缓慢。此外，乡村地区在培养本地人才方面也未能取得显著成效，这使人才短缺问题难以得到根本性解决。一些乡村的基层干部和居民虽然有意愿推动数字乡村建设，但受限于地理位置和基础设施，很难吸引和培养信息技术人才，从而限制了技术指导和信息化人才培养的可能性。

在当代中国，人才流动已成为一种普遍的社会现象，农村人才流失问题在数字乡村建设中尤为凸显。由于乡村地区发展机遇和优质教育资源的不足，众多有才华的农村青年倾向于向城市迁移以寻求更好的发展。这种长期存在的由农村向城市的单向人才流动，势必导致数字乡村建设面临人才严重不足的挑战。尽管数字经济的迅猛发展在各个产业领域创造了大量就业机会，但数字经济发展的不均衡、产业结构的变动等因素，使人才回流至乡村变得困难，这对数字乡村的推进构成了阻碍。教育和人才培养的不足是造成乡村信息化人才短缺的另一关键因素。在许多偏远乡村地区，教育资源的匮乏，尤其是高质量教育资源的稀缺，加大了人才培养的难度，导致了人才储备的不足，进而难以培育出满足数字乡村建设需求的人才。乡村学校往往面临教育水平和资源的限制，这使当地学生难以获得与城市同龄人相等的教育机会，限制了他们的成长和发展潜力。此外，受传统观念和文化的影响，乡村居民对新兴事物和技术的接受度可能不高，创新意识和能力相对欠缺，这同样对数字乡村人才的培育构成了障碍。

要解决这些问题，需要从多方面入手。首先，要加大对乡村教育的投资力度，提高乡村学校的教育质量，培养更多符合数字乡村建设需求的人才。其次，要制定吸引人才回流的政策，通过提供更好的工作和生活条件，吸引在外发展的农村人才回乡。最后，要加强对基层干部和居民的信息技术培训，提高他们对数字乡村建设的认识和参与度。只有这样，才能逐步解决乡村信息化人才短缺的问题，加快数字乡村建设的步伐，实现乡村的振兴和现代化。

推进数字乡村建设，关键在于人才，特别是需要众多数字化人才来支持农村的数字化转型，实现数字技术的普及和融入乡村社会。数字化人才的缺乏是数字乡村建设中一个非常关键的问题。由于数字技术的应用和发展需要专业人才的支持，而吸引这些专业人才到农村地区工作常常困难重重，即使成功引进，留住这些人才也是一个挑战。此外，农村居民的整体文化素质和受教育水平相对较低，这使得他们难以适应数字化时代的发展，进而影响了数字化建设的进程。为了解决这些问题，需要采取多方面的措施：①增加乡村教育投入：提高乡村学校的教育质量，培养更多符合数字乡村建设需求的人才。②制定人才回流政策：通过提供更好的工作和生活条件，吸引在外发展的农村人才回乡。③加强信息技术培训：对基层干部和居民进行信息技术培训，提高他们对数字乡村建设的认识和参与度。④提升农村居民的数字素养：通过教育和培训，提高农村居民的数字素养，使他们能够更好地适应数字化时代的发展。⑤建立激励机制：为参与数字乡村建设的人才提供激励，包括职业发展机会、经济奖励等。⑥促进产学研合作：鼓励高校、研究机构与乡村地区合作，将研究成果转化为实际应用，同时为乡村地区培养专业人才。通过这些措施，可以逐步解决乡村信息化人才短缺的问题，加快数字乡村建设的步伐，推动乡村的振兴和现代化。

（二）数字乡村对信息基础设施要求日益增加

随着乡村经济的发展和居民生活水平的不断提高，乡村地区对信息基础设施的需求日益增长。然而，目前乡村的信息基础设施已经无法满足不断增长的需求。现代社会中，互联网已成为人们生产生活中不可或缺的一部分，尤其是智能手机等移动网络设备，已经成为人们日常生活中不可或缺的工具。这些设备不仅用于基本的通信，还可以随时随地连接互联网，提供包括购物、娱乐、学习和工作在内的多种功能。为了确保互联网的顺畅接入和优质的用户体验，移动设备和网络设备需要依赖稳定的通信基站信号。

随着移动设备技术的不断升级和人们对高速网络及高质量网络生活需求的日益增长，现有的信息基础设施已无法满足村民的需求。在乡村地区，传统的信息基础设施越来越难以支持不断上升的网络使用需求。过去，建立通信基站和相关基础设施是推动通信发展的关键任务，但随着科技的快速进步和居民生活水平的持续提升，这些基础设施亟须更新和升级以适应新的发展需求。特别是在逐渐扩大的互联网用户群体中，乡村居民数量增多，多数乡村的通信基站无法完全覆盖，信号质量也无法满足需求。此外，在乡村地区，信息基础设施的建设进度相对较慢，存在覆盖范围有限、设备老化、网络信号不稳定等问题。许多乡村的通信基站建设相对滞后，导致信号覆盖不足，尤其是在偏远和地形复杂的地区，这些问题更加突出。即使一些地方安装了移动通信基站，但由于设备质量问题、维护不及时等，网络信号质量依然不稳定，影响了居民的正常使用。此外，网络速度慢、带宽不足等问题也制约了乡村地区的信息化和数字化进程。为了实现数字乡村建设的目标,必须大力提升乡村的信息基础设施建设。建设强大的网络系统,不仅能满足乡村居民日益增长的网络需求,还能推动乡村经济的发展。例如,通过互联网,农民可以获取最新的农业技术、市场信息和天气预报,提高生产效率和农产品质量;通过电商平台,农民可以将农产品销往更广阔的市场,增加收入;通过远程教育和在线培训,乡村居民可以获得更多的学习和培训机会,提升自身素质和技能水平。

(三)数字乡村建设的思想理解不足

数字乡村建设需要长期的努力,但一些基层乡村组织制定的发展规划往往过于理想化,缺乏实际操作的可行性。为了解决这些问题,需要加强对数字乡村建设理念的宣传教育,提高基层党组织和政府部门对数字乡村建设重要性的认识,同时加强对信息技术和数字技术应用的培训和指导,确保数字乡村建设能够真正落到实处,发挥其在推动乡村振兴和农业农村现代化中的积极作用。

乡村居民的数字素养可以从两个方面来理解:一是对新一代信息技术的掌握和应用程度;二是对信息化、数字化生产方式的理解和接受程度。然而,当前大多数从事生产的乡村居民尚未形成完整的信息化、数字化生产理念。部分乡村在推广数字化产业时,居民多按照基层组织或上级规划进行生产,有的仍坚持传统生产方式,未尝试更先进的农业技术,甚至直接复制他处经验,缺乏地方特色的数字化生产改良思路。同时,一些乡村在农产品加工及其他生产方面,仍采用传统机械或手工加工,未应用网络化和智能化生产方式。在乡村地区,较年长的居民往往习惯于传统的农业生产方式,这可能导致生产效率不高。此外,随着时间的推移,这些年长的居民可能会随家人迁移到城镇,这些因素可能导致他们不太愿意尝试新的生产技术,这对数字乡村的推进形成了一定的阻碍。

总体来看,在中国共产党和政府的引领下,数字乡村建设已经取得一定的进展,并且出现了一些表现出色的示范乡村,为其他地区的数字乡村发展提供了重要的参考和经验。但是，由于人才不足、顶层设计尚需加强以及乡村自身的局限性等问题，数字乡村建设仍然面临着一些挑战和难题。

本章内容围绕数字乡村建设展开，深入探讨了其概念、内涵，以及面临的目标、任务、政策支持、现状和困境。数字乡村作为推动乡村振兴和促进农业农村现代化的重要战略方向，旨在利用信息技术和数字化手段改善乡村生活、提升生产效率，从而实现乡村的全面发展。

数字乡村建设是中国当前乡村振兴战略的关键一环，其目标是运用信息技术和数字化方法，推动乡村经济与社会的全面进步。本章深入分析了数字乡村的概念与内涵。数字乡村不仅仅是简单地引入互联网和先进技术到农村，更是通过智慧农业、智能物流、数字化农产品销售等手段，重塑乡村生产生活方式，提升农村基础设施水平，改善农民生活质量。本章还详细讨论了数字乡村建设的目标与任务。这些目标包括提升乡村信息基础设施、普及互联网应用、推动数字技术在农业生产中的广泛应用，以及提高农村居民的数字素养和生活品质。为实现这些目标，政府制定了多项政策支持措施，包括财政补贴、税收优惠、技术培训等，以促进数字经济新业态的发展，推动乡村产业升级。

然而，数字乡村建设也面临诸多挑战和困境。在政策支持方面虽然进展明显，但实际推进中仍存在人才短缺、基础设施建设不足、农民数字素养不高等问题。特别是在偏远地区和经济欠发达地区，互联网普及率低、网络信号质量差等仍是制约因素。这些困境不仅限制了数字技术在乡村的广泛应用，也影响了乡村经济社会的整体发展速度和质量。

综上所述，数字乡村建设虽然展现了巨大的发展潜力，但其推进过程需要政府、企业、农民及社会各界的共同努力。需要加强政策衔接、技术创新和资源配置，以有效应对人才短缺、基础设施建设滞后、数字化教育培训等问题。只有全社会的协同合作和持续努力，才能实现数字技术与乡村发展的深度融合，推动我国农业农村现代化迈上新的台阶。

第四章 新质生产力在数字乡村建设中的治理路径

第一节 融合创新：探索新质生产力与数字乡村的交汇点

一、新质生产力交汇数字乡村建设的理论逻辑

新质生产力以数字化、网络化和智能化为主要特征，其核心在于科技创新，主要体现在产业发展方面。与传统生产力不同，其具备高效、便捷、精准和智能等优势，显著提升了生产效率和质量，同时减少了生产成本和风险。数字乡村建设则是通过数字化、网络化和智能化手段全面推动农村经济社会发展的过程。这一过程包括基础设施建设、调整农业生产方式、提升公共服务和完善治理体系等内容。作为乡村振兴战略的关键组成部分，数字乡村建设对于促进农村经济增长、提高农民生活水平以及推动城乡融合发展具有重要意义。因此，新质生产力在推动数字乡村建设进程中扮演着核心角色。当前，在农业发展和乡村转型过程中，新质生产力不仅提高了经济建设的效率和质量，还丰富了数字乡村建设的内涵。

随着科技的不断进步，新质生产力正成为推动乡村数字化生产的重要力量。在数字化时代，乡村数字化生产已成为乡村振兴的关键路径，而新质生产力则是

实现这一目标的关键因素。新质生产力有助于推动乡村数字基础设施的建设。互联网、大数据和人工智能等新技术的广泛应用，为乡村数字基础设施建设提供了有力支持。通过建设高速网络和数据中心等基础设施，有效促进了乡村地区数字经济的发展。此外，新质生产力也推动了乡村农业产业的升级。在其推动下，乡村地区的数字产业正从传统农业向现代化、智能化方向迅速转型升级。例如，通过互联网平台销售农产品和发展农村电商等新兴业务，乡村数字产业不断壮大，为乡村振兴注入新动力。《2023 年数字乡村发展工作要点》的发布进一步强调了数字乡村在构建数字中国中的关键地位和深远意义。相关政策的实施促进了政府、企业之间的合作，共同推动数字乡村的建设，加速形成高效协同的数字乡村产业系统。

同时，新质生产力提升了乡村数字生产的效率，为乡村经济带来了新的增长点。引入先进的数字技术和智能设备使乡村产业实现了更精准、高效的生产，提高了生产效率和产品质量。在促进就业方面，新质生产力还为乡村产业带来了更多市场机会，扩展了农产品产业链，使其更好地满足消费者需求，进一步推动了乡村经济的发展。

新质生产力助推智慧乡村建设，是农业产业发展的重要方向。随着科技的进步，新质生产力正在以前所未有的速度改变着我们的生活和工作方式。在智慧乡村建设中，新质生产力发挥着日益关键的角色。首先，新质生产力为智慧乡村建设提供了强大的信息支持。通过引入先进的科技手段，如人工智能、大数据和物联网，我们能够实现对乡村的全面数字化管理，不仅提升了乡村治理的效率，还为乡村居民提供了更便捷、更高效的生活服务。其次，在促进乡村产业的扩展方面，新质生产力同样提供了新的思路。通过引入现代化的农业技术和设备，提高了农业生产效率，降低了生产成本，并促进了更多具有市场竞争力的农产品的开发。再次，新质生产力还能推动乡村旅游、文化创意等新兴产业的发展，为乡村经济发展注入新动力。通过智能化的生活设施和服务，如智能家居、智慧医疗等，为乡村居民营造了更为舒适、便捷的生活环境。最后，新质生产力还能促进乡村教育的现代化，通过网络学校提高乡村居民的文化素质和技能水平，推动智慧乡村的建设。

数字化治理模式推动了乡村数字治理模式的转变。在数字化、网络化和智能化的趋势下，乡村数字治理正逐步实现信息化。新质生产力通过大数据、云计算、物联网等技术的应用，使得乡村数字决策有了更高效的信息处理手段，实现了对海量数据的快速处理和分析，从而提升了决策的科学性和准确性。同时，新质生产力提供了更便捷的沟通手段，实现了政府、企业和社会之间的信息共享和协同合作。新质生产力也推动了乡村数字治理的智能化发展。通过人工智能、机器学习等技术的应用，乡村数字治理能够自动分析数据并进行经济发展预测，为区域决策提供更准确的数据支持。此外，新质生产力还促进了乡村数字治理的自动化，实现了对各种农业流程的自动管理和控制，提高了工作效率和精准度。新质生产力同时促进了乡村数字治理的创新。乡村数字治理模式通过持续创新和改进，逐步满足了不同区域的发展需求。新质生产力为乡村数字治理提供了广阔的创新空间和丰富的创新手段，推动了乡村数字治理的创新发展。

新质生产力助推了乡村数字人才建设工作的开展，专业人才的培养和引进已成为乡村发展的主要动力。新质生产力凭借其独特的优势，为乡村数字人才提供了广阔的发展空间和更多的就业机会。首先，新质生产力对乡村数字人才提出了更高的要求。为适应数字化时代的需求，乡村数字人才需要具备扎实的数字化知识和技能，包括数据分析、云计算、人工智能等领域。同时，他们还需具备创新思维和创业精神，以应对快速变化的市场环境。其次，新质生产力为乡村数字人才提供了更多的就业机会。随着数字化进程的加快，越来越多的企业和机构开始重视数字化转型，对乡村数字人才的需求也在增加。这些企业和机构为乡村数字人才提供了更多的就业机会和更优厚的薪资待遇，吸引了更多年轻人回到家乡，为乡村发展贡献力量。因此，新质生产力促进了乡村数字人才的交流和合作。在数字化时代，信息和知识的传播更加便捷迅速。广泛的合作、共享和互联互通为乡村数字化的发展提供了支持，不仅有利于人才能力水平的提升，还促进了乡村间的合作与发展。

二、新质生产力交汇数字乡村建设的实施路径

党的十八大以来，以习近平同志为核心的党中央高度重视数字乡村发展，并制定了一系列数字乡村治理的政策文件。为了全面推进数字乡村建设，实现农业农村现代化，需要充分发挥新质生产力在乡村建设中的巨大潜力。新质生产力可以提升乡村技术水平，完善区域监管方式，发挥创新驱动作用，培育乡村专业人才，并推广数字基础设施。通过科技创新，新质生产力能够推动农业升级、促进农村发展并提高农民收入。新质生产力交汇数字乡村建设的实施路径见图4.1。

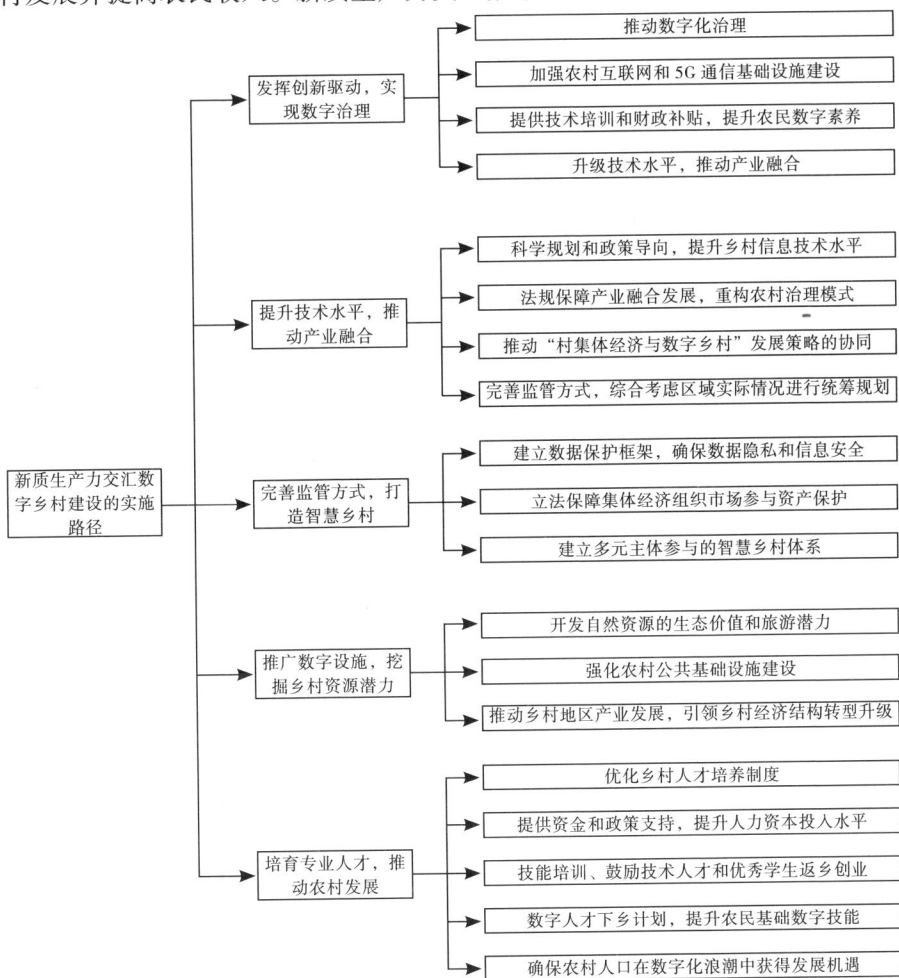

图4.1　新质生产力交汇数字乡村建设的实施路径

（一）提升技术水平，推动产业融合

升级技术水平，推动产业融合是关键。新质生产力的推广，特别是数字技术的发展，为乡村产业体系融合带来新的机遇。中央网信办和农业农村部于2022年11月发布的《数字乡村建设指南2.0》，为乡村信息产业和数字化建设提供了统一的指导思路。在新质生产力赋能的数字乡村发展中，科学规划和政策导向尤为关键。

首先，关注提升乡村信息技术水平，新质生产力有望成为发展滞后地区的重要推动力量。信息技术作为新质生产力的代表，显著推动了乡村建设的现代化，包括扩展信息技术应用，利用深度数据分析支持乡村公共决策，并融入乡村治理过程。例如，利用云计算和大数据实现信息的实时整合和共享，显著提升了公共服务的精准度和响应速度。基于"数据—技术—平台"的乡村数字治理架构，为乡村产业发展提供了新的融合方向。

其次，加强法规保障，为乡村产业融合发展提供制度上的支持。这涉及社会主义法治和基层民主对农村治理模式的重构，逐步解决农村发展中的诸多问题。新质生产力提升了乡村数字产业发展的内在动力，产业结构升级为资源配置、区域协调发展和乡村振兴提供了新的战略。新质生产力推动乡村产业从传统农业向多元发展转型，为乡村产业的协同发展奠定了坚实的技术基础。这包括推动"村集体经济与数字乡村"发展策略的协同，鼓励社会资本参与乡村数字化建设，有效支持数字乡村建设的政策和资金。通过内外力量的互动，提升乡村地区居民的公共服务供给，进而激发乡村数字产业的内生动力。

（二）完善监管方式，打造智慧乡村

新质生产力推动监管方式的完善，实现智慧乡村建设。在乡村治理中，监管方式必须不断创新和完善，以适应时代发展和乡村需求。完善监管方式是打造智慧乡村的重要保障，唯有如此，乡村治理才能注入新的活力和动力。

首先，完善乡村数字监管方式，促进各利益主体的社会融合。随着乡村数字化的深入发展，数据隐私和信息安全问题日益突出。因此，建议立法部门建立完

善的数据保护框架，并确保在农村地区严格执行，以保护农民的个人隐私和数据权益，同时确保他们享受数字化红利的合法权益。此外，法律制定和技术监管是数字乡村建设和治理的关键支柱。只有妥善处理这两个要素，才能为乡村的持续健康发展奠定坚实基础。推动数字乡村监管体系的完善，并促进集体经济组织的发展，已成为乡村经济发展的重要议题。在这一背景下，《中华人民共和国市场主体登记管理条例》等相关法律法规的修订，对乡村地区集体经济组织地位至关重要。这不仅有助于规范集体经济组织的市场参与行为，还能有效防范集体资产流失等问题。

其次，法律应当明确规定集体经济参与市场经营和监管的具体条款。从政策引导、资源配置到资产管理等各方面，都需要加强对农村集体经济组织的监管措施。通过这些措施，可以为乡村集体经济组织提供一个稳定的运营环境，避免集体资产的不当流失和管理漏洞。通过一系列改革措施，包括但不限于优化市场主体登记管理、改进资源配置机制、创新资产管理模式，以及提升监管效率和透明度，可以建设现代化乡村市场体系，实现其高效运行。这些改革将有助于乡村集体经济组织在数字化环境下健康发展，从而推动整个乡村经济的整体现代化和可持续发展。

最后，实现中央至地方、政府至社会、集体至个人等多元主体的全面参与是打造智慧乡村体系的关键。这涉及建立严密的纵向治理架构和广泛的横向合作模式，以及精细的资源调配体系。在这一背景下，根据新质生产力战略的部署，需要明确各级政府部门的职责分工。综合考虑区域的实际情况与特点，应从城乡均衡发展的视角进行统筹规划，以实现对乡村地区差异化、符合实际需求的智慧乡村建设。通过这些措施，智慧乡村的建设不仅能够推动乡村产业的现代化和数字化转型，还能够优化资源配置并提升管理效率。

（三）发挥创新驱动，实现数字治理

利用新质生产力的创新驱动作用，推动实现数字化乡村治理。当前，数字化乡村治理已成为乡村振兴战略的关键方向，随着互联网、大数据、人工智能等技术的持续进步，其已经成为新质生产力的代表之一。必须加强数字技术的研发和应用，以有力支持乡村振兴战略的实施。

在农村地区建立强大的技术生态体系，关键在于提升数字化乡村建设的系统性和协同性。这需要重视农村互联网和5G通信等基础设施与城市同步发展，确保技术和服务水平的一致性提升。针对低收入群体，降低网络资费并探索财政补贴机制，以减轻其经济负担。新质生产力的核心挑战不仅是提高宽带速度和覆盖率，还要确保农民能够获得与城市居民相等的数字化机遇。这包括提升农民的数字素养和对现代技术的接受度，以便他们充分享受"数字经济"的红利。然而，实现这一目标并不容易。农村地区通常面临基础设施建设滞后、农民数字素养不均衡以及财政资源有限等问题。因此，需要综合考虑这些因素，采取多元化的策略来推动农村数字化建设。可能的措施包括鼓励私营部门参与、提供有针对性的培训和教育，以及实施更具包容性的政策，以确保农村地区能够充分利用新质生产力带来的好处。

提升传统农业与现代技术的融合水平是关键。在农村数字化和传统农业融合的过程中，科技创新，特别是数字技术的应用，成为新质生产力的核心驱动力。这一转变有望推动农业向高技术化和现代化方向发展。为确保乡村不落后于时代的发展，必须持续加强数字化普及和技术应用。这涉及促进农业技术的创新与传播，利用新质生产力加速农产品流通速度。随着光纤网络和5G技术的普及，数字技术在乡村地区的角色日益重要，成为乡村与全球信息交流的重要通道。这不仅为乡村经济提供支撑，还对教育和医疗服务的提升产生重要影响。但实现传统农业与现代技术的有效融合面临多重挑战，包括基础设施建设的不均衡、农民对新技术的接受度和应用能力的限制，以及数字技术在农业中的技术和财政障碍。因此，需要采取一系列措施，如提供技术培训、鼓励私营部门投资，以及实施包容性政策，以确保乡村地区能够充分利用新质生产力实现农业的现代化。

优化农产品经营模式，推动数字资源协同发展也是新质生产力发展的重点。新质生产力的发展为农业带来了转型的机遇，特别是在优化农产品经营模式和实现数字科技战略应用方面。新质生产力注重建立数字化农产品流通渠道，更重要的是推动农产品信息资源的智能整合和利用。实施数字农业不仅能提升农产品的流通效率，还能有效缩小城乡经济差距。为推进农业的数字化转型，应积极推动全国统一的数字农业信息平台建设，整合市场分析、技术研究和产品销售等信息，使其成为推动农村经济发展的新引擎。此外，加强农村数字交易体系的建设，并在政策层面提供必要的市场引导和扶持，对推动数字资源的协同发展至关重要。在数字乡村建设的分配层面，应高度关注数字资源的均衡分配，以确保各乡村在数字化进程中获得平等的机会。这是解决当前乡村面临的"数字鸿沟"问题的关键，需要构建公正且高效的数字资源配置机制，并制定相应策略。

（四）培育专业人才，推动农村发展

通过新质生产力的培养，提升农民的文化水平。特别是在乡村地区的人才管理方面，正处于一个新的发展阶段。这需要培养专业人才，促进地方人才发展。教育部于 2023 年 8 月重新评估了数字经济领域的教育需求，新增了数字经济、人工智能数据科学和大数据技术等专业，以满足城乡地区对数字人才的需求。

优化乡村人才培养的战略体系至关重要。重点在于打造融合现代数字技术与地方农业实践深度知识的"新质"师资团队。除了吸引数字技术和农业研究领域的领军人物，还应建立适应乡村发展需求的人才储备库。地方政府应发挥关键作用，充分调动学术界、研究机构和产业界的力量，推动乡村数字教育的进步，培育具备数字技术能力的乡村人才。提升乡村地区的人力资本投入水平，区域政策应与农村实际需求紧密对接，改善人才引进方式，例如通过优化选调生体系，为创业项目提供资金和政策支持，打造区域核心人才力量，服务农村科技创新。同时，深化对农村干部、职业农民及其他人群的技能培训，激励技术人才和优秀学生返乡创业，促进农村经济社会的可持续发展。提升农民群体的信息素养也是至关重要的。应当关注农民在数字化农业生产、电子商务、网络安全及数据隐私等方面的需求，通过乡村培训提升农民群体的基础数字技能。加强推动"数字人才下乡计划"的实施，引导数字领域专家与学者深入基层，提升农民群体的数字素养，从而增强乡村地区的数字实践能力。在数字乡村建设中，地方政府和相关机构扮演着关键角色，需要确保农村人口在数字化浪潮中获得发展机遇。

（五）推广数字设施，挖掘乡村资源潜力

新质生产力推动数字设施的普及，充分挖掘乡村资源潜力。随着新质生产力的不断发展和应用，数字设施的普及速度日益加快。在乡村地区，新质生产力不仅促进了数字设施的普及，还为乡村资源的开发利用提供了新的思路和途径。

首先，完善乡村地区的基础设施是必要的步骤。我国农村公共基础设施建设需要强化顶层策略性规划，遵循生产力发展的核心原则，充分利用新质生产力提升建设水平并推进统筹规划。特别是农村电网的现代化，要求系统完成电网改造工程，优化供电体系，淘汰陈旧设备，以保证农村电力技术与设备的适应性。合理规划电力设施布局，预留电网建设用地，并提供完善的输配电线路通道，是保障农村地区实现稳定电力供应的关键。

其次，新质生产力在推动乡村地区产业发展方面扮演了重要角色。新质生产力的赋能有助于引领乡村经济结构的转型和升级，推动乡村迈向新的发展阶段。通过引入先进技术、新兴模式和创新业态，可以促进乡村产业的升级和转型，提升乡村经济的竞争力和可持续发展能力。同时，新质产业的发展还能推动乡村地区的就业和创业，提高农民的收入和生活水平。

最后，乡村地区拥有丰富的自然资源，如山岭、森林、湖泊等，这些资源具备极高的生态价值和旅游潜力。通过引入先进的技术设备和经营模式，可以有效开发和利用这些资源，提升其经济价值和社会效益。文化产业通过"创意＋融合"模式助推乡村产业振兴。数字乡村的生态文旅产业作为实现乡村全面振兴的有效途径，可以通过新质生产力的应用提升其发展水平，增强农村集体经济组织的经济效益。

由此可见，新质生产力在推动乡村资源开发与基础设施建设方面发挥了关键作用。通过这些措施，可以有效促进乡村地区的数字化转型和产业发展，为乡村振兴战略的实现奠定坚实基础。

三、新质生产力加速实现数字化乡村振兴

新质生产力是我国在经济快速发展阶段提出的一种创新经济理念。推动新质生产力的高质量发展已经成为确保经济安全和实现经济全面进步的关键任务。这

种生产力的发展不仅预示着生产力的显著增强，而且标志着其将突破传统的增长模式，可以更好地适应高质量发展的要求。它强调创新和融合的重要性，以确保生产力的提升能够与经济的现代化需求相匹配。新质生产力赋能数字化乡村产业振兴的功能作用见图4.2。

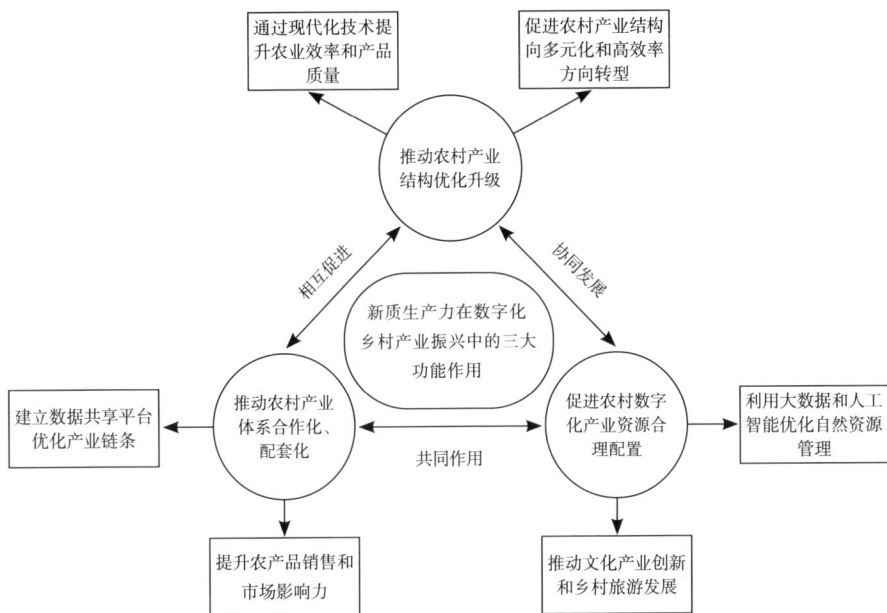

图4.2　新质生产力赋能数字化乡村产业振兴的功能作用

（一）新质生产力推动农村产业结构优化升级

农村产业结构指的是农村经济中各产业部门的构成和相互关系，关注产业的比重和分布，是农村产业振兴的核心。在数字化和智能化背景下，如何形成高效合理的农村产业结构，成为推动农村产业高质量发展的关键。新质生产力的提升有效应对了这一挑战。

新质生产力加速了农业现代化。生物技术、信息技术、新能源技术、智能制造技术等高新技术的推广，为提高农作物品质、加强精准农业管理、降低农业生产成本、扩大农业产量和市场竞争力提供有力支撑。同时，在新质生产力的带动下，农村产业结构向多元化和创新发展转型。引进新质生产力，将有效盘活农村二三产业，构建包括研发、加工、营销等一系列农村复合产业结构，推动农村产业结构实现转型升级。从传统的单一模式向多元创新发展，为农村全面发展注入新动力。到 2023 年底，全国规模以上农产品加工企业超过 9 万家，全国农村网络零售额达到 2.49 万亿元，增长 12.9%。这些数据表明，新质生产力正在加速农村一二三产业的均衡高效发展，共同推动农村产业结构的创新转型。

不仅如此，新质生产力还积极推动农村产业融合。乡村制造业将不断采用新兴技术，提高主要农产品的加工转化率，并将先进的增强现实（AR）技术、全息成像技术与当地文化、生态资源相结合，促进农业与乡村制造业的融合发展。同时，服务业为外来游客提供丰富多彩的乡村休闲体验。新品质生产力通过促进农业与制造业、旅游业、文化创意产业等其他行业的跨界融合，打造新的产业集群，形成农村经济增长的新动力。

（二）新质生产力促进农村数字化产业资源合理配置

乡村产业资源是支持和发展乡村产业的基础，然而，由于时代和科技水平的限制，许多农村产业资源尚未得到充分开发和应用。随着新质生产力的出现，农村产业资源将得到有效释放。

新质生产力通过引入大数据分析、通用人工智能和智能化管理等高科技措施，为农村自然资源保护和利用提供有力信息支持。这些技术措施提高了农村自然资源监测评估的准确性，实现了资源的合理配置和高效利用。这不仅有利于增加生物多样性、改善农村气候和生态环境，还有助于减弱气候变化对自然资源的负面影响。同时，引入全球定位系统（GPS）、地理信息系统（GIS）、无人机监测等先进的农业技术，有效控制了单位面积土地的产量和质量，显著提高了土地的利用效率，减少了土地资源的浪费。同时，数字智能技术实时监测土地资源状况，支持土地恢复复垦，促进了土地的质量提升，推动了绿色发展。

此外，新质生产力也促进了农村文化资源的创新发展。数字技术如 3D 扫描、虚拟现实（VR）、增强现实等将传统文化与现代元素融合，推动了文化创意产业和文化旅游等乡村休闲产业的发展，扩大了乡村文化的传播范围和经济效益。同时，现代传播技术记录和保存了乡村文化活动和传统节日仪式，建设了网上博物馆和在线文化展览等数字平台，鼓励城市居民参与，增强了对乡村文化的认同感。

（三）新质生产力推动农村产业体系合作化、配套化

乡村产业体系涵盖了农业、加工业、服务业等多个领域，强调产业间的相互联系和统筹规划，是振兴乡村产业的主要结构。随着科学技术的进步，新质生产力日益成为推动农村产业体系合作化、配套化的关键力量。

新质生产力通过云计算、区块链等技术构建的数据共享平台，实现了数据的集中存储、处理和分析，消除了行业间信息不对称的问题。这促进了不同行业之间的数据共享、业务协作和资源互补，推动了乡村产业的互联互通。利用数据分析、人工智能等技术进行模块化、集成分析，为政策制定和产业规划提供了科学依据。信息驱动的决策支持使实现了更加精准的制定农村产业体系的发展战略，提高了农村资源的利用效率。

同时，新质生产力强化农村产业链整合。通过数字技术整合上下游产业链，实现了原材料采购、生产加工和产品销售等环节的数字化对接，提升了农村产业运营的整体效率，推动农村产业向高端、绿色和智能方向转型。此外，结合互联网金融，为农民提供便捷的信贷、保险和支付等绿色金融服务，有效降低了农业生产的风险。基于物联网智能物流系统，创新了"中央厨房＋冷链配送＋物流终端""中央厨房＋快餐店"等农村加工新模式，降低了运输成本，提升了配送服务的质量和时效性。同时，在条形码、RFID标签等新技术的支持下，实现了农产品全程可视化跟踪和追溯，确保了农产品安全可控，增强了消费者的信心。

在新质生产力的推动下，销售网络也在向智能化方向发展。作为乡村产业链下游环节的重要组成部分，市场销售直接关系到乡村产业振兴的质量和效果。随着信息化、智能化技术的进步，农产品的销售渠道不断扩展，实现了农产品的直销，避免了中间环节，降低了成本，提高了效率，促进了农民收入的增加。利用流媒体、电商平台等数字营销工具，有效激发了农村的创新创业精神，不仅促进了农民收入和乡村经济的发展，还提升了产品的知名度和市场影响力，增加了产品的附加值。

新质生产力为特色小镇注入了绿色发展动力。特色小镇作为乡村产业体系的

重要节点,通过倡导节能减排、循环经济等绿色发展模式,将生态农业、绿色建筑等产业规模扩大,实现了经济发展与环境保护的双赢。同时,利用大数据、物联网等先进技术,开发了智慧交通、在线医疗、在线教育等应用,提升了特色小镇的治理水平和服务质量。

新质生产力代表了生产效率的重大提升,其强调科技创新与现有产业的深度融合,通过突破性的技术进步重新配置生产要素。这种生产力的变革旨在有效地整合劳动力、生产资料和劳动对象,提高农业生产的整体效率,为乡村的全面进步注入新活力。新质生产力不仅推动了农业的现代化进程,也为农村经济的多元化和可持续发展奠定了坚实基础。新质生产力赋能乡村全面发展机制见图4.3。

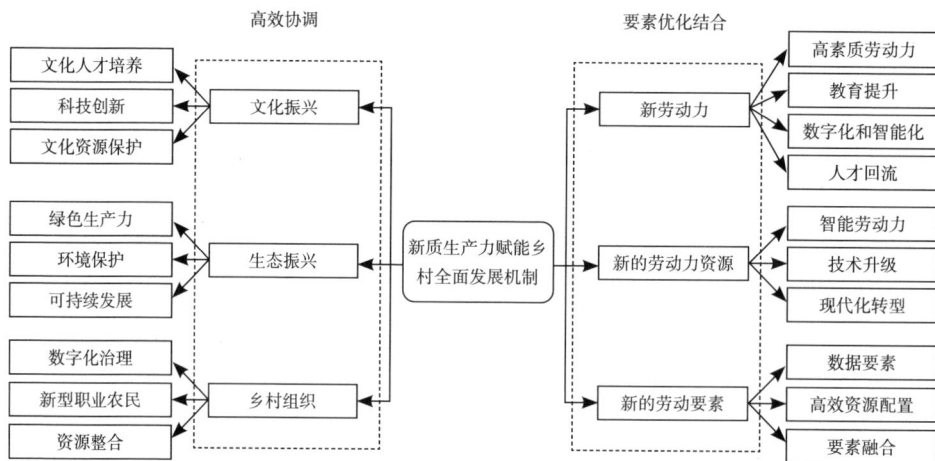

图4.3 新质生产力赋能乡村全面发展机制

第二节 科技兴农:新质生产力在现代农业中的实践应用

新质生产力以高科技、高效能和高质量为显著特征,其核心在于创新与提升品质。在农业领域,尽管规模庞大,但整体竞争力有待加强,全要素生产率存在巨大提升空间。为了激发新质生产力，需要技术的重大突破和生产要素的创新配置。农业本身是一种具有高风险、长周期和地域性生产特征的行业，加之中国特有的国情，为了实现农业新质生产力的提升，需要适应新的生产关系，涉及农业生产、管理和运营方式的全面革新。

2023 年中央农村工作会议强调，"强化科技和改革双轮驱动，加大核心技术攻关力度，改革完善'三农'工作体制机制，为农业现代化增动力、添活力"。科技的创新与发展极大地促进了生产力的革新与提升。而改革的推进则注重优化生产关系，以更好地适应和促进生产力的发展。

在推动农业新质生产力的快速发展中，最关键的因素是创新思维的指导作用。习近平总书记多次强调树立"大农业观""大食物观"，为现代化大农业发展提供了根本指导。在倡导全面农业发展的理念下，农业的增长不再局限于单一的种植与养殖，而是涵盖了从农产品的初步加工到深度加工的整个产业链。这一过程中，科技创新与技术的实际应用、产业的运营管理以及市场营销策略的全方面整合变得尤为重要。同时，这一理念也强调了农业的基础地位和其发展的持续性。为了培育农业的新生产力，关键在于改善农业资源的流动机制，超越传统农业的行业界限和地理限制。展望未来，全面的农业发展模式将扩展至营养健康、医疗保健以及文化传承等多个领域，为农业的转型升级提供新的支撑点。

此外，基于对食物多样性和健康性需求的深刻理解，农业发展还需满足人们对多样化、营养丰富且美味的农产品的新期待。这要求我们调整农业的供给结构，确保粮食供应的安全性和稳定性。通过这些措施，可以推动农业实现从大规模到高质量的转变。同时，还要从森林、江河湖海、设施农业等资源中获取食物，发展生物科技和产业，实现农业生产的多样化和可持续发展。在现代农业产业的发展支持下，促进农业向绿色生产力转型升级的根本支撑是"大生态观"，其为"大农业观"和"大食物观"奠定了基础。

农业绿色发展一般经历清洁化、产地绿化、产品优质化三个阶段，成为农业高质量发展的内在动力。具体措施涵盖了以下几个方面：首先，提高高标准农田的建设标准和质量；其次，扩大高标准农田的建设规模；再次，加强土壤和水资源的综合污染治理；最后，提升农作物秸秆和畜禽粪便的资源化利用效率。同时，积极探索设施农业、节水农业、精准农业、信息农业、智慧农业等新技术应用路径，推动都市农业、循环农业、低碳农业等新模式的构建。

一、农业新质生产力发展导向

农业新质生产力的发展是实现农业现代化和提升农业综合竞争力的关键。随着科技进步和社会需求的变化，农业正朝着智能化、绿色化、高效化的方向发展。在这一进程中，农业新质生产力的形成和发展不仅关乎资源利用效率的提升，也涉及农业可持续发展的深化，见图4.4。

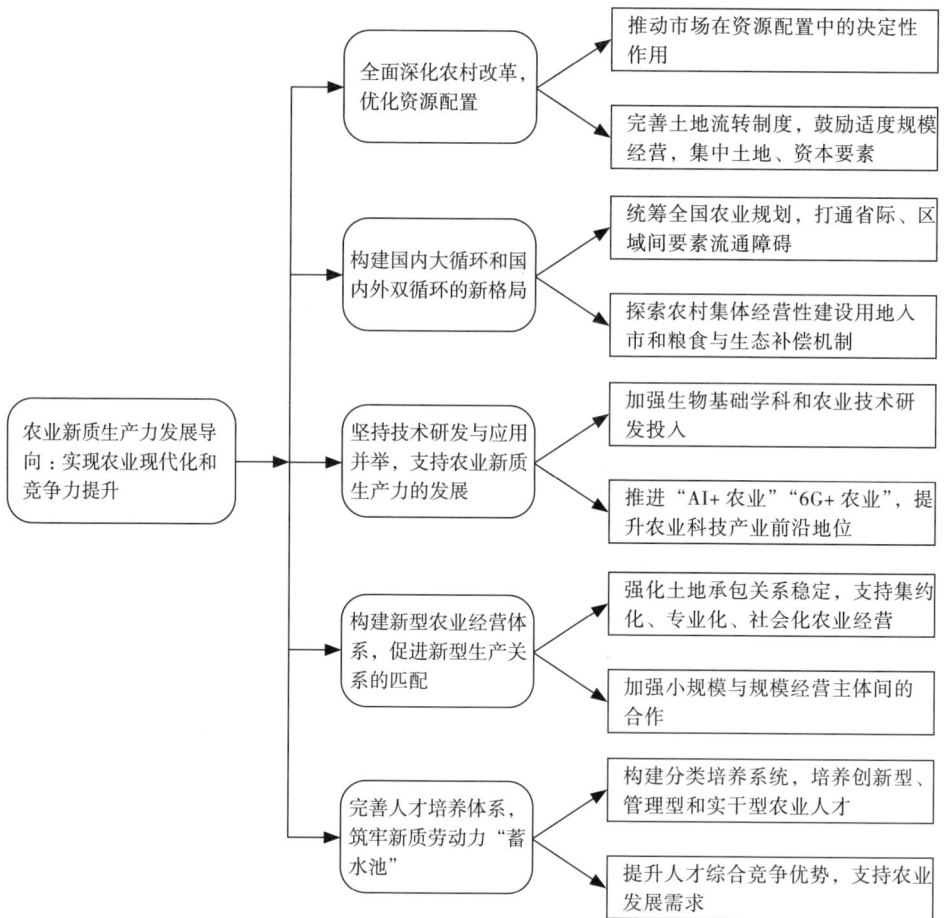

图4.4　农业新质生产力发展导向

（一）坚持技术研发与应用并举，支持农业新质生产力的发展

新生产力的构建依托于科技的创新与研发，突出科技在创新中的主导地位。我国在人工智能、大数据、基因编辑等前沿技术领域拥有明显的优势，这为农业的转型与发展带来了重要的机遇。为了把握这些机遇，我们需要加大对生物基础学科和农业技术研究的资金支持，同时强化对关键技术的突破，以推动农业技术的革新。此外，积极推动人工智能、下一代通信技术（如6G）与农业的结合，以及农业生命科学产业的发展。适度实施产业政策补贴，以确保农业科技产业的领先地位。确保科技创新紧密联系实际应用，满足国家战略需求和农业技术的未来储备，以农业生产和经营的实际需求为指导。特别是面对我国农村人口老龄化的挑战，应加速农业技术设备的更新换代，以适应劳动力结构的变化。通过这些措施，可以确保科技创新在农业领域的实际应用，提升农业生产效率和可持续性。尽管我国农业高水平论文和专利申请数量世界领先，但农业技术成果转化率仅为30%~40%，远低于发达国家的60%~80%的水平。

在现代农业发展中，深化数字化转型扮演着重要角色，构建一体化信息平台，整合数据采集、分析和共享功能，实现产业链各节点信息的动态监测与即时交互，提升产业链内外的协作效率，推动产业链的延伸，增强农产品深加工和冷链物流等后端环节的发展潜力，进而提升农产品市场的附加值。同时，在现有农业模式基础上，催化和引入战略性新兴农业和科技企业至关重要，以推动智慧化生产、经营、物流和营销的整合，降低资源成本，增加整体产值效益，引领产业链的集中和结构升级转型。此外，还应积极运用科技革命的创新成果，重塑传统农业生产模式，发挥后发优势，推动农业产业持续健康发展。

党的十八大以来，中央一号文件多次强调发展智慧农业和精准农业，通过数字技术实时捕捉农业生产全过程的信息和动态监控，依托精确管理和智能化操作，结合大数据分析和科学决策支持系统，全面推动农业生产向智能化管理迈进。当前，全球多国正加速构建智能农业发展战略，重点整合人工智能、大数据和云计算等尖端技术在农业领域的深度应用。虽然中国智能农业起步相对较晚，农业机械化和智能化水平仍有待提升，但市场潜力广阔。面对这一现状，我国应以科技

自主和自强不息为原则，加强创新能力，充分利用大数据进行深度挖掘和分析，实时监测区域农业动态和经济发展趋势预测，为农业生产调整经营策略、为政府决策提供数据支持，降低决策盲目性和对外部变化的响应滞后性。同时，还需集中力量突破农业高新技术研发，打造新质生产力，完善农业技术体系和推广网络，进一步提高科技成果转化效率和科技进步对农业发展的贡献度。

（二）构建新型农业经营体系，促进新型生产关系的匹配

构建新型农业经营体系，以适应农业新质生产力的发展，是解决"谁来种地""如何种好地"等问题的关键。稳定的土地承包关系对农业经营主体的长期规划至关重要，为农业经营体系的可持续性奠定了坚实的基础。在第二轮土地承包期满后，应考虑再次延长承包期，以30年为周期进行整省试点，从而形成有效的工作策略和方法，并在全国范围内推广实施。新型农业经营体系注重集约化、专业化、组织化和社会化的综合发展，目的是提升农业经营的整体效率和盈利能力。通过这种方式，可以更好地适应现代农业发展的需要，确保农业经营的长期稳定和可持续发展。不同经营主体间应加强合作，建立利益联结机制，特别是要关注小规模经营主体与规模经营主体的衔接，通过纵向、横向联合提升小规模经营主体的市场竞争力和风险抵御能力。

为了构建新型农业经营体系，金融保障制度的支持至关重要。可以通过以下方式来实现。

①建立对接平台：创建金融机构与村集体经济组织的合作平台，促进双方的互动与合作。②技术应用：运用"互联网＋大数据"和"AI＋大数据"等技术，提高对新型农业经营主体信用的评估能力。③创新抵押方式：探索创新土地经营权、农民住房财产权、生态资源资产等作为抵押的新模式。④风险共担与信息共享：建立金融机构与村集体经济组织之间的风险共担和信息共享机制。⑤简化融资和担保程序：优化融资和担保流程，简化相关程序，提高效率。⑥全程保障措施：形成覆盖农业经营全过程和经营主体全生命周期的金融保障体系。

通过这些措施，可以增强金融对农业的支持力度，提高农业经营的金融可获

得性，从而促进新型农业经营体系的健康发展。

在创新过程中，人才也是推动发展的核心动力。实现新生产力的关键在于培养具备新技能的劳动力，这需要建立教育、科技与人才培养的有效连接，形成持续的人才供给机制。新劳动力可以分为三类：一是创新型人才，如科研人员和企业研发人员；二是管理型人才，如农业企业家和村干部；三是实干型人才，如返乡农民工和大学生。为了适应农业生产力的变革，需要根据各类人才的特点和需求，进行有针对性的培养，提高劳动力的整体素质。对于创新型人才，应建立适应地区农业发展需求的人才评价体系，完善激励机制，优化科研资金管理和成果评价标准，强调成果的前瞻性和实用性，促进科研人员与市场的结合，更好地服务农业发展。

二、探寻农业新质生产力存在的问题

为了加快农业新质生产力的形成，必须有明确的问题导向，同时弥补目前存在的不足，促进农业整体发展。

（一）释放科技的"乘数效应"

科学技术具备放大其他生产要素效能的能力，可以加速整个社会生产力的发展。为了充分发挥科技在农业新质生产力形成中的作用，需要特别重视促进农业"创新链"和"产业链"之间的深度融合。具体来说，需要从以下四个方面入手。

第一，理念统一。无论是产业发展还是科技创新，都应坚持以市场需求为导向，同时追求高质量发展。产业的产品必须符合市场需求，同时要以高质量发展为目标，以满足人民对美好生活的追求。科技创新也必须与市场需求相一致，高校和科研机构必须深入调查研究农业技术需求，同时推动"创新链"的建设，以科技创新支撑产业的发展。同时，科技创新也应当以高质量发展为导向。农业科技研发应当集中在一些先进的前沿技术上，如高附加值农产品的育种技术、基因编辑技术、高端农业感知元件、农业数字模拟技术和智慧农业关键核心技术等，寻求突破，占领农业科技制高点，引领产业发展，促进新业态、新模式的形成。

第二，基础融合。无论是科技创新能力的提升还是产业的转型升级，都需要基础学科、基础理论和基础技术的支撑。虽然强调市场需求和应用研究的重要性，但基础研究同样至关重要。应用研究的开展需要强大的基础研究能力支持，基础研究领域的关键突破可能会引发生产技术领域的重大变革。因此，应优化基础学科建设布局，深入实施"强基计划"，加速产业基础再造工程，并开展针对农业发展中关键共性问题的专项研究，为产业提质升级奠定坚实基础。

第三，主体协同至关重要。高校、科研院所、企业等多方主体协同具有显著优势互补效应，能够有效解决各方在研发高端技术方面的短板问题。为此，应推动高校、科研院所与企业跨界合作，建立农业科技创新联盟、创新共同体等机制。同时，考虑到当前我国企业在农业科技创新中的有限作用及农业科技型企业较高的技术成果转化率，应强化企业在创新中的主导地位。此外，应充分利用新型举国体制优势，整合各级科研资源，打造国家级农业科技创新平台，并发挥其引领作用。

第四，机制耦合策略尤为关键。为促进农业科技创新与产业深度融合，除了在理念、基础和主体方面下功夫，还需从机制层面入手，确保二者有效融合。为此，必须改革对农业科研人员和科研项目的评估机制，适当延长评估周期，同时坚持市场需求导向和高质量发展导向，突出评价高水平研究成果和产学研合作成果。在科研成果转化方面，要加强激励措施，对成功实现成果转化的研发主体和项目给予适当补贴，提升科研人员的转化积极性。同时，建立长期有效的科技成果转化中试平台，促进科研成果有效转化为生产力。

（二）构建人才"三脚架"结构

坚持农业农村人才"培、用、留"并举。人才作为农业新质生产力形成的核心、关键要素。针对当前我国农业发展中存在的人才支持不足问题，必须建立一个包含"培、用、留"三个环节的人才结构，以"三脚架"稳定支持农业新质生产力的形成。具体而言，需从以下几个方面入手。

第一，要强化人才培养，确保"人才有成"。人才资源的开发和培养是人才发挥作用的前提条件。马克思指出，教育是"造就全面发展的人的唯一方法"，因此，在农业农村人才培养方面，必须充分发挥教育培训的作用。首先，要提升农业教育的战略地位，将建设农业教育强国纳入国家建设教育强国的总体规划中，通过强化组织管理、增加投入、加强师资队伍建设等措施，扩大农业人才培养规模，特别是中高等农业教育的规模，实现农业人才的数量增长。其次，要提高农业教育培训的针对性，根据世界农业发展前沿、我国农业人才缺口及地方特色产业发展需求，调整学科专业设置、课程内容等，推动农业教育培训体系与农业技术革命、产业变革紧密结合，真正培养出未来农业发展所需的高水平人才。最后，要提高农业农村人才培养层次，深入实施各类高层次人才工程，如实施卓越农林人才教育培养计划 2.0，培养一批具备农业、经济、管理、人工智能等多学科背景的创新型、复合型"新农科"人才；实施现代农民培育计划，培育高素质农民队伍；实施农村"领头雁"培养工程，培育一批农村产业发展带头人等。

第二，注重人才使用，确保"才尽其用"。要发挥人才在农业新质生产力形成中的支持作用，关键在于如何让各类人才在农业领域、广袤乡村充分施展才华。为此，必须"为人才发挥作用、展示才能提供更广阔的平台，使其能够有用武之地"。具体而言，必须尊重各类人才，为其提供宽松、自由、充满爱心的工作环境，使其安心工作；结合产业发展需求和个人职业规划，为人才分配适宜的岗位和工作，确保其才华和优势得到充分发挥；为人才的成长提供良好平台，如对农业科研人才提供项目、设备等支持，对乡村创业人才提供土地、资金等支持，推动各类人才创新创业；搭建各类人才的晋升通道，如允许新型职业农民参与职称评审，并提供与其职称相关的信贷、税收等优惠政策，激励各类人才创新创业；改革人才引进机制，采用"不拘一格、但求所用"的引进方式，引导各类人才为农业农村服务。

第三，要加强对人才的保障，确保人才长期留住。人才能否在农业领域、广袤乡村长期留存，直接影响农业新质生产力的真正形成和持续发展。因此，确保人才长期留住的关键在于全面保障他们的各项利益，包括物质和精神层面。在物质利益方面，需提供安家费、生活津贴、全面医疗保障等优厚政策，通过优厚待遇留住人才。在精神利益方面，要提供丰富的职业发展机会，注重精神激励，增强人才的工作成就感，以事业吸引人才留下。除了保障人才本身的利益，还应关注配偶就业、子女教育等问题，为人才提供综合政策支持，解决其后顾之忧。在实施各项政策和保障人才利益的过程中，应通过问卷调查、实地走访、座谈会等多种方式，及时了解人才的实际需求，因地制宜、精准施策。同时，要确保政策的连续性和可持续性，避免因领导更迭或财政状况不稳定等原因突然中止政策执行，导致人才流失。

综上所述，加快形成农业新质生产力，需要同时在科技、人才等方面加大力度，迅速弥补各方面显著的短板和弱项。为了确保各因素协同作用发挥"1+1>2"的整体效果，还需采取一些通用的措施。

三、新质生产力助力现代大农业发展

依据各区域的特定条件，培育和发展新生产力对于拓展农业的生产范围和提升其多功能性至关重要。这不仅能够填补农业科技领域的空缺，还能助力农业向更大规模的产业模式迈进，同时促进农业向更加环保和低碳的方向转型。通过这样的方式，可以为农业现代化的进程提供坚实的支持和动力，见图4.5。

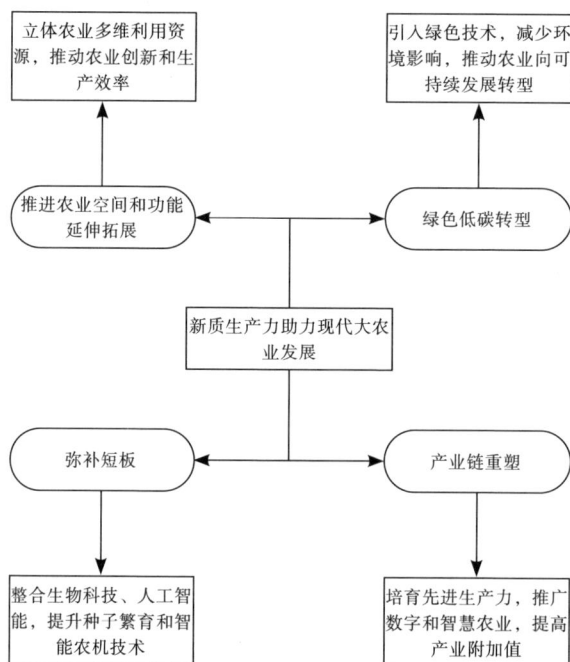

图4.5 新质生产力助力现代大农业发展

（一）新质生产力推进农业空间和功能延伸拓展

推进大农业的现代化，关键在于有效拓宽农业的生产范围并增加其功能。立体农业具有广阔的发展前景，荷兰、日本和以色列通过重点发展设施农业、垂直农业和沙漠农业，成功拥有了农业强国的地位。

传统农业和现代大农业在许多方面存在显著差异。传统农业通常依赖手工劳动和简单工具，生产方式相对简单，以小规模家庭经营为主。农民在传统农业中常常使用传统的耕作技术和种植方法，依赖季节性天气和自然灌溉，农作物生长周期和产量较为有限且不稳定。此外，传统农业的土地利用效率较低，农产品质量和产量受自然条件和人力资源的限制，市场接触和产品销售也相对局限。

相比之下，现代大农业采用先进的农业技术和科学管理方法，实现了从种植到收获的全面机械化和自动化。现代农业借助高科技设备和精确农业技术，如全球定位系统、卫星影像、无人机和精准农业技术，提高了农作物的生产效率和品质，减少了资源浪费和环境污染。大规模农业经营模式的引入，使农业生产从传统的手工作业转向了规模化、工业化生产。在管理和组织上，现代大农业采用科学的农业规划和管理系统，包括土壤分析、作物选择、精确施肥和水资源管理等，实现了土地利用率和农作物产量的最大化。此外，现代大农业注重农产品的市场化和国际化，通过农业合作社、电子商务平台和农产品加工企业等多种方式，将农产品推向更广阔的市场，提高了农民的收入和生活质量。

在实际操作中，要增强农业的多功能性，核心在于培养新质生产力，这涉及持续引入新技术和新生产要素。

（二）新质生产力弥补农业领域科技短板

推进大农业现代化，关键在于强化农业科技的进步，以发展尖端生产技术和提升产品质量为主导方向，加快缩小农业科技领域的创新差距。目前，农业现代化在与新型工业化、信息化和城镇化的同步发展中仍显落后，成为实现"四化"协调发展的薄弱环节。

尽管我国农作物的机械化耕种收综合率已达到73%，但与发达国家在20世纪中叶已基本实现的农业机械化水平相比较，差距依然显著。此外，虽然中国在农业发明专利申请数量上居世界首位，但实际转化为现实生产力的成果仅占40%，远低于发达国家超过70%的水平。在农业的关键领域，如种质资源的保护、种子的培育以及栽培技术等方面，目前还存在一些不足。这些领域缺少具有重大创新意义的成果，同时，关键技术和设备也面临一些难以突破的瓶颈问题。同时，农业物联网、大数据、人工智能和立体农业等现代化技术在中国的应用相对较晚，而部分发达国家已初步实现产业化。

只有通过真正的创新驱动，发展新质生产力，才能在全球农业科技竞争中占据优势，并实现对关键农业技术的追赶及超越。因此，弥补大农业现代化在科技方面的不足，实质上是一个培育和发展新质生产力的过程。

（三）新质生产力协助现代大农业产业链结构重塑

发展现代化大农业需要综合多方面的策略和行动，以加速建立综合融合的产业结构，实现产业的深度融合和升级转型。在这一进程中，首要任务是持续培育和推广先进的农业生产力，包括不断引入先进的种植和养殖技术，提升农业生产效率和质量。这种做法不仅能够推动整体农业产业向更加产业化的方向发展，还能为数字农业、智慧农业等新兴领域的快速崛起提供有力支持。科技创新在推动现代农业发展中扮演着至关重要的角色。通过广泛应用云计算、人工智能、大数据分析等先进技术，可以实现农业生产过程的智能化管理和优化，有效提升传统农业的生产效率和资源利用效率，从而推动农业产业向高端化、智能化和绿色化方向发展。

进一步来看，关键在于以培育新质生产力为核心，积极推进智能农机、生物种业、农业数据产业等新兴领域的发展。同时，优化传统农业与新兴产业的协同发展模式，通过技术和市场的深度融合，提升整体农业产业链的附加值和竞争力。这种综合发展策略不仅有助于农业产业的稳健增长，还能有效促进农业向现代化和科技化的转型，适应市场和消费者需求的变化。

为了促进农业与制造业、服务业等其他行业之间生产要素的自由流动和融合，必须建立高效的生产要素组合方式。这包括加强农产品加工与流通领域的协同发展，提升农业产品的附加值和市场竞争力。同时，推动农业技术与制造业、服务业的跨界融合，促进生产要素的优化配置和资源的有效利用，实现整体经济效益的最大化。

因此，发展现代化大农业不仅是农业现代化的必然趋势，更是整体经济发展战略的重要组成部分。只有通过综合性、创新性的发展策略，才能在保障粮食安全的同时，促进农业结构调整、提升农民收入水平，推动农村经济社会全面发展。

（四）农业绿色低碳转型需要新质生产力保驾护航

为了达成大农业现代化的绿色转型目标，需要积极促进绿色、低碳、可持续的新质生产力的发展。在现代绿色农业的背景下，应重点提升污染治理和生态修复的能力，特别是针对耕地和地下水污染严重的问题。最新的全国土壤污染调查数据显示，耕地的污染超标率已达到 19.4%，这一数字凸显了加强土壤污染治理和生态修复工作的紧迫性。因此，需要持续推进前沿技术的研发和应用，推动土壤、水体和固体废物的污染防治工作，发展绿色低碳的先进技术，以提高资源利用效率和生态修复水平。

同时，现代化大农业需要引入更先进、更低碳、更可持续的绿色技术，以推动生产方式向绿色变革迈进。这涉及对传统农业生产方式的优化，以降低对环境的污染和减少能源的消耗。提升农业废弃物转化为资源的效率，推广使用精确、智能和环境友好的施肥与施药技术，从而构建一个高效率、环保、低碳的农业产业系统。

最终，为了推动大农业的现代化，需要对经济政策工具进行调整，以支持绿色低碳发展的实施。这涉及推广生态农业、有机农业、循环农业和低碳农业等新型的绿色产业模式，构建以生态绿色产业为核心的产业集群，增强绿色农产品的市场竞争力和价值实现能力，提升绿色低碳农业在整体农业经济中的比重。

通过这些综合措施，可以有效推动农业生产的绿色化转型，实现可持续发展的战略目标，并为未来农业的健康发展奠定坚实基础。基于此，需要充分发挥新质生产力的作用，为传统农业跃迁到现代农业做好准备。

第三节　智慧治理：乡村管理中新质生产力的创新应用

一、新时代数字化乡村治理实践及反思

数字技术正逐步渗透到社会建设的各个层面，重塑着传统乡村社会的生产和生活方式。2019 年 5 月中共中央办公厅、国务院办公厅发布《纲要》以来，各级党委和政府便利用信息化手段不断推进乡村治理数字化体系的构建。数字化在乡村治理领域的推广不仅促进了经济建设、文化发展、生态治理等各个领域的数字化进程，还在提升村级综合服务信息化水平、推动乡村建设和规划管理信息化、增强乡村治理能力等方面取得了显著成效。然而，由于城乡之间数字鸿沟明显，乡村数字监管不足，多元治理主体的数字素养仍需提升，导致信息共享服务水平较低，形成"信息孤岛"。此外，"压力型体制"直接下沉至基层带来了"单向治理"问题。因此，乡村治理方式及其效果仍有待改善和提升。

（一）新时代乡村治理数字化的实践探索——以贵州、福建、湖南的部分地区为例

在乡村治理数字化的实践中，各地均取得了不同程度的经验和成果，以下将以贵州、福建、湖南的部分地区为例，讲述其在乡村数字化治理探索中积累的经验。

贵州通过"云上贵州"和"一云一网一平台"项目，以及化屋村、息烽县和开阳县等地的数字化治理典型案例，有效地推动了政务数据整合和应用，为乡村治理的数字化奠定了坚实基础。福建宁德市屏南县则通过创新的"屏南微治理"模式，利用微信群平台构建了高效率的乡村治理体系，实现了信息的快速传递和问题的及时解决。湖南益阳市赫山区则以"益村"平台为代表，通过移动应用实现了政务服务的"一站式"体验，有效提升了村民和政府部门的互动效率。这些

实践表明，在数字技术支持下，乡村治理数字化具有巨大的潜力和发展机遇，为全面推进乡村治理现代化提供了重要经验和启示。新时代各地乡村治理数字化的实践探索见图 4.6。

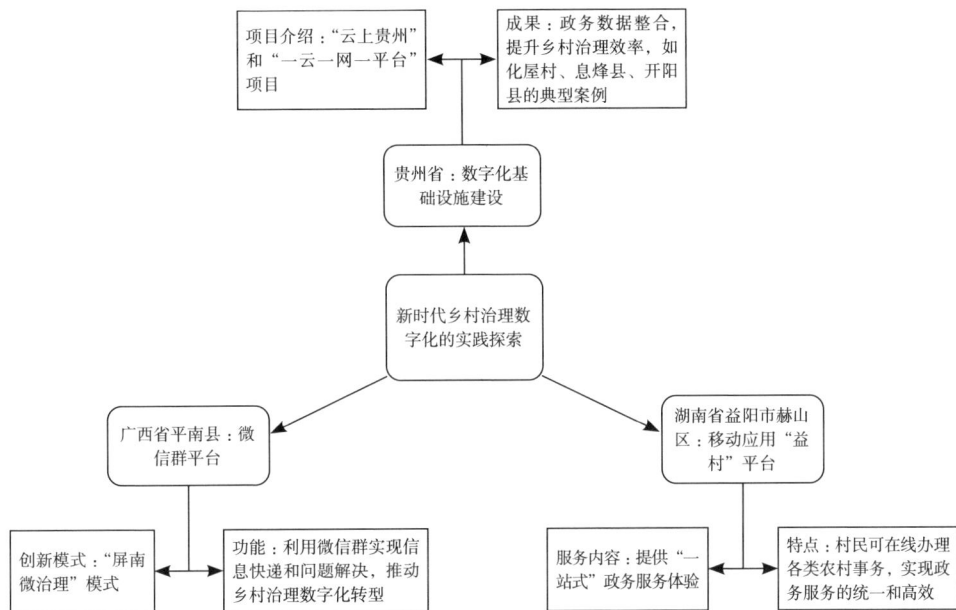

图4.6　新时代各地乡村治理数字化的实践探索

1.利用大数据技术推动乡村治理的数字化

2014 年起，贵州率先建立了"云上贵州"系统平台，实现了省、市、县各级政府应用系统和数据的统一集成，有效解决了政府内部部门间信息壁垒的问题，推动了政务数据信息的高度融合和广泛应用，为数字治理打下了坚实基础。2019年，贵州进一步推出"一云一网一平台"项目，全面推动贵州乡村治理的数字化进程。在实践探索中，贵州形成了多个典型案例，如依托"5G+数字乡村统一信息平台"进行数字化治理的化屋村、引入"防控管家"推动动物防疫数字化的息烽县，以及建设"黔农智慧乡村数字服务平台"推动村务、党务、社务公开的开阳县等。

2. 以微信群平台推动乡村治理数字化

福建省宁德市屏南县结合地方实际情况，创新性地应用广泛的社交工具——微信，构建了"屏南微治理"模式。这是一种低成本、高效率的数字化乡村治理新体系。以村为单位，由村党支部书记或村主任担任群主，建立"乡村治理微信群"，主要成员包括村干部、党员、村民代表、致富带头人及在外乡贤人。该微信群旨在实现信息的快速传递、意见的充分表达、问题的及时解决。屏南县通过微信群平台创新乡村治理，有效推动了数字化转型，促进了民主化乡村治理模式的建立。

3. 以"一站式"程序推动乡村治理数字化

湖南省益阳市赫山区在政府主导下，与地方企业共同研发了"益村"平台，这是一款集政务服务于一体的移动应用。通过手机 App，村民可以便捷地在线办理土地流转、建房审批、困难救助申请、农机购置补贴等农村事务，实现了政务服务的"一站式"体验。该平台以移动互联网为基础，集成了政务、商务、服务和社交等多功能，为村民和政府部门提供了统一、便捷、高效的线上交互环境，有力推动了乡村治理的数字化实践。

（二）新时代乡村治理数字化的实施挑战

新时代乡村治理数字化的实施面临着诸多挑战。其中最显著的是城乡数字鸿沟，见图 4.7。根据《中国互联网络发展状况统计报告》的数据，农村地区的互联网普及率仅为 59.2%，而在地形复杂的山地和丘陵地区，这一数据更低，这种不平等现象导致了信息资源获取和利用的不均等，甚至衍生了"数字贫困"问题。此外，乡村治理数字化还面临监管模式不足的挑战，尤其是在微观操作的精细化管理方面尚未形成有效机制，影响了治理效果和资源配置的合理性。同时，乡村多元治理主体的数字素养亟待提升，老龄化和人才流失现象使部分村庄在技术接受和应用上存在较大障碍。因此，乡村"信息孤岛"的现象也是亟待解决的难题。

为了应对这些挑战，需要通过大数据支持和信息共享机制的建立，实现治理效率和服务质量的全面提升，从而积极推动乡村治理数字化转型。

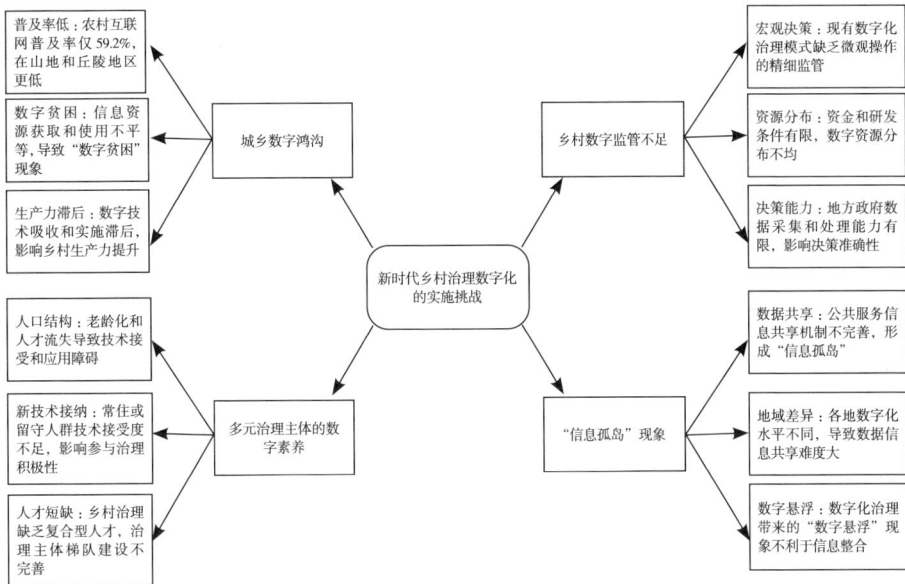

图4.7　新时代乡村治理数字化的实施挑战

1. 城乡数字鸿沟依然显著

这种数字鸿沟不仅导致农村地区在信息资源获取和使用上处于不利地位，引发了"数字贫困"现象，还加剧了城乡收入差距。此外，城乡数字鸿沟的持续存在也使乡村在数字技术吸收和实施上显著滞后，影响了乡村生产企业在加工与经营中的沟通效率，进而难以有效提升乡村生产力水平，错失了数字经济转型的机遇。

2. 乡村数字监管亟待加强

《2023年数字乡村发展工作要点》的数据显示，截至2023年底，我国农村宽带接入用户超过1.9亿户，农业生产信息化率达到26.5%。虽然我国在数字乡村建设方面取得了显著进展，但现有的乡村数字化治理决策模式相对较为宏观，主要集中在政策性、创新性和福利性技术与平台的搭建上，缺乏对乡村治理各个微观操作的精细监管。由于乡村数字技术发展的资金和研发条件有限，数字资源分布不均，数字技术的研发和应用速度较慢。因此在地方政策制定和财政投入过程中，部分乡村缺乏有效的数字监管机制，决策部门对乡村治理微观操作得灵活性不足，地方政府在数据采集和处理方面的能力有限，导致信息研判不科学、资源配置不合理、决策制定不准确，从而影响了数字乡村建设的整体效益。

3. 多元治理主体需提升数字素养

随着乡村治理和公共服务重心向下移动、资源下沉，对人才的需求日益增加。然而，部分乡村呈现出老龄化和空心化趋势，留守儿童和孤寡老人在村庄人口中占较大比重，这种年龄结构特点导致他们在参与村庄公共事务时积极性较低。数字技术的应用为乡村治理提供了新的交互界面，为村民积极参与公共事务讨论、顺畅表达个人与集体诉求提供了平台。然而，新技术的"接纳门槛"较高，加之乡村对新技术的认知与应用不全面，使得常住或留守人群、外出务工者可能由于技术接受度不足或数字素养欠缺而难以融入乡村治理体系，影响了他们参与治理的积极性。同时，乡村引进人才政策不完善，导致在行政、司法、信息等多领域存在复合型人才短缺问题，"引进型"治理主体的梯队建设不健全。

4. 打破乡村"信息孤岛"势在必行

乡村治理的数字化转型需要依托大数据支持，通过数字化工具精准预判可能出现的问题，为制定科学合理的决策提供依据。然而，部分乡村政府的公共服务信息共享机制不完善、数据交流不及时，各部门在医疗、教育、卫生、文化等民生服务领域"各自为政"，形成了碎片化的"信息孤岛"，制约了服务效率。同时，各地数字化水平参差不齐，基层政府对数字化建设的认知和响应度有所不同，导致乡村治理数字平台的建设呈现明显的地域差异，数据信息的共享难度增大，横向部门政务服务互动效果不佳。数字化治理带来的"数字悬浮"现象和基层压力型体制直接下沉所引发的"数字权力约束机制"都不利于打破乡村"信息孤岛"。

二、新质生产力赋能乡村治理数字化转型的出发逻辑

（一）新质生产力赋能乡村治理数字化转型

通过现代科技手段深度改造传统乡村治理模式，显著提升治理效能，是新质生产力赋能乡村治理数字化转型的逻辑前提。优化行政效率，推动新质生产力引入的数字化技术打破时空限制，使乡村治理工作实现在线化、移动化、多端化，

减少线下办理的烦琐流程和时间成本，显著提升政府部门的工作效率。通过云计算、大数据、物联网等技术手段，实现了乡村治理的实时监控和智能化管理，极大地提高了行政效率。例如，村民可以通过手机 App 进行在线申报和查询，政府工作人员也可以通过数字化平台进行远程办公和实时协作，从而大大缩短了办事时间，降低了人力成本，提高了工作效率。以下分别从提升决策效率、升级服务效率、提高资源配置效率、加强应急响应效率、优化行政效率五个方面进行论述，见图 4.8。

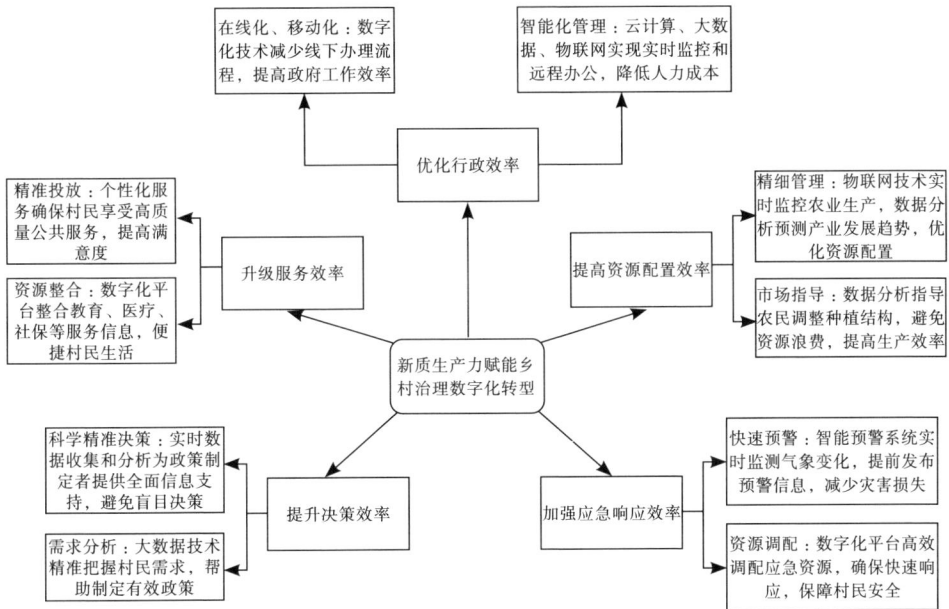

图4.8 新质生产力赋能乡村治理数字化转型

1. 提升决策效率

新质生产力促使乡村治理决策更科学精准，通过实时数据收集和定性分析，为政策制定者提供全面准确的信息支持，助力其快速做出符合乡村实际、满足村民需求的决策，避免盲目决策和资源浪费。大数据技术可以对村民的意见和需求进行全面分析，精准把握乡村发展的脉搏，帮助政府制定科学合理的政策。例如，通过数据分析可以发现某个村庄存在的突出问题，如基础设施落后、医疗资源不足等，政府可以针对这些问题制定相应的解决方案，确保政策的有效性和针对性，从而提升治理决策的科学性和效率。

2.升级服务效率

新质生产力赋能数字化平台建设，促使公共服务资源高效整合和精准投放，包括教育、医疗、社保、农业技术等服务信息，提升村民获取公共服务资源的控制能力，增强服务的连贯性。例如，建设综合服务平台，将教育、医疗、社保等公共服务资源整合在一个平台上，村民只需登录一个系统即可获取多种服务，极大地方便了村民的生活。同时，通过数字化平台可以实现服务资源的精准投放，如根据村民的需求进行个性化服务，确保每个村民都能享受到高质量的公共服务，提升服务效率和满意度。

3.提高资源配置效率

新质生产力推动乡村资源管理的精细化。例如，通过物联网技术实时监控农业生产，数据分析预测乡村产业发展趋势，引导资金、人才等资源向优势领域集中，避免资源浪费，有效提升资源配置效率。例如，通过智能传感器和数据分析技术，可以对土壤、水资源、气候等进行实时监测和分析，帮助农民科学种植，提高农业生产效率。此外，通过数据分析可以预测市场需求，指导农民调整种植结构，避免盲目生产和资源浪费，从而提高资源利用效率，促进乡村经济发展。

4.加强应急响应效率

在自然灾害、公共卫生事件等紧急情况下，新质生产力赋能的数字化平台能够快速启动应急预案，精准推送预警信息，实时监控事件进展，并协调各方力量高效应对，降低灾害损失。例如，智能预警系统可以实时监测气象变化，提前发布预警信息，帮助村民及时采取防范措施。同时，数字化平台还可以实现应急资源的高效调配，如医疗资源、救援物资等，确保在紧急情况下能够快速响应，有效保障村民的生命财产安全。

新质生产力赋能乡村治理数字化转型，以提升效率为重要出发点和落脚点。通过全方位、多层次的技术应用，新质生产力重塑乡村治理流程、优化资源配置、提升决策科学性、增强应急响应能力，实现乡村治理效能的全面提升。

5.优化行政效率

从行政效率的优化到决策的科学性，从公共服务的整合到资源管理的精细化，再到应急响应的高效化，新质生产力通过现代科技手段的深度应用，推动了乡村治理模式的全面转型和升级，为实现乡村振兴和可持续发展提供了坚实的技术保障和实践支持。

（二）乡村治理数字化转型模式的转变依托

新质生产力赋能乡村治理数字化转型的关键依托是推动乡村治理模式从传统、封闭、效率低下向现代、开放、高效转变，形成符合新时代发展要求的新型乡村治理架构。

第一，新质生产力促进乡村治理从单向治理转向双向互动。传统乡村治理模式下，政府通常采用单向治理方式，信息传递不畅，沟通效率低下。然而，新质生产力的引入，打破了这一格局。通过大数据平台的支持，村民和政府之间实时交流和反馈，形成双向互动的良性循环。这不仅提升了乡村治理决策的科学性和民主性，也增强了村民的参与感和满意度。例如，村民可以通过移动端应用提交意见和建议，政府可以通过数据分析了解村民的需求和困惑，从而制定更加精准和有效的政策。

第二，新质生产力推动乡村治理从碎片化服务向一站式服务整合转变。在传统的乡村治理模式中，公共服务通常分散在各个部门，村民需要多次往返不同部门办理事务，不仅浪费时间而且效率高。新质生产力通过建立集约化的服务平台，将各类服务资源整合到一个平台上，实现"一站式"服务。村民通过一个入口即可办理多项业务，极大地简化了服务流程，提升了服务效率。例如，通过乡村综合服务平台，村民可以在线办理户籍、社保、医疗等多项事务，无须再耗费大量时间和精力跑多个部门。

第三，新质生产力推动乡村治理从线下操作向线上运行转变。传统乡村治理依赖于线下办公、纸质文档和人工统计，不仅效率低下，还容易出错。通过引入数字化手段，乡村治理可以实现全面上线运行。各种行政事务和数据统计均可通过线上平台进行，不仅提高了工作效率，还降低了人工成本和错误率。例如，村务公开、政策宣传、行政审批等都可以通过数字平台进行，不仅极大地方便了村民，还提高了政府的工作效率和透明度。

第四，新质生产力赋能乡村治理从事后处置向事前预防转变。借助大数据和人工智能技术，乡村治理主体能够实时监测和分析各类风险，提前预警潜在问题，实现由被动应对向主动预防的转变。这种预防性治理模式有效地防范和化解了各种风险，确保了乡村社会的稳定和谐。例如，通过环境监测系统，可以实时监测水质、空气质量等环境参数，一旦发现异常，系统会自动预警，相关部门可以立即采取措施，避免环境问题的恶化。

第五，新质生产力推动了乡村治理从封闭孤立向开放协同转变。在传统的乡村治理中，各部门之间往往存在信息壁垒，导致数据无法共享，业务难以协同。通过优化数字化平台，新质生产力打破了这些壁垒，实现了数据共享和业务协同，促进了共建、共治、共享的乡村治理新格局。例如，通过建立统一的数据平台，各部门可以共享资源和信息，协同工作，提升治理效率和服务质量。村民也可以通过这个平台参与到治理过程中来，提出意见和建议，共同推动乡村发展。

由此可见，新质生产力赋能乡村治理数字化转型的模式转变是其重要依托，推动了乡村治理从单向向双向、从碎片向整合、从线下向线上、从事后向事前、从孤立向协同的全面转变，构建更加科学、高效、开放、协同的新型乡村治理体系。这不仅提升了乡村治理的效能和质量，也增强了村民的参与感和幸福感，为实现乡村振兴和可持续发展奠定了坚实的基础。

（三）乡村治理数字化转型模式的治理目标

新质生产力赋能乡村治理数字化转型的根本目标是通过高科技手段提升乡村治理效能，实现村民个人与集体的互利共生，从而切实增进广大村民的民生福祉。这不仅体现了对全体村民价值追求的尊重，也是对全体村民合法权利和根本利益的保障，其核心在于让全体村民共享发展成果，成为乡村治理的广泛参与者、主要受益者和最终评判者。

新质生产力所带来的"高科技、高效能、高质量"新特征，能够从多个方面优化乡村治理。这些特征可以显著提升公共服务的供给质量和效率。例如，通过智能化的医疗设备和远程诊疗技术，可以为偏远乡村的居民提供便捷、优质的医疗服务。同时，智慧教育平台和在线教育资源可以让乡村的孩子享受到与城市孩子同等水平的教育资源，从而有效缩小城乡教育差距。此外，高科技手段在推动乡村产业升级方面也发挥着重要作用。利用物联网、人工智能和大数据技术，可以显著提升农业生产效率和农产品质量，进而增加农民收入，促进乡村经济的蓬勃发展。

在乡村治理中，确保权益公平、促进村务始终自治是关键目标。高科技手段的应用可以有效化解乡村信息共享不足而形成的"信息孤岛"问题。例如，通过建立村务公开平台，实现村务管理、财务收支、项目实施等信息公开透明，村民可以随时查询和监督，保障其知情权和监督权。此外，便捷高效的村民意见反馈机制，村民可以及时反映自己的需求和意见，村委会可以根据反馈及时调整和改进工作，提高治理的科学性和民主性。然而，高科技手段在乡村的推广和应用也面临一些挑战，如乡村数字化信息与智能设施以及实际治理需求脱节所带来的"数字悬浮"问题。为解决这一问题，需要从根本上提升乡村数字人才建设水平。通过开展数字技能培训，提升村干部和村民的数字素养和应用能力，使他们能够熟练运用数字技术进行乡村治理。此外，通过数字化手段创造更多就业机会，如发展电子商务、远程办公等新业态，吸引年轻人回流乡村，增强乡村活力。

推动乡村多元治理主体的数字素养提升也是重要任务。在"问需于民"和"服务于民"的过程中，应注重提升治理主体的实践水平和能力。例如，组织村民参与各种数字技能培训班、技术推广会等活动，提高他们对数字技术的认识和应用水平；通过设立乡村治理数字化示范点，推广成功经验，带动更多村庄走上数字化治理的道路。这样不仅能够提高村民的数字素养，还能增强他们的主人翁意识，使他们成为乡村治理的积极参与者和推动者。

因此，新质生产力赋能乡村治理数字化转型的目标在于实现村民利益共享、增进民生福祉，让每位村民都能参与乡村治理、享受治理成果，为提升乡村社会整体福祉贡献力量。通过科技手段提升乡村治理效能，推动产业升级，确保权益公平，促进村务自治，解决信息孤岛和数字悬浮问题，并大力提升数字人才和治理主体的数字素养，可以实现乡村治理的全面提升，并最终实现乡村振兴和可持续发展。

三、新质生产力赋能乡村治理数字化转型的实践策略——以数字乡村治理共同体为核心

新质生产力赋能乡村治理，旨在全面推进乡村数字化，加快乡村治理体系和治理能力现代化建设，并注重数字乡村治理内涵的整体提升。这与仅构建数字化平台和追求表面数字化指标存在明显矛盾。在实际乡村治理中，如果不能根据新质生产力的特点和优势，设计一种适用于数字治理的模式，那么即便能够介入和参与乡村治理数字化转型的赋能过程，乡村治理的数字化转型也可能因指标化和行政化而失去实效。因此，构建数字乡村治理共同体成为突破表面数字赋能运行限制、实现新质生产力有效赋能乡村治理数字化转型的必然趋势。

数字乡村治理共同体，指在数字技术推动下，乡村社会的各主体，包括政府、村民、企业、社会组织等，共同参与、协作治理，形成资源共享、利益共享、责任共担的新型乡村治理体系。这一概念强调多元治理主体的密切合作和深度融合。在乡村治理数字化的实践中，应以科技创新为动力，以数字化发展为手段，坚持以人为本，构建以"数字人才—数字技术—数字平台"为框架的体系，以新质生产力为核心驱动力量，全面提升治理效能。以数字乡村治理共同体为核心的乡村数字化转型实践策略见图4.9。

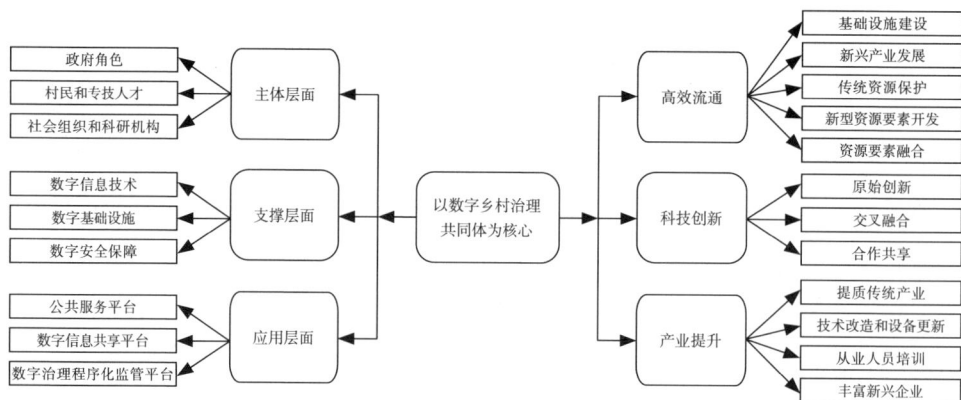

图4.9 以数字乡村治理共同体为核心的乡村数字化转型实践策略

（一）主体层面：以新质生产力赋能数字乡村治理共同体的参与力量

要推进乡村治理数字化转型，政府需提升数据协同治理能力。在主体层面，新质生产力通过赋能多元主体、聚焦协同联动及有效共治，提升多元治理主体的数字素养，促使资源协调整合，以壮大数字乡村治理共同体的参与力量。

首先，强化农村基层党建引领作用。农村基层党组织通过"思想领导、流程领导、业务领导、运维领导"，嵌入数字乡村治理共同体，深化基层政府的监管与服务职能，推动乡村数字治理"自上而下"的整体协同推进。新质生产力提升了对乡村领导力的要求，通过在线教育培训和数字化决策支持系统，加强基层党组织成员的数字素养与领导能力，推动农村基层党建引领乡村治理数字化转型。同时，构建线上线下相结合、数据实时共享的智慧党建系统，数字化党员教育、管理和服务，提升基层党组织的战斗力和群众凝聚力，助力乡村治理现代化。

其次，提升群众和专技人才水平。村民和自治组织在数字乡村治理共同体中既是建设者，也是受益者。应积极培育自治力量，整合乡村专技人才，构建自治与合作秩序。通过普及村民数字素养教育，提升其对新质生产力的掌控能力，并通过政策扶持和技术支持，鼓励村民参与数字化创业创新，如电商平台、智慧农业项目等，增强其参与数字治理的能力。同时，完善专技人才培育和引进机制，开展数字技能培训，提升其推动乡村治理的能力，吸引和培养更多数字领域的专业人才。

最后，积极整合社会组织和科研机构力量。加强政企合作与社会组织协同，引入先进的新质生产力，通过社会组织的再动员，推动各类服务如在线培训、远程咨询和公益众筹的数字化，扩大数字乡村治理的社会参与度。同时，推动科研成果转化，将新质生产力的研究成果应用于乡村治理，聘请相关专家为乡村治理提供战略规划、政策建议和技术支持。

（二）支撑层面：以新质生产力赋能数字乡村治理共同体的保障要素

数字乡村治理共同体的支撑层面主要关注构建深层次的保障条件和内在的韧性，旨在为其整个生命周期打造稳固且完备的保障体系，包括硬性设施和软性机制。

在支撑层面，新质生产力通过推动数字技术发展，以及建立高效整合各项要素资源的运维机制，为数字乡村治理共同体提供坚实的支持架构。

首先，提升数字信息技术水平。新质生产力扩大信息技术在乡村的应用规模，加速媒体迭代，优化媒体结构。利用云计算和大数据技术。实现信息的实时交互与深度数据分析，为乡村公共事务决策提供技术支持，推动高新技术手段融入乡村治理的各个环节。

其次，推动数字基础设施建设与升级。借助新质生产力带来的新型生产要素形态，加强网络基础设施建设，推进乡村宽带网络和移动通信网络的覆盖与升级，确保高速稳定的网络连接。同时，升级物联感知设施，部署物联网设备，实现乡村环境、生产和生活的全面数字化感知与实时数据采集。此外，还建设计算与存储设施，引入云计算平台，打造新质生产力赋能的高新技术交互渠道，为数字治理提供充足的计算资源和数据存储空间。

最后，加强数字安全保障体系构建。利用新质生产力带来的大数据和云计算技术，建立全生命周期的安全监管模式，强化数据全流程管理，及时跟踪和处置不当数字行为，确保数字化留痕的全面性。同时，建立专门化的法律和道德规制体系，包括主体标准体系、权益保障体系、数据风险监管体系和数字治理伦理守则，为数字乡村治理共同体提供更为坚实的保障。

（三）应用层面：以新质生产力赋能数字乡村治理共同体的运行功能

数字乡村治理共同体的应用层面主要关注如何构建多元化服务板块，实现国家与乡村层面的有效对接与协同运作。在此层面，新质生产力通过提升数字乡村治理共同体的服务效能和优化治理流程，建立涵盖公共服务供给、村庄内部治理及便民服务三大核心模块横向体系，并在纵向上实现线上线下融合，有效衔接各级党政部门的数字乡村治理共同体运行体系。

首先，构建公共服务优化与创新平台。一方面，利用新质生产力将教育、医疗、社保、养老等公共服务全面数字化，运用大数据和人工智能技术分析村民需求与偏好，构建集成各类便民服务的数字平台，提供在线预约、远程咨询、自助办理等服务，实现"一网通办"，减少行政手续，提升公共服务的便捷性和可达性。另一方面，建立新质生产力赋能的公共服务协同平台，通过跨部门、跨层级的数据协同，实现公共服务的无缝衔接与高效流转，使村民和村务管理部门能够进行"双向沟通"，避免过度技术化而忽视实际需求，提升数字协同能力。

其次，优化数字信息共享平台。一方面，利用新质生产力重塑乡村数据资源库，采用数据挖掘和可视化分析技术，建立分层次、分类别的数据资源共享体系，确保数字乡村治理共同体的数据畅通和资源互联，避免信息孤岛现象。另一方面，开发数据移动应用平台，满足村民的移动化、碎片化服务需求，并开发基于大数据的决策支持系统，提供实时数据监测、趋势分析、模拟仿真等功能，鼓励村民通过数字共享平台参与乡村规划、项目决策、矛盾调解等治理过程，化解单向治理的困境。

最后，建设数字治理程序化监管平台。一方面，建设新质生产力赋能的实时信息监督反馈机制，对公开展示的关键数据指标、分析报告和数据可视化成果进行实时监控，并自动发送通知，以保证数字治理的平稳有序进行。另一方面，建设新质生产力赋能的数据权限管理系统，根据角色和职责设置不同的数据访问权限，保障乡村治理数字化进程中的数据安全和合法使用。

在应用层面，新质生产力通过打造公共服务优化与创新平台、加强数字治理程序化监管平台、优化数字信息共享平台，全面提升数字乡村治理的服务水平和治理效能，完善与稳固乡村治理数字化的运行功能。

数字乡村建设的核心任务是通过科技和信息化手段来改造乡村社会。当前我国虽然在数字乡村建设方面取得了显著成效，但城乡数字鸿沟依然显著，乡村数字监管不足，多元治理主体的数字素养有待提升。同时面临"信息孤岛"和"数字悬浮"等问题，数字乡村治理的方式和效果仍有待改进和提升。新质生产力赋能乡村治理的数字化转型，以提升效率为前提，依托模式转变，以实现利益共享为目标。在乡村治理实践中，应以科技创新为驱动，以数字化发展为手段，坚持以人为本，深入理解新质生产力的新型生产要素形态，构建以新质生产力为核心动力源的数字乡村治理共同体。通过赋能主体层的参与力量、完善支撑层的保障要素和优化应用层的运行功能，有效应对"浅表性赋能"带来的运行限制，实现乡村治理数字化转型的有效性。

（四）高效流通：新质生产力促进乡村资源要素的优化配置

农业生产力的发展必须建立在资源要素的充分利用基础之上，这些资源要素包括所有与生产有关的自然资源和经过改造后的要素条件。农业对资源要素的依赖性日益显著，因此，推动农业新质生产力的发展不仅需要关注传统资源要素的保护，还需积极开发新型资源要素，并持续强化要素的新质整合。为此，要加速农业资源要素的新质化整合。

新质生产力促进了数字设施的普及，并有效开发了乡村资源。随着新质生产力的不断应用和发展，乡村地区数字设施的普及速度不断加快。这不仅推动了数字设施在乡村的覆盖，还为乡村资源的开发提供了新的思路和途径。

首先，完善乡村地区的基础设施是必要步骤。我国在农村公共基础设施建设方面需要加强顶层策略性规划，遵循生产力发展的核心原则，充分利用新质生产力提升建设水平并推进统筹规划。特别是在农村电网现代化方面，需要进行系统的电网改造工程，优化供电体系，淘汰落后设备，以确保农村电力技术与设备的适用性。合理布局电力设施、预留电网建设用地以及提供完善的输配电线路通道，都是保障农村地区实现稳定电力供应的关键因素。此外，新质生产力在推动乡村地区产业发展中扮演了重要角色。通过赋能，可以促进乡村经济结构的转型和升级，引领乡村迈向新的发展阶段。引入新技术、新模式和新业态，能够推动乡村产业的升级转型，提升乡村经济的竞争力和可持续发展能力。同时，新兴产业的发展也能够促进乡村地区的就业和创业，提高农民的收入和生活水平。乡村地区拥有丰富的生态资源，如山水、森林、湖泊等，这些资源具有极高的生态价值和旅游价值。通过引入先进的技术设备和经营模式，可以有效开发和利用这些资源，提升其经济价值和社会效益。文化产业通过"创意＋融合"的方式推动乡村产业振兴。数字乡村的生态文旅产业作为实现乡村全面振兴的有效途径，可以通过新质生产力的应用提升其发展水平，提升农村集体经济组织的经济效益。

其次，不仅要拓展新模式下的资源要素，也要着眼于传统资源要素的全面保护。水和土壤是农业生产的基础和传统资源要素。受特定历史背景和社会条件影响，从中华人民共和国成立到 21 世纪初，我国农业生产地的环境受到了工业排放的严重污染，全国受污染的耕地超过 1000 万公顷，占耕地总面积的十分之一以上。农业用水约占总用水量的 70%，但实际有效利用率不到 50%，水资源的浪费十分严重。党的十八大以来，情况有所改善，耕地质量和农田灌溉水的有效利用程度显著提升，农业面源污染得到有效控制，农业生态系统也得到了有效修复。然而，我国传统农业生产资源要素的基础依然薄弱，必须采取更有力的节约利用和保护措施，特别是要注重耕地总量的保护和质量的提升，加强高标准农田建设，推动农田水利基础设施的修复，强化名特优农产品种源的保护，不断扩大农作物种质资源库，大力发展畜禽遗传资源的保护区，努力维护生物多样性。

再次，注重新型资源要素的创新开发。进入 21 世纪以来，以数据和信息为核心的现代生产要素及其应用不断深化，加速了生产力的提升和转变。我们必须深刻认识到数据和信息等新型生产要素赋能现代农业发展的独特价值。为此，应着眼于农业和农村领域数据信息要素的积累、提质和开发，重点建设涵盖农业环境与资源、农业生产、农业市场和农业管理全过程的大数据信息要素系统。具体来说：对于农业环境和资源，我们需要建设包括土地和环境信息在内的数据库，如土地位置、地块面积、海拔、气象条件、土壤水分和温湿度等数据信息；对于农业生产，我们需要建设包括动植物的生物特征和生产规律在内的数据库，如遗传基因、作物和畜禽原种、作物生长状态、病虫害情况等数据信息；对于农业市场，我们需要建设包括农产品供需和农业社会化服务在内的数据库，如农产品价格、品种、供需关系、消费偏好和品牌等数据信息；对于农业管理，我们需要建设包括农业生产要素投入和过程管理在内的数据库，如生产规模、投入成本、产出效益、劳动生产率等数据信息。

最后，不同资源要素的有机融合对于资源要素配置也是非常重要的。新质生产力的形成和发展，不仅需要涵盖更多新要素，更重要的是通过要素的协同和融合，实现更高质量和水平的全要素生产率。这种融合的关键在于人才、平台和场景的结合。人才为要素融合提供智力支持，平台为要素融合提供实施载体，场景为要素融合提供实践机会。因此，我们需要通过建设人才培养体系、平台建设体系和实践场景体系，促进不同要素的有机融合。在人才方面，我们要加快培养新型职业农民和农业科技人才，增强高质量农业劳动力的供给，引导现代高科技人才向"三农"领域集聚；在平台方面，我们要加快推进农业农村数字基础设施的建设，完善农业农村数字化生产管理软件体系，积极推广数字终端设备；在场景方面，我们要加速现代数字技术在农作物和畜禽基因及育种、水肥一体化、多媒体远程监管、病虫害监测预警、土壤墒情分析和农业气象监测等方面的应用，以及在农村政务服务、产品销售、民主管理和生态环境监测等领域的应用。

综上所述，新质生产力在推动乡村资源开发和基础设施建设中发挥了关键作用。通过这些措施，可以有效促进乡村地区的数字化转型和产业发展，为乡村振兴战略的实现奠定坚实基础。这些经验为发展农业新质生产力提供了有益参考，其发展也应在贯彻新发展理念的过程中实现，关键着力点在于要素整合、技术创新和产业发展等重要环节。

（五）科技创新：新质生产力带动农村科技水平的融合发展

农业新质生产力的发展关键在于加快农业科学技术的新质化创新，包括持续挖掘原始创新、实现技术融合，以及推动农业科技创新的共建共享。因此，要加速农业科学技术的新质化创新。

1. 要以原始创新为先决条件

科技原始创新指向颠覆性和革命性技术，是科技创新体系的基础，决定了科技创新的质量和状态。随着工业革命历史性成果和现代信息技术的快速发展，许多发达国家已建立较为完整的农业科研体系，其农业科研成果对现代农业的贡献率甚至超过80%。中华人民共和国成立以来，经过长期工业化探索和科技攻关，科技水平显著提升，农业科技创新整体水平已进入全球领先行列。特别是党的十八大以来，在党中央高度重视和整体布局下，新品种、新技术、新装备和新模式不断突破，科技支持下的农业发展在广度和深度上持续增强。然而，我国农业科技成果的有效转化率仍较低，原始创新能力有待提升。因此，应牢牢抓住科技创新主线，充分发挥全国体制优势，重点推进农业信息化和数字化，持续深化数字、生态和生物技术的创新，加大农业科技攻关投入力度，加强科技成果的应用转化，加快形成一批具有战略性和实际执行力的前沿农业科技成果，集中发挥农业科学技术的新质化创新后发优势和比较优势。

2. 要以交叉融合为动力

科技创新是一个系统化的工作，包括理论构建、研发设计、成果实施和应用推广等多个环节。这些环节需要相互支持，才能形成产学研用的良性循环。因此，不同领域和学科之间的交叉融合显得尤为重要。目前，在农业科技领域，我国产学研用一体化的交叉融合仍处于初步阶段，主体创新能力尚显不足。针对企业需求的实用技术成果相对不足，技术的产业化应用程度较低，特别是新科技成果的应用率较低，同时缺乏创新服务平台。因此，应继续挖掘产学研用一体化建设的潜力。在"学"方面，要加大农业科研院校人才培养的投入力度，扩大交叉型和融合型人才的培养规模，提高人才的质量；在"研"方面，要进一步优化技术研发路线图，既坚持前沿性突破，又关注实用性的落地；在"用"方面，要重视成果的应用转化，根据我国农业发展的实际情况，加强技术在生产过程中的应用；在"产"方面，要同步优化技术创新产业化体系，促进市场推广和应用的协同服务。

3. 要以合作共享为支持

经济全球化带来了技术全球化，尤其在当前形势下，科技攻关面对更多未知领域，颠覆性技术的突破需要全球通力合作，技术应用的影响范围也越来越广泛。然而，受地缘政治等复杂因素的影响，科技创新合作面临多重障碍，导致研发过程中出现重复投入和技术封锁等竞争问题。因此，对于农业科技创新而言，应在"发展与安全并重、相互促进"的原则下，更加积极推动合作共享的发展理念。一方面，要积极"走出去"，充分利用我国已有的农业科技成果，为发展中国家提供必要的技术支持，同时促进我国农业科技转化的广泛应用；另一方面，要积极"引进来"，特别是引进国外先进的农业机械和生物工程技术。此外，还需强化知识产权保护意识，适应国际市场上的技术合作和知识产权保护规则，确保更好地开展农业科技与人才的国际交流互动。

（六）产业提升：以新质生产力赋能产业的提升与发展

农业产业作为新质生产力的具体体现，其产业化是将资源要素和科技创新转化为生产力的必经之路。因此，推动农业新质生产力的发展，必须加速农业产业的提质升级，通过改善传统产业、培育新兴产业和优化产业制度等手段，促进农业产业结构的新质化转型。

1. 要以提质传统产业为基础

传统农业产业主要指那些资源消耗大、污染严重、投入高而收益低的种养业和农产品加工业，尽管这些产业仍然发挥着供给保障和经济带动的重要作用，但随着经济社会的快速发展，资源浪费、环境污染、生产效率低下等问题严重制约了农业的可持续发展。

2. 要以技术改造和设备更新为前提

一方面，对于浪费资源、污染环境严重、采用落后工艺和技术的传统农业产业，应坚决淘汰，控制其影响力。具体来说，对于那些高污染、高能耗、低效益的农业生产方式，应采取强制措施进行淘汰或转型。例如，对于过度依赖化肥、农药的种植业，应推广使用有机肥料和生物农药，减少化学投入品的使用；对于水资源浪费严重的灌溉方式，应推广节水灌溉技术，提高水资源利用效率；对于土地利用粗放、土壤肥力下降的耕作方式，应推广保护性耕作和轮作休耕制度，保护和提升土地生产能力。此外，应加大对违法排污和环境破坏行为的打击力度，严格执法，确保环境保护法律法规得到有效执行。另一方面，对于技术和发展模式相对落后但仍然承担重要生产功能的产业，应限制其扩展规模，推动其生产能力、技术装备和产品质量的提升。例如，对于传统畜牧业，应推广现代化的饲养管理技术和设施设备，改善饲养环境，提高畜产品质量和安全水平；对于传统渔业，应推广生态养殖技术和设施，减少水体污染，提高水产品质量；对于传统农产品加工业，应推广先进的加工技术和设备，减少资源浪费和环境污染，提高产品附加值和市场竞争力。

在推动传统产业转型升级的过程中，应注重技术创新和科技推广，加强与科研院所和高等院校的合作，推动农业科技成果的转化应用；同时，加大政策扶持力度，通过财政补贴、税收优惠、贷款贴息等措施，鼓励和支持农民和企业进行技术改造和设备更新。

3. 要以从业人员的培训为保障

同时，应加强对传统农业产业从业人员的技能培训和素质提升，提高其适应现代农业发展的能力和水平。通过开展农业职业教育和技术培训，提高农民的科学文化素质和职业技能，增强其接受新技术、新模式的能力；通过引导农民合作社、家庭农场、农业企业等新型经营主体的培育和发展，推动传统农业向规模化、集约化、标准化方向转变，提高农业生产的组织化程度和市场竞争力。此外，还应注重发挥龙头企业的带动作用，通过产业链的延伸和完善，促进传统农业与二三产业的融合发展，提高农业产业的整体效益和综合竞争力。

4. 要以丰富新兴产业为关键

新兴农业产业具有低资源消耗、符合绿色生态和创新理念的特点，能够更好地适应生态资源限制和环境保护要求，有效利用生产要素，提供高质量产品和服务，是发展农业新质生产力的重要载体。因此，在推动农业产业结构新质化转型过程中，应重点发展和丰富这些新兴产业，数字农业、绿色农业、蓝色农业和生物农业等新兴产业不仅符合当今社会对可持续发展的需求，还具备巨大的经济潜力和市场前景。

（1）数字农业。数字农业是新兴农业产业中的重要组成部分，涵盖了农业物联网、农业大数据、精准农业和智慧农业等领域。农业物联网通过传感器、无线通信等技术，实现对农田环境、作物生长、畜禽养殖等过程的实时监测和智能控制，提高生产效率和资源利用率；农业大数据通过收集和分析农业生产中的海量数据，帮助农民进行科学决策，优化生产管理；精准农业利用地理信息系统（GIS）、遥感技术和信息技术，对农田进行精确管理，减少农药和化肥的使用，降低环境污染，提高农产品质量；智慧农业综合运用物联网、大数据、人工智能等技术，构建智能化农业生产体系，实现全产业链的智能管理。通过发展数字农业，可以显著提升农业生产的智能化和信息化水平，促进农业生产方式的转型升级。

（2）绿色农业。绿色农业以生态友好和可持续发展为核心，涵盖绿色种植养殖、设施农业、观光农业和有机农业等方面。绿色种植养殖采用环保技术和措施，减少化学投入品的使用，保护生态环境，提高农产品的安全性和质量。设施农业利用温室、大棚等现代农业设施，控制环境条件，提高农作物产量和品质，延长农产品的供应周期。观光农业将农业生产与旅游业结合，发展农业观光、农事体验、休闲度假等新型业态，增加农民收入，促进农村经济发展。有机农业则采用有机生产方式，确保农产品的天然和健康，满足市场对高品质、安全食品的需求。绿色农业的发展不仅有助于改善农业生产的环境影响，还能提升农业的附加值和市场竞争力。

（3）蓝色农业。蓝色农业主要涵盖近岸养殖、虾蟹养殖和海洋生物资源利用等方面。近岸养殖利用沿海和近海的丰富水域资源，发展贝类、藻类等水产养殖，提高水产品的产量和质量；虾蟹养殖通过科学的养殖管理和先进的养殖技术，生产高品质的水产品，满足市场需求；海洋生物资源利用则包括海洋药物、海洋保健品、海洋食品等方面的开发，通过对海洋生物资源的深加工和高值化利用，提升产品的附加值和市场竞争力。蓝色农业的发展不仅拓展了农业的空间和领域，还推动了海洋经济的发展，增加了农民收入。

（4）生物农业。生物农业是新兴农业产业中的高技术领域，涵盖生物育种、生物农药、生物肥料和生物兽药等方面。生物育种通过基因工程、分子育种等现代生物技术，培育抗病虫、抗逆、高产优质的农作物和畜禽品种，提高农业生产效率和农产品质量；生物农药利用生物制剂防治病虫害，减少化学农药的使用，保护生态环境和农产品安全；生物肥料通过微生物技术和有机废弃物资源化利用，提高土壤肥力，促进作物生长；生物兽药通过生物技术生产安全、高效的兽药，防治畜禽疾病，保障畜牧业的健康发展。生物农业的发展不仅推动了农业生产的科技化和现代化，还提升了农业的可持续发展能力。

综上所述，新兴农业产业的丰富和发展是推动农业产业结构新质化转型的重要途径。通过大力发展数字农业、绿色农业、蓝色农业和生物农业，可以显著提升农业的科技含量和生产效率，改善农业的环境影响，提高农产品的质量和市场竞争力，为实现农业现代化和可持续发展提供有力支撑。在这一过程中，政府应加大政策支持力度，完善产业扶持政策，引导社会资本投入新兴农业产业；科研机构应加强技术研发和成果转化，推动新技术的推广应用；企业应积极参与产业创新和升级，提升产业竞争力；农民应不断提升自身素质和技能，适应新兴产业的发展变化。通过各方共同努力，新兴农业产业的发展必将取得显著成效，推动农业产业结构的全面升级。

要以优化产业制度为保障，产业发展必须与一定的制度体系相匹配，特别是要素配置和市场运作等方面的规则体系。目前，我国农业领域仍然存在多种制度机制问题，与农业新质生产力的整合仍然不足。因此，需要进一步深化农业农村改革，特别是集中力量解决农业要素配置、经营体制和科技体制等关键任务，巩固农村集体所有制的基础，确保统分双层经营体制的持续发展，更好地发挥农业科技攻关的全国性优势。

特别地，优化产业制度需要在农业要素配置方面做出重大调整。目前，土地、水资源、劳动力和资本等农业生产要素的配置效率仍然较低，限制了农业生产力的提升。为此，需要进一步完善土地流转制度，保障农民的土地权益，提高土地利用效率。通过鼓励和规范土地流转，实现土地的规模经营，推动农业机械化和现代化发展。此外，还需建立和完善水资源管理制度，促进节水灌溉技术的推广，提高水资源利用效率。

在劳动力方面，应加强对农村劳动力的职业培训，提高其科技素质和职业技能，适应现代农业发展的需求。在资本配置方面，需加大对农业的金融支持力度，创新农业金融产品和服务，降低农民和农业企业的融资成本，促进农业投资的增加。同时，经营体制的创新也是优化产业制度的重要内容。现行的统分双层经营体制在一定程度上推动了农村经济的发展，但在应对现代农业发展的复杂要求时仍显不足。应鼓励和支持农民专业合作社、家庭农场、农业企业等新型农业经营主体的发展，促进农业生产的规模化、集约化和标准化。同时，应推进农业产业链的延伸和完善，促进一二三产业的融合发展，提高农业的附加值和综合效益。通过构建现代农业经营体系，提高农业生产的组织化和市场化水平，增强农业产业的整体竞争力。

在科技体制方面，应大力加强农业科技创新和推广体系建设。通过整合科研机构、高等院校和企业的科技资源，构建协同创新机制，提高农业科技攻关的效率和水平。应加大对农业科技研发的投入力度，支持重大农业科技项目的实施，推动农业科技成果的转化和应用。同时，需完善农业科技推广体系，加强对农民和农业企业的技术培训和指导，提升其应用新技术、新工艺的能力。通过科技创新和推广，推动农业生产方式的转变，提高农业生产的科技含量和生产效率。此外，还需强化市场与政府的协同作用，充分发挥市场机制和政府作用的互补优势。市场在资源配置中起决定性作用，但在农业生产和经营过程中，仍存在信息不对称、价格波动和生产要素流动受阻等问题。为此，需要建立和完善农产品市场信息服务体系，提供及时、准确的市场信息，帮助农民和农业企业进行科学决策。应加强对农产品市场的监测和调控，防范和化解市场风险，稳定农产品价格。政府则需在推动农业基础设施建设、支持培育农业新产业新业态、提升农业社会化服务水平、加强农村公共服务配套建设、保护农村生态环境等方面发挥积极作用。通过加大财政投入力度，完善政策支持体系，提供优质的公共服务，营造良好的发展环境，促进农业产业的健康发展。

总体而言，推动农业新质生产力的发展是一项系统工程，需要全社会的共同努力。政府应发挥主导作用，通过制定科学合理的产业政策、加大财政投入和科技支持力度，营造良好的发展环境。企业应积极承担社会责任，主动参与产业升级和技术创新。农民则需不断提升自身素质，积极适应产业结构的变化，参与农业现代化进程。通过各方的共同努力，农业产业的提质升级和新质生产力的发展定能取得显著成效，推动农业现代化进程，为实现乡村振兴和可持续发展作出更大贡献。

第五章 新质生产力赋能数字乡村建设的实践案例

第一节 国内数字乡村建设成功案例

数字乡村的构建是一项综合性的大型项目，其复杂性和深度远超单一的技术或设施升级。其不仅涉及数字基础建设，如宽带网络、无线通信、智能传感设备的普及，还包括数据资源系统的搭建，如数据的收集、整合、分析和应用，为乡村的决策提供科学依据。此外，组织结构的优化也是关键环节，其要求乡村治理结构适应数字化的发展，从而提高治理效率和服务质量。

数字技术的应用与创新是数字乡村建设的核心动力，包括物联网、大数据、人工智能、云计算等前沿技术在农业生产、乡村管理、居民生活等多个领域的融合与创新。这些技术的应用不仅提高了生产效率，还促进了新业态、新模式的发展，为乡村经济注入了新的活力。

数字安全的保障在数字乡村建设中同样不可忽视。随着数字技术在乡村地区的广泛应用，数据安全、网络安全等风险也大大增加。因此，建立完善的数字安全防护体系，保障信息基础设施和数据资源的安全，对于维护乡村地区的社会稳定和可持续发展至关重要。这一过程需要政府、企业、社会组织和科研机构等多方参与者的共同努力。

政府在此过程中扮演着规划者和引导者的角色，通过政策支持、财政投入和法规制定，为数字乡村建设提供方向和保障；企业则凭借其技术优势和市场经验，推动数字技术的创新应用和商业模式的探索；社会组织和科研机构在人才培养、技术研发、政策研究等方面发挥作用，为数字乡村建设提供智力支持。不同部门间需要密切合作，农业、教育、医疗、交通、环保等多个部门需要协同工作，打破信息孤岛，实现资源共享，形成推动数字乡村建设的合力。此外，社会各界的参与也十分关键，通过集合并高效利用分散在不同主体和部门中的社会资源，可以更好地发挥社会资本的作用，促进数字乡村建设的多元化和可持续发展。

数字乡村的构建是一项全方位、多层次、跨领域的系统工程，需要社会各界的共同参与和协作，需要综合考虑技术、经济、社会、文化等因素，进行长远规划和持续投入。随着数字乡村建设的不断推进，乡村地区的生产方式、生活方式、治理方式都将发生深刻变革，为实现乡村振兴战略目标、推动农业农村现代化提供坚实的支撑。因此，任何地区、任何场景下选择数字乡村建设模式时，都应遵循乡村发展的内在规律，立足当地的人文经济与社会资源条件，并将推动乡村振兴、县域经济发展以及城乡融合作为可持续运行的内在动力。

本节将陕西省大荔县和浙江省金华市等地作为数字乡村建设的试点范例，展示其在实施数字乡村建设方面的经验和做法。

一、大荔县数字乡村建设模式

大荔县位于关中平原，近年来在数字乡村建设方面取得了显著成就。该县拥有 1800 平方千米的广阔地域，人口规模超过 59 万。作为首批国家级数字乡村试点县、"互联网 +"农产品出村进城的示范县以及现代农业科技的先行县，大荔县在推动农业现代化和实现数字化转型方面取得了显著成就，彰显了其在这些领域的前沿地位。大荔县数字乡村建设模式见图 5.1。

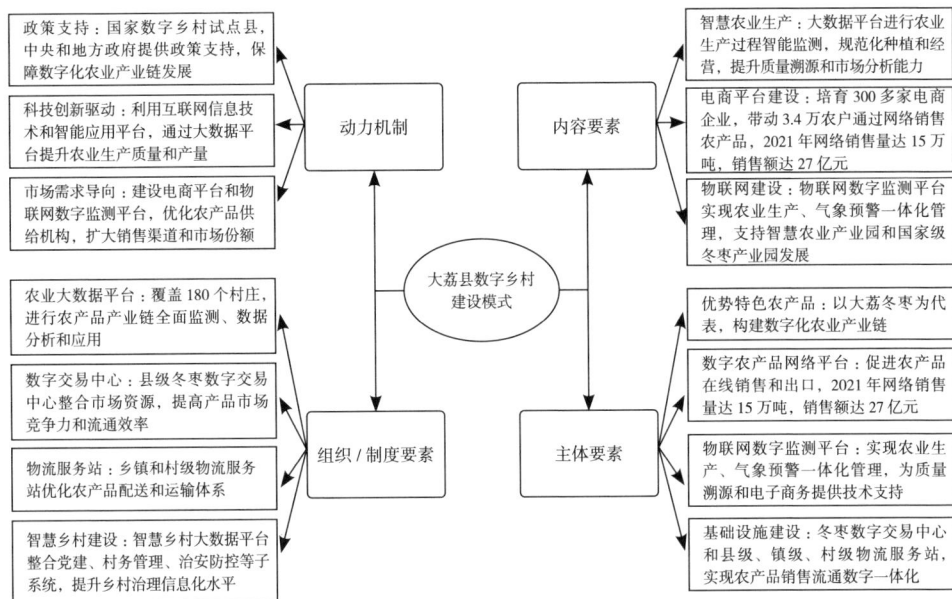

政策支持：国家数字乡村试点县，中央和地方政府提供政策支持，保障数字化农业产业链发展

科技创新驱动：利用互联网信息技术和智能应用平台，通过大数据平台提升农业生产质量和产量

市场需求导向：建设电商平台和物联网数字监测平台，优化农产品供给机构，扩大销售渠道和市场份额

农业大数据平台：覆盖180个村庄，进行农产品产业链全面监测、数据分析和应用

数字交易中心：县级冬枣数字交易中心整合市场资源，提高产品市场竞争力和流通效率

物流服务站：乡镇和村级物流服务站优化农产品配送和运输体系

智慧乡村建设：智慧乡村大数据平台整合党建、村务管理、治安防控等子系统，提升乡村治理信息化水平

动力机制

内容要素

组织/制度要素

主体要素

大荔县数字乡村建设模式

智慧农业生产：大数据平台进行农业生产过程智能监测，规范化种植和经营，提升质量溯源和市场分析能力

电商平台建设：培育300多家电商企业，带动3.4万农户通过网络销售农产品，2021年网络销售量达15万吨，销售额达27亿元

物联网建设：物联网数字监测平台实现农业生产、气象预警一体化管理，支持智慧农业产业园和国家级冬枣产业园发展

优势特色农产品：以大荔冬枣为代表，构建数字化农业产业链

数字农产品网络平台：促进农产品在线销售和出口，2021年网络销售量达15万吨，销售额达27亿元

物联网数字监测平台：实现农业生产、气象预警一体化管理，为质量溯源和电子商务提供技术支持

基础设施建设：冬枣数字交易中心和县级、镇级、村级物流服务站，实现农产品销售流通数字一体化

图5.1 大荔县数字乡村建设模式

（一）主体要素：特色农产品产业链的数字化转型

大荔县的数字乡村建设是一项全面而深入的发展战略，其主体要素包括优势特色农产品产业链、数字化农产品网络平台以及物联网数字监测平台，这些要素奠定了大荔县乡村振兴和农业现代化的坚实基础。

首先，以大荔冬枣为代表的优势特色农产品，不仅是县域经济的重要支柱，更是推动农业现代化的关键力量。通过建立成熟的数字化农业产业链，大荔县实现了从种植、生产到销售的全程数字化管理，提升了农产品的品质和市场竞争力。这些优势特色农产品不仅成为当地农业的一张名片，还推动了农业产业链的数字化转型。通过整合种植、加工、储存、物流等各个环节，大荔县实现了从田间到餐桌的全程数字化管理，不仅提升了农产品的品质和安全标准，还提升了市场响应速度和消费者满意度。在基础设施建设方面，大荔县不仅建立了冬枣数字交易中心，还在县级、镇级、村级层面建立了物流服务站点，实现了农产品销售和流通的数字化整合。这些物流服务站点的建立，不仅提高了农产品的流通效率，降低了物流成本，也为农

117

产品的销售提供了更加便捷的渠道。

其次，大荔县打造的数字农产品网络平台极大地促进了农产品的在线销售和国际市场的拓展。在 2021 年，该平台促成了 15 万吨农产品的网络销售量，实现了 27 亿元的销售额，并通过电子商务平台成功将产品销往国际市场。这一举措不仅增加了农民的收入，还提升了大荔农产品在国际市场上的知名度和竞争力。

最后，大荔县物联网数字监测平台的建设为农业生产和管理提供了强大的技术支持。通过对农业生产、气象预警等的一体化管理，该平台有效提高了农产品的生产效率和质量控制水平。同时，物联网技术的应用推动了农产品质量溯源系统和电子商务交易系统的完善，进一步提升了农产品的市场信誉和消费者信任度。物联网数字监测平台通过对农业生产环境的实时监控，实现了对气象变化、病虫害发生等关键因素的预警和管理，提高了农业生产的抗风险能力和应对效率。

大荔县在数字乡村建设中通过优势特色农产品产业链、数字化农产品网络平台和物联网数字监测平台的有机结合，实现了农业生产模式的现代化转型，为地方经济的可持续发展奠定了坚实基础。这些要素的有效融合和应用，不仅提升了农业的产值和效益，也推动了农村经济结构的优化升级，为农民增收致富提供了有力支持。随着数字乡村建设的不断深入，大荔县将继续探索和创新，为实现乡村振兴战略目标、推动农业农村现代化贡献更多的经验和智慧。

（二）组织/制度要素：规模化大数据平台

大荔县在数字乡村建设的组织和制度要素方面，采取了一系列有力措施，旨在推动该地区的数字化转型和现代化发展。通过这些组织和制度要素的支持与保障，可以更好地对当地的数字化产业建设进行规划与建设。大荔县在数字化发展方面进行了全面规划，特别注重构建县级农业大数据平台。借助该平台，大荔县在 180 个村庄中有效设置数据收集点，对农产品产业链进行全方位地监控、数据分析和应用。这种集成的数据管理方式不仅提升了农产品生产和销售的效率，还为农民提供了更多的市场信息和决策支持，有助于在供应端帮助农民做出正确的判断和决策，从而控制相应的生产成本，包括种子、农药、化肥、大棚地膜等。在现代农业的发展下，各种设施能够对生产情况进行全方位、立体式的监控，并实时以数据的形式备份到云端，农户能远程了解自身的实际生产情况。同时，避免出现农产品滞销与过剩的情况，从而更好地发展现代农业。

同时，大荔县在农产品销售流通方面进行了数字化一体化的探索和实践。例如，县级冬枣数字交易中心的建设成为关键举措，通过该中心，大荔县有效整合了市场资源和农产品供应链，提升了产品的市场竞争力和流通效率。在数字化一体化平台建立之前，大荔县的冬枣交易是农户将冬枣交给中间收购商，农户的收益被中间商抽成，且收购商收购时间不稳定，极易导致农户错过收购时间而造成经济损失。经过一体化平台的建设，仅需一部手机和相关的 App，农户就能远程了解农产品的具体收购情况，尤其是滞销预警和实时检测预警等功能，能够更好地帮助农户掌握销售动态，从而更好地完成销售，助力农户致富。设立在乡镇和村级的物流服务站进一步优化了农产品的配送和运输体系，为农产品销售提供了可靠的保障。一系列高效的物流运输系统为大荔县农产品的运输提供了有效的支持。随着运输体系的发展，各类农产品能够更好地流通，传送到每个销售终端，大幅缩短供应链的传送时间，确保农产品以最新鲜的状态送达消费者的餐桌。

在规模化大数据平台的推动下，大荔县建设了"智慧农业"产业园，并进行了相关产业的应用。通过大数据云平台整合各种农业生产资源，推进园区信息化建设，使该县群众享受乡村振兴带来的红利。通过打造大数据支持的优质农产品物流体系，助力农民巩固脱贫攻坚成果。在大数据规模化农业产业园建设项目的推动下，各农业企业能够更好地节约自身成本，从而达到"降本增效"的目的。随着产业园的发展，大荔县农业取得了长足进步。

此外，大荔县还在乡村治理方面推动了智慧乡村建设。借助智慧乡村大数据平台，该县成功实现了党建、村务管理、治安防控等多个子系统的数字化整合与优化。例如，平安村镇综合安保将维护乡镇的治安的需求置于首位，力求做到灵活高效，并提高用户的满意度。此系统全天候不间断运行，相关的软硬件要求严格遵守国家规范，确保了其可靠性和安全性。通过对乡镇治安设施的模块化封装，在多信息渠道维护下的大荔县村镇治安水平迈上了新的台阶，实现了"路不拾遗，夜不闭户"。这一举措不仅提升了乡村治理的信息化水平，还加强了政府与居民之间的互动和服务效率，为乡村社区的发展提供了支持。

大荔县在数字乡村建设中，通过有效运用组织和制度要素，成功推动了农业生产模式的现代化转型，提升了农产品的质量和市场竞争力，为当地经济的可持续发展注入了新的动力。这些举措不仅符合当前数字化转型的趋势，也为其他地区的乡村治理和农业发展提供了宝贵的经验。

（三）内容要素：大数据平台实现农业全覆盖

大荔县数字乡村建设的内容要素涵盖智慧农业生产、电商平台建设和物联网建设等多个方面，这些举措成功推动了当地农业的现代化和数字化转型，不仅提升了农产品的质量和市场竞争力，还促进了农村经济的发展，为农民增收致富和乡村振兴注入了新的活力和动力。

首先，智慧农业生产覆盖。县内建立了全面的大数据平台，通过数据采集和分析，实现了对农业生产过程的智能监测。这不仅有助于农产品的管理和优化，还促进了农业生产的规范化和高效化。特别是针对大荔冬枣等优质特色农产品，该平台实现了质量溯源和市场分析，为产品的品质和市场竞争力提升奠定了坚实基础。其次，电商平台建设也带动了当地数字农业经济的发展。大荔县积极培育了300多家电商企业，并建立了农产品数字网络平台。通过这一平台，3.4万农户得以通过网络直接销售农产品，实现了农产品销售的市场化和国际化。例如，2021年，大荔县农产品网络销售达到15万吨，销售额达27亿元，不仅促进了农产品的快速流通，也拓展了产品的市场辐射范围，实现了农村经济的增长和农民收入的提升。最后，乡村物联网建设的拓展。大荔县建成了物联网数字监测平台，实现了农业生产、气象预警等多种功能的一体化管理。这一平台不仅为当地智慧农业产业园和国家级冬枣产业园的发展提供了技术支持，还有效提升了农业生产的科技含量和管理水平。通过物联网技术，大荔县在灌溉、气象监测、病虫害防治等方面取得了显著进展，为农业生产的可持续发展奠定了坚实的技术基础。

（四）动力机制：政策支持、科技创新驱动和市场需求导向助力数字农业

大荔县数字乡村建设的动力机制主要源自政策支持、科技创新驱动和市场需

求导向，这些因素共同推动了当地农业的现代化和数字化转型。作为国家数字乡村试点县，大荔县得到了中央与地方政府的政策支持。同时，大荔县出台了一系列利好政策以贯彻落实"中国好粮油"的示范县建设行动。大荔县不断稳定粮食播种生产面积，提升粮食收储、物流和加工能力，创新食品粮商品化运行机制，加快粮食产业转型升级的步伐，增强商品粮的供应数量与质量，并确保质量稳、产能充足、质量安全、市场活跃。这些支持政策不仅为县域内数字化农业产业链的系统发展提供了法律和政策保障，还激励各级部门和农业企业积极参与并推动数字化转型。

此外，大荔县依托互联网信息技术和智能应用平台，充分利用大数据平台，推动智慧农业生产覆盖和农产品质量溯源系统的建设。通过数据的实时监测、分析和应用，农民和农业企业能够更精准地管理农作物的生长过程，提高农产品的生产质量和产量，进而提高整体农业生产效率和市场竞争力。同时，大荔县积极响应市场需求，通过建设电商平台和物联网数字监测平台，优化农产品供给结构。电商平台促进了农产品的线上销售和出口，使大荔县的农产品迅速覆盖国内外市场，扩大了产品的销售渠道和市场份额。物联网数字监测平台则通过实现农业生产的智能化管理，提升了生产效率和资源利用效率，为农业的可持续发展奠定了坚实的基础。

综上所述，大荔县数字乡村建设的动力机制不仅在政策支持下实现了数字化农业的快速发展，还依托科技创新和市场需求导向，全面优化了农业生产结构和管理方式，为乡村经济的增长和农民收入的提升作出了贡献。这些动力机制不仅推动了当地农业的现代化升级，也为全面建设现代化农业示范县打下了坚实的基础。

二、金华市数字乡村建设模式

金华市通过数字农业、农村电商和乡村旅游的多元化发展，成功实现了农村经济的全面提升和产业升级。

数字农业方面，金华市凭借"田间一件事"智慧服务系统、浦江县的葡萄全链条数字化、武义县的"智慧茶城"等项目，在农业生产和管理中实现了高效化和智能化，显著提升了农业生产的效率和质量；农村电商领域，金华市通过建设完善的电商服务体系、推动智慧物流、深化特色农产品数字化营销等措施，形成了全国领先的农村电商生态体系，极大地促进了农产品的流通和销售；乡村旅游方面，金华市利用网络直播、VR实景等新型营销手段，推动乡村旅游的数字化发展，实现了农业、旅游业和服务业的有机结合，增强了农村经济的多元化收入来源。总体来看，金华市通过数字技术的广泛应用，成功实现了农村经济的创新发展，为全国数字乡村建设提供了宝贵的经验和模式，详见图5.2。

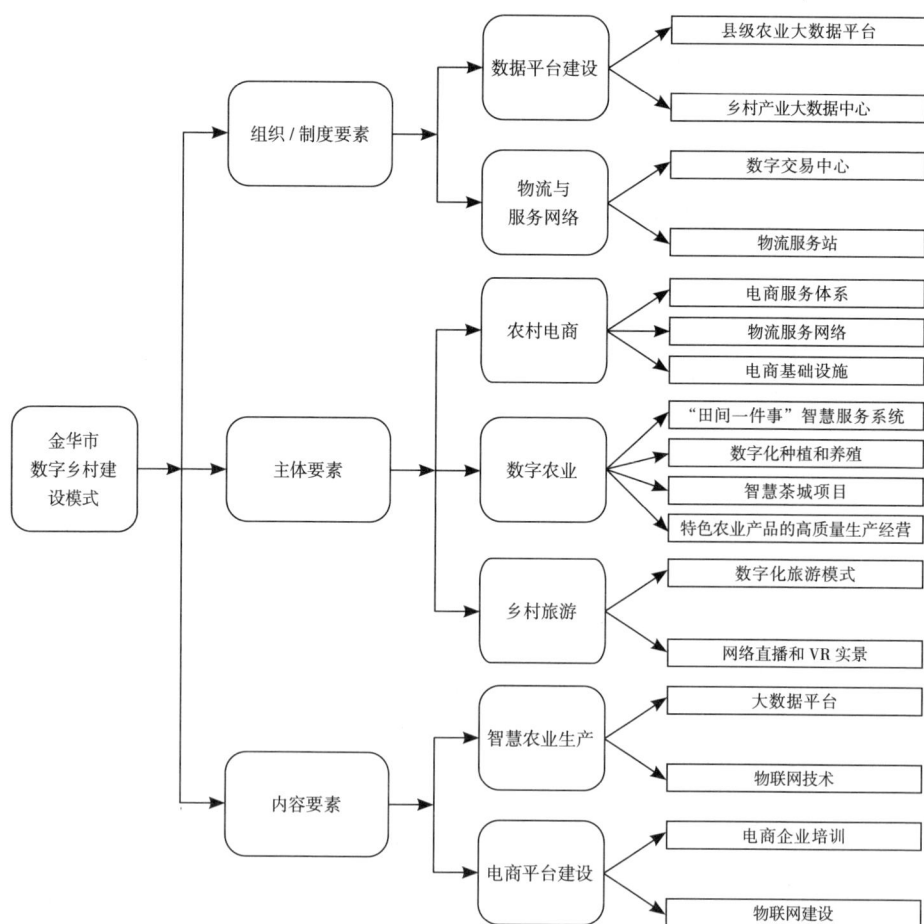

图5.2　金华市数字乡村建设模式

（一）主体要素：数字农业、农村电商与乡村旅游

1. 数字农业

金华市在数字农业领域的表现处于全省领先地位，2019年，其数字农业发展水平达到71%，超过了浙江省平均水平68.8%，并在全省中排名第四。2021年，义乌市和武义县被评为全国"农产品数字化百强县"，这进一步证明了金华市在推动数字农业发展方面所取得的显著成绩。

在数字农业方面，金华市推行的"田间一件事"智慧服务系统，极大地优化了农业生产各环节的管理。该系统聚焦于种植、管理、收获、销售四个关键环节，将各个部门的农业服务项目进行整合，提供一站式办理流程和一体化服务体验。通过精准的数据分析和实时监控，农民可以在第一时间了解田间情况，及时做出决策，提高农业生产的效率和质量，减少因信息不对称带来的损失。此外，金东区的大堰河农牧场是数字农业的典范之一。该农牧场通过"慧牧养殖云平台"实现了养殖过程的智能化管理，每年节省28.8万元的人工管理费用。该平台利用物联网技术，实时监控养殖环境和牲畜健康状况，自动调整饲料和水的供应，优化了养殖过程中的各项操作，显著提高了生产效率和经济效益。

在种植业方面，金华市也在数字化建设上做出了努力。例如浦江县依托乡村产业大数据中心，成功实现了葡萄产业的全链条数字化。从生产、加工、仓储到销售，每个环节都在数字化系统的支持下运行。2020年，该县的葡萄产业实现了11.4亿元的产值，并被授予"全国县域数字农业农村发展先进县"的荣誉。这一成就不仅提高了农产品的质量和市场竞争力，还为其他地区的数字农业发展提供了宝贵的经验和模板。再如，武义县的"智慧茶城"项目是数字金融助力农业数字化的典型案例。该项目依托武义农商银行的丰收互联App，推出了"智慧茶城"系统，实现了茶叶生产和销售全过程的一站式查询和交易溯源。茶农、茶商、消费者可以通过该系统实时了解茶叶的种植、采摘、制作和销售情况，确保产品质量和交易透明度。这种数字金融和农业生产的深度融合，不仅提升了茶叶产业的效率和收益，还为消费者提供了更加放心的消费体验。

金华市致力于运用数字信息技术促进特色农产品的高品质生产和经营。通过大数据平台和物联网技术的应用，金华市对农产品的种植、加工、包装和销售等环节进行全方位的数字化管理。精准的市场分析和预测，提高了农产品的市场适应性和竞争力，推动了农业品牌的建设，为农民带来了可观的经济效益。金华市在数字农业领域的模式，为那些拥有类似特色产业并正在塑造农业品牌的地区提供了宝贵的参考。通过整合多方资源，优化农业生产管理，提升农产品质量和市场竞争力，金华市在数字农业领域取得的成果为其他地区提供了可复制、可推广的经验模式，推动了全国数字乡村建设的不断进步。

2.农村电商

金华市在农村电子商务领域的发展势头强劲，已成为全国农村电商的典范。2020 年，金华市拥有 478 个淘宝村，数量在全国排名第二，仅次于江苏省。在阿里研究院发布的淘宝村百强县名单中，金华市有 5 个县（市）入选，这充分展示了金华市在农村电商领域的领先地位和影响力。

义乌市在浙江省农村电商领域表现最为活跃，2020 年被授予"全国电子商务进农村综合示范县"的荣誉。义乌市依托其发达的市场和物流体系，积极推动农村电商的发展。通过建立完善的电商服务体系，义乌市吸引了大量农村电商经营主体，促进了农村电商的蓬勃发展。当地政府还推出了一系列扶持政策，帮助农民开设网店、开展网络营销，极大地提升了农村电商的普及率和影响力。浦江县的农村电商发展同样值得关注。该县已经实现农村电子商务站点和益农信息社在所有行政村的全面覆盖，构建了一个全面的电商服务网络。随着智慧物流配送中心的建立以及直通杭州等地区的农产品电商物流专线的启动，农产品的流通效率和市场覆盖得到了显著提升。2020 年，浦江县的农产品网络零售额达到了 4.3 亿元，比前一年增长了 37.9%。这一增长不仅促进了当地乡村经济的繁荣，也显著增加了农民的经济收益。金华市通过增强乡村数据服务能力、推进特色农产品的数字化营销等措施，为农村电商的持续发展注入了新的活力。市政府积极引导电商企业与农户合作，帮助农民开拓网络销售渠道。通过举办电商培训班、开展网络直播带货等活动，金华市不断提升农民的电商技能和市场意识，推动了农村电商的普及和深入发展。此外，金华市注重电商基础设施的建设和优化。全市各地加快了农村宽带和移动网络的建设步伐，实现了 4G 网络全覆盖，部分重点农村区域还覆盖了 5G 网络。这为农村电商的发展奠定了坚实的网络基础，确保农民可以便捷地进行网上交易和信息交流。

金华市的农村电商发展模式，对全国其他地区具有很好的借鉴意义。通过政府引导、企业参与、农民积极配合，金华市形成了完善的农村电商生态体系。在这一体系中，农民不仅是生产者，还是经营者和销售者，他们通过电商平台将农产品直接面向市场，实现了从田间到餐桌的无缝对接。这种模式不仅提高了农产品的附加值，也增强了农民的市场话语权，为农村经济的可持续发展提供了有力支持。金华市农村电商的成功经验表明，利用数字技术和电商平台可以有效地突破传统农业的销售瓶颈，促进农业产业链的升级和优化。这种数字化转型不仅推动了当地农村经济的发展，还为全国数字乡村建设提供了宝贵的实践案例。

3. 乡村旅游

金华市各地积极探索乡村旅游的数字化发展模式，利用先进的技术和创新的营销方式，推动乡村旅游的蓬勃发展。通过网络直播、VR 实景等新型营销手段，金华市的乡村旅游焕发出了新的活力。

在磐安县，当地开发了"数字＋民宿""数字＋农场"等乡村旅游模式。基于数字技术，磐安县实现了民宿和农场的在线预订和管理，提升了游客的体验和服务质量。通过这一模式，磐安县因地制宜地发展了观赏休闲型和客栈民宿型等特色旅游项目，为游客提供了丰富多样的旅游选择。这些项目不仅增加了农民的收入，也促进了当地经济的发展。浦江县则充分利用网络平台，将田园风光和民俗文化相结合，探索出了一条独具特色的乡村数字化旅游之路。通过线上平台，浦江县展示了其独特的自然景观和丰富的文化遗产，吸引了大量游客。2020 年，浦江县被评为"全国十佳生态休闲旅游城市"，这一荣誉不仅肯定了浦江县在生态旅游方面的成绩，也为进一步发展乡村旅游奠定了坚实的基础。

在金华市的数字乡村旅游模式中，网络直播成为一个重要的宣传和销售渠道。通过直播平台，农民和旅游从业者可以向潜在游客展示当地的美景、美食和特色活动，实时互动，提升游客的参与感和兴趣。例如，通过直播展示采摘、农耕等活动，不仅增加了旅游的趣味性，也让更多人了解和关注乡村旅游。数字技术的应用为金华市乡村旅游业注入了新动力，显著推动了农村地区三次产业的深度融合与协同发展。通过数字化手段，金华市实现了农业、旅游业和服务业的有机结合，推动了农村经济的全面升级。农业生产者不仅可以通过农产品销售获得收入，还可以通过参与乡村旅游，提供住宿、餐饮等服务，实现了收入来源多元化。

（二）组织/制度要素：智慧大数据平台促进数字乡村建设

在金华市的数字乡村建设过程中，组织和制度的建设起到了关键作用。具体措施包括数据平台建设、物流与服务网络的完善，以及智慧乡村平台的搭建。

在推进数据平台建设的过程中，金华市实施了全面的数字化发展规划，构建了县级农业大数据平台。该平台在全市 180 个村庄中精心设置了数据采集点，确保了对农产品产业链进行全方位的数据监控、分析和应用，从而为农业发展提供了强有力的数据支持。这不仅提高了农业生产的效率和质量，还增强了对市场动态的响应能力。浦江县建立的乡村产业大数据中心和金东区的大堰河农牧场的"慧牧养殖云平台"是这一领域的典型案例。前者推动了葡萄产业在生产、加工、仓储和销售全链条的数字化，后者通过智能化管理每年节省了 28.8 万元的人工管理费用。

此外，金华市还注重物流与服务专线的建设，保障农产品的迅速流通。为了实现农产品销售和流通的数字一体化，金华市建立了数字交易中心和乡镇村级物流服务站。这些设施不仅提高了农产品的流通效率，还扩大了市场覆盖面。义乌市和浦江县通过建立智慧物流配送中心和开通农产品电商物流专线，显著提升了农产品从生产地到消费市场的配送速度和质量。这样的物流与服务网络，保障了农产品的新鲜度，增强了消费者的信任度，推动了农产品市场的快速发展。

智慧乡村平台的搭建是金华市提升乡村治理信息化水平的重要举措。通过整合党建、村务、治安防控等子系统，智慧乡村平台极大地提升了乡村治理的效率和透明度。兰溪市马涧镇的"山水马涧"平台和金东区的"金东红网"小程序是智慧乡村平台的典型代表。"山水马涧"平台整合了数字乡村功能，建立了云端平台，并创新性地引入了"户联码"智能门牌系统，这一系统使得基层治理能够精确到每家每户，实现了数据的户户关联和服务的户户覆盖。同时，"金东红网"小程序利用实时信息发布、村民意见反馈和会议管理等数字化工具，有效促进了乡村治理的现代化和智能化进程。

金华市的这些组织和制度要素，为数字乡村建设打下了坚实的基础。通过数据平台、物流与服务网络以及智慧乡村平台的综合应用，金华市不仅提高了农业生产和销售的效率，还提升了乡村治理的现代化水平，推动了乡村经济的全面发展。

（三）内容要素：智慧农业、电商平台与物联网建设

金华市在数字乡村建设中，通过智慧农业生产、电商平台建设和物联网建设等多方面的内容要素，推动了农业现代化和农村经济的高质量发展。

金华市充分利用大数据平台，实现了对农业生产的智慧监测和规范化种植。这种技术手段不仅提升了农业生产效率，还保证了农产品的质量可追溯性，并为市场分析提供了有力支持。例如，金东区的大堰河农牧场通过"慧牧养殖云平台"进行智能化管理，大幅减少了人工管理成本，实现了高效养殖。通过物联网技术，养殖场能够实时监控环境和牲畜健康状况，自动调整饲料和水的供应，优化了养殖过程中的各项操作，显著提高了生产效率和经济效益。浦江县利用乡村产业大数据中心，促进了葡萄产业的数字化转型。该中心实现了从种植、加工到销售的全产业链数字化管理，确保了每个环节都能通过数字技术进行有效监控和优化。这不仅提升了产量和质量，还使得葡萄产业在 2020 年创造了 11.4 亿元的产值，显著提高了当地农民的收入。通过精准的数据分析和实时监控，农民可以在第一时间了解田间情况，及时做出决策，减少了因信息不对称造成的损失。此外，浦江县的成功经验也为其他地区的数字农业发展提供了宝贵的参考和借鉴。

此外，金华市积极搭建农产品数字网络平台，培育了 300 多家电商企业，带动了 3.4 万农户通过网络销售农产品。这些电商平台不仅打通了农产品的销售渠

道，还推动了农产品的市场化和国际化。义乌市作为浙江省农村电商最活跃的地区，2020 年被评为"全国电子商务进农村综合示范县"，其农村电商的快速发展带动了当地经济的增长。义乌市依托其发达的市场和物流体系，积极推动农村电商的发展。通过建立完善的电商服务体系，吸引了大量农村电商经营主体，促进了农村电商的蓬勃发展。浦江县的农村电子商务站点和益农信息社已实现行政村全覆盖，形成了完善的电商服务网络。智慧物流配送中心的建成，以及直达杭州等地的农产品电商物流专线的开通，大大提升了农产品的流通效率和市场覆盖率。2020 年，浦江县的农产品网络零售额达到 4.3 亿元，同比增长 37.9%。这一成绩不仅推动了当地乡村经济的发展，还显著提高了农民的收入水平。金华市通过举办电商培训班、开展网络直播带货等活动，不断提升农民的电商技能和市场意识，推动了农村电商的普及和深入发展。

不仅如此，金华市数字乡村的发展在物联网建设方面也取得了显著成效，通过建设物联网数字监测平台，实现了农业生产和气象预警的一体化管理。物联网技术为智慧农业产业园和国家级冬枣产业园的发展提供了强大的技术支持，使得农业生产更加精细和高效。浦江县和金东区在物联网项目的实施方面表现得尤为突出，浦江县通过物联网技术对农田、温室大棚等进行实时监控和管理，优化了农业生产流程，减少了因自然灾害和病虫害带来的损失，提升了农产品的产量和质量。金东区则利用物联网技术对大堰河农牧场的养殖环境进行全面监测和控制，确保了畜牧业的高效和健康发展。通过物联网系统，管理人员可以实时了解牲畜的健康状况，及时采取措施防控疾病，保障了畜产品的安全和品质。这些技术手段不仅提高了农业生产的效率和效益，还对其他地区的农业数字化转型起到了有力的示范作用。

金华市通过智慧农业生产、电商平台建设和物联网建设，全面推动了农业现代化和农村经济的高质量发展，有效推动了农业生产方式的现代化和农产品市场的国际化，提升了农业生产的效益和农民的收入水平，为数字乡村建设树立了典范。形成了一个可复制、可推广的数字乡村建设模式，助力全国农村的振兴和可持续发展。

三、贵州省数字乡村建设模式

在贵州省数字乡村建设中,主体要素的构建至关重要,包括政府主导、企业参与和农民合作。这三者协同作用,形成了强大的合力,推动了数字乡村建设的深入发展。贵州省数字乡村建设模式见图5.3。

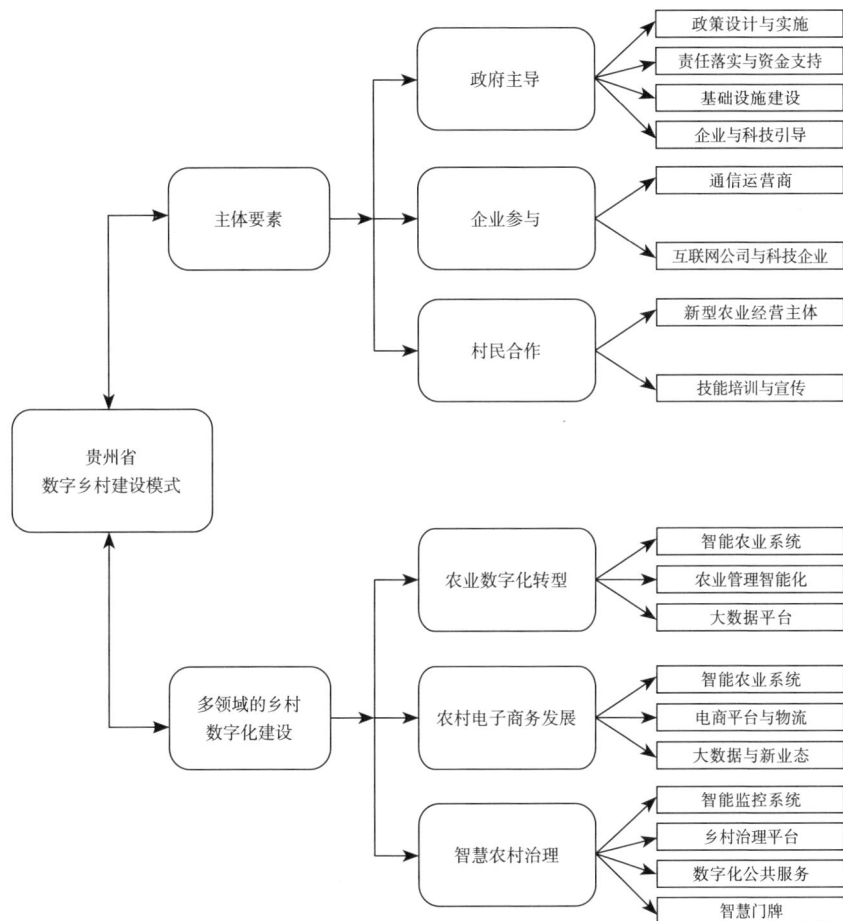

图5.3 贵州省数字乡村建设模式

（一）主体要素:政府主导、企业参与农民合作

1. 政府主导

政府在数字乡村建设中起到了主导和引领的作用。

首先，贵州省政府通过顶层设计，明确了数字乡村建设的总体思路和发展方向。成立了数字乡村试点工作指挥部，制定了详细的实施方案和发展规划。这些文件不仅为数字乡村建设提供了政策依据，还确保了各项工作的有序推进。例如，《关于开展国家数字乡村试点工作的通知》和《黔西县国家数字乡村试点建设工作实施方案》，明确了试点县的选择标准和具体任务，为数字乡村建设提供了操作指南。

其次，该地政府还通过将数字乡村建设纳入年度目标考核，强化了各级政府的责任意识和执行力。通过设立专项资金和提供技术支持，政府大力推动信息基础设施建设和数字技术的推广应用。例如，各地政府积极协调通信运营商，加快5G基站和光纤宽带的建设，确保农村地区的网络覆盖和信号质量。

最后，政府还通过政策引导和资金扶持，鼓励企业和科研机构开展数字技术研发和应用，提升农业生产和管理的数字化水平。

2. 企业参与

企业在数字乡村建设中扮演了重要角色，特别是在信息基础设施建设和技术服务提供方面。通信运营商如中国联通、中国电信和中国移动等公司，在贵州省的数字乡村建设中发挥了关键作用。它们不仅投入大量资金和技术力量，加快5G基站和光纤宽带的建设，还提供了丰富的数字化应用和服务。例如，中国联通在多个试点县部署了智能农业系统，帮助农民实现精准灌溉和病虫害监测，大大提高了农业生产效率和效益。

此外，互联网公司和科技企业也积极参与数字乡村建设。阿里巴巴、京东等电商平台通过建立农村电商服务中心，帮助农民进行农产品数字化管理和销售，从而拓宽了销售渠道，增加了农民收入。大数据、云计算和人工智能等技术企业，通过提供智慧农业解决方案，提升了农业生产的科学化和精细化水平。例如，贵州省与华为公司合作，建设了智慧农业示范园区，推广智能灌溉、智能监测等技术，取得了显著的成效。

3. 农民合作

农民作为数字乡村建设的主体，其积极参与和合作是推动数字乡村建设的重要力量。贵州省通过多种形式，激发农民参与数字乡村建设的积极性。例如，推动合作社、家庭农场等新型农业经营主体的数字化转型，提升农民的组织化程度和市场竞争力。通过合作社，农民可以集体购买数字农业设备和服务，降低成本，提高生产效率。同时，家庭农场通过引进先进的种植模式和管理系统，实现了农业生产的标准化和规模化。

此外，贵州省还通过开展培训和宣传活动，提升农民的数字素养和技能。各级政府和企业联合举办了多次数字技术培训班，教授农民如何使用智能手机、电子商务平台和数字农业设备。例如，黔西县开展了多次电商培训，帮助农民掌握农产品网上销售技巧，提升了农产品的市场竞争力和附加值。同时，通过宣传数字乡村建设的成效和典型案例，激发了更多农民参与数字化建设的热情，形成了良好的社会氛围。

贵州省在数字乡村建设中，通过政府主导、企业参与和农民合作，形成了强大的合力，推动了信息基础设施建设和数字技术的推广应用，实现了农业生产、管理和销售的数字化转型。这种多主体协同的模式，为数字乡村建设提供了有力的保障和支持，也为其他地区的数字乡村建设提供了宝贵的经验和借鉴。

（二）内容要素：多领域的乡村数字化建设

贵州省的数字乡村建设涉及多个关键内容要素，包括信息基础设施建设、农业数字化转型和智慧农村治理。这些内容要素紧密结合，共同推动了数字乡村建设的深入发展。

1.信息基础设施建设

贵州省致力于降低农村宽带和移动通信的资费。在贫困县和贫困村实施宽带网络提速降费，确保"提速不提价"，提升光纤宽带网络速度，让农村贫困用户能够方便地接入网络。这些措施有效降低了接入门槛，增加了贵州省农村网民数量。根据贵州省通信管理局发布的《2018年贵州省互联网发展报告》，2018年贵州省网民总数为1958万人，农村网民占比31.1%，高于全国平均水平。信息基础设施建设是数字乡村建设的基础和前提。贵州省在这方面进行了大规模的投入和建设，重点推进了 5G 网络和光纤宽带的普及。各级政府与通信运营商合作，制定了详细的建设计划，确保农村地区的信息基础设施能够满足数字化应用的需求。

具体来说，贵州省各地积极推进 5G 基站的建设，确保农村地区能够享受到高速、稳定的网络服务。例如，在黔西县，政府与中国联通合作，短短一年内完成了全县 5G 基站的布局，实现了 5G 网络的全覆盖。这不仅提升了农民的上网体验，也为数字农业和农村电子商务的发展打下了坚实的网络基础。

除了 5G 网络，光纤宽带的建设也取得了显著成效。通过与中国电信和中国移动等公司的合作，贵州省实现了光纤宽带进村入户，覆盖了绝大多数农村地区。这些基础设施的建设，为数字乡村的各项应用提供了必要的支持，使农村居民可以更方便地接入互联网，享受数字化带来的便利。

2.农业数字化转型

农业数字化转型是数字乡村建设的重要内容，通过现代信息技术的应用，提升农业生产的效率和效益。在贵州省，农业数字化转型主要体现在智能农业系统的应用、农产品溯源体系的建立和农业管理的智能化方面。例如，贵州省金沙县引进了全球领先的灌溉技术和种植模式，减少资源浪费并提升农业全产业链的价值。示范园的蓝莓种植因采用了国际先进的灌溉系统，仅需少量人员即可管理。园区利用智能灌溉系统收集雨水，通过滴灌带输送到各地块，为果树提供精准的水分和养分。同时，通过监测土壤水势，为科学施肥提供数据支持。金沙县通过数字技术推动智慧农业的发展，实现了从田间观测到智能化管理的转变，帮助农户增产增收。

此外，贵州省黔西县丘林村通过物联网、传感器和人工智能处理技术，使用智能水泵控制系统，实现远程智能联动控制，大幅提升了工作效率。土壤墒情监测系统实时掌握土壤变化，为科学种植提供参考依据。气象监测系统实时监测当地气候情况，为灾情预警提供重要数据。水池水位监测系统与水泵联动启停，实现精准用水管理，促进节能增效。

贵州省余庆县通过大数据平台建设，加快了信息化与地方特色产业的融合。在推进农业大数据平台发展的大背景下，余庆县建设了18个数字化畜牧养殖场，30000多个智能耳标记录了猪牛的健康档案，有效改善了畜牧圈舍的环境控制，精准饲养、疾病监测和产品追溯等方面均实现了智能化。在大乌江镇石印坝区的有机大米数字化农业基地，布设了5个数据监测点，用于土壤和水质监测、气候等11项数据的实时采集分析，提高了科学种植水平，实现了田间智能管理和精准作业，提升了生产效率和产品质量，数字技术正在为农业高质量发展注入新的动力。

贵州省息烽县在数字化肉鸡饲养云平台的支持下，农民可以通过手机随时远程查看鸡舍信息，若有异常情况，会收到相关预警信息。大屏实时掌握鸡舍的温度、湿度、光照和氨气浓度等数据，养殖户关心的畜禽防疫也由大数据控制。通过"防控管家"App，防疫人员从询问登记、防疫注射到资料上传，在短短5分钟内即可完成，极大提高了防疫工作的效率。

农业管理的智能化是农业数字化转型的另一重要方面。贵州省通过引进农业管理软件和系统，实现了农业生产的标准化和精细化管理。例如，黔西县的一些家庭农场通过使用农事管理系统，详细记录每一环节的操作和数据，进行科学分析和管理。这显著提升了农业生产的效率，并为农业决策提供了科学的参考。

3. 智慧农村治理

智慧农村治理是数字乡村建设的重要组成部分，通过数字技术的应用，提升了农村治理的效率和水平。在贵州省，智慧农村治理主要体现在智能监控系统、数字化公共服务和乡村治理平台的建设方面。

借助天网和雪亮工程的基础设施及大数据资源，贵州实现了对所有行政村的公共安全视频监控。黔西市作为贵州省的先行者，建立了市级110个社会联动中心，增强了社会治理和应急响应能力，有效应对突发事件和紧急救援，确保了社会治理的全面性和深入性，从而提高了居民的安全感和满意度。智能监控系统的建设提升了农村地区的安全管理水平。通过在村庄和重要公共场所安装监控摄像头，贵州省实现了对农村地区的实时监控和管理。这不仅有助于预防和打击犯罪活动，还提升了村民的安全感。"天网"和"雪亮工程"结合大数据分析，实现了农村治安的智能化管理，大大降低了犯罪率。

在乡村治理领域，黔西市化屋村通过建立"慧村管理"平台，运用大数据技术对乡村治理的各个方面进行数据收集和分析，形成了"互联网＋"乡村的新模式，有效促进了化屋村的智能化办公、科学决策和便捷服务。该平台结合脱贫数据和返贫监测标准，利用云计算技术，实时向化屋村提供返贫人口信息，完善了返贫监测机制。此外，"云喇叭"的引入，为乡村管理提供了一种高效、便捷的信息传播方式，通过视频监控平台进行实时监控和通知，有效预防和纠正违法行为，监督不文明行为，提升了数字化公共服务的质量，改善了农村居民的生活体验。

在提升政务服务方面，黔西市积极响应"放管服"改革，通过以下措施提高政务服务水平：一是投入资金升级政务服务站点；二是建立市、乡、村三级政务服务网络，统一办事指南并公开；三是提高"一网、一门、一次"的办事效率，确保市级政务服务事项100%可在线办理，99.12%能在实体政务大厅办理，99.49%实现"零跑腿"或"一次"办理，即办事项达到75.2%，全程网办效率为87%；四是推进国家政务服务平台的数据共享，以数据共享支撑服务。

"智慧门牌"项目在黔西市大关镇得到实施，实现了全镇智慧门牌的全覆盖，门牌上附有二维码，将政策法规、政务公开、办事流程等内容上传至微信公众号"红色大关"，方便群众通过扫描二维码获取信息，办理户籍、计生、救助等事务，增强了基层服务的精准性和及时性。这种服务方式融入居民日常生活，提高了群众的法律意识和政务透明度，解决了群众办事难的问题，构建了便民服务的桥梁。截至2021年11月，大关镇"智慧门牌"已解决612个办事难题，提高了办事效率。

综上所述，贵州省通过信息基础设施建设、农业数字化转型、农村电子商务发展、智慧农村治理和数字素养提升等内容要素的综合推进，实现了数字乡村建设的全面发展。这些内容要素相互配合，共同推动了贵州省农村经济社会的发展和农民生活水平的提升，为其他地区的数字乡村建设提供了宝贵的经验和借鉴。

第二节　国际数字乡村建设成功案例

一、数字乡村建设——印度案例

在全球范围内，数字乡村的建设已经成为提升农村生活质量和推动可持续发展的关键实践。随着全球化和城市化的加速，越来越多的国家面临如何有效整合和发展农村社区的挑战。特别是印度这样的发展中国家，正面临其 60 万个村庄中 12.5 万个落后村庄的现实挑战。在这些落后地区，数字乡村建设不仅是提升农村现代化和经济发展的关键战略，还是实现教育、卫生、生产性企业、清洁水、卫生、环境可持续性和参与性民主等多方面综合发展的重要催化剂。

数字村的愿景是通过现代能源获取，为农村社区带来持续的改善和增长，尤其在教育、卫生和经济活动方面发挥重要作用。印度的马哈拉施特拉邦、古吉拉特邦、卡纳塔克邦和拉贾斯坦邦等地区已经采用技术整合和数字设计，成功推动了数字乡村项目。这些项目不仅显著提升了村庄的基础设施水平，还增强了社区的整体可持续性。随着技术进步和社会创新的推动，数字乡村的发展不仅关乎基础设施建设，还包括如何在多样化的文化和地理背景下实现社区的全面发展，从而提升农村生活质量，促进社会经济的可持续发展。

在印度，数字乡村的兴起不仅是对传统农村发展模式的革新，也是对日益加剧的城市化趋势的一种重要应对策略。城市化带来的人口迁移压力和资源紧张问题，使农村地区的发展显得尤为迫切和重要。数字技术的引入和应用，不仅提升了农村地区的生产力和经济活力，还为居民提供了更广泛的社会服务和更优质的生活环境。例如，在印度的马哈拉施特拉邦，通过数字化的健康服务和教育平台，村民们可以获得远程医疗服务和在线教育资源，极大改善了他们的健康状况和教育水平，从而增强了整体社会资本的积累和再生产能力。

除了教育和医疗领域，数字技术还在农村经济发展中发挥着重要作用。例如，在古吉拉特邦，通过数字化的农业信息平台，农民们可以实时获取最新的市场价格信息和种植技术指导。这不仅提高了农产品的质量和市场竞争力，促进了小微企业的发展和农业投资的增加，还推动了经济的多元化和可持续发展。

在环境可持续性方面，数字乡村的建设也带来了积极的影响。通过智能能源管理系统和环境监测技术的应用，数字乡村不仅有效节约了能源资源，还减少了碳排放和环境污染，推动了低碳经济的发展。例如，在卡纳塔克邦，一些数字化的村庄已经成功实施了太阳能和风能等可再生能源项目，不仅为当地提供了稳定的清洁能源供应，还为全球变暖和气候变化的应对作出了积极贡献。

然而，数字乡村建设也面临着诸多挑战和难题。首先，技术普及和数字鸿沟问题依然是制约数字乡村发展的重要因素。在一些偏远和贫困地区，由于基础设施和人力资源的不足，数字技术的应用和普及面临较大的困难。其次，政策和法律环境的不完善也限制了数字乡村项目的推广和实施。政府部门需要加强对数字技术的支持和管理，建立更加完善的政策框架和法律制度，以促进数字技术在农村地区的广泛应用和可持续发展。最后，社会文化也是影响数字乡村建设的重要因素。在推广数字技术和智能化设施时，必须充分考虑当地的文化传统和社区习惯，避免因文化冲突而造成项目的失败或抵触。因此，数字乡村建设需要采取多元化和包容性的策略，通过与当地社区的紧密合作和参与，确保项目的长期可持续性和社会接受度。

总体而言，数字乡村的建设不仅是提升农村生活质量的有效途径，还是推动实现全球可持续发展目标的重要实践。在全球化和技术革新的背景下，各国应该加强合作，分享经验，共同探索适合本国特定条件的数字化解决方案，为农村地区的可持续发展开辟新的道路和机遇。

二、数字乡村建设——肯尼亚与马来西亚案例

在马来西亚与肯尼亚，可再生能源的综合利用在促进经济增长和环境保护方面展示了巨大潜力。这一成功应用不仅为当地社区提供了可靠的能源，更推动了

当地经济的多元化和可持续发展，深刻地改变了社区的生活方式和经济结构。

依斯干达作为马来西亚的一个典型案例，通过整合生物质能源和太阳能技术，成功打造了一个能源自给自足的社区模型。生物质能源利用当地丰富的生物资源，如农作物废弃物、木材和动植物残渣等，通过生物质发电技术转化为电力。同时，马来西亚有充足的阳光资源，通过光伏板和集热器捕获太阳能，为社区提供稳定的清洁能源。这种综合利用可再生能源的模式不仅解决了依斯干达地区长期以来面临的能源供应问题，还有效降低了能源成本和环境污染。生物质和太阳能的结合，不仅增强了能源供应的可靠性，还显著减少了社区对传统化石燃料的依赖，推动了社区向低碳发展模式的转型。

此外，依斯干达的成功经验也为其他发展中国家和地区提供了宝贵的启示。在资源丰富而经济基础薄弱的情况下，合理利用和开发当地的可再生能源资源，不仅可以提升能源供应的安全性和可持续性，还可以激活当地经济的多元化发展。马来西亚的经验表明，政府支持和民间投资的结合，可以有效推动可再生能源项目的实施，为社区带来经济增长和环境保护的双重效益。

肯尼亚的村级太阳能发电项目是另一个成功的案例。该项目通过社会技术设计，有效地解决了偏远地区长期以来面临的电力供应问题。在肯尼亚，许多偏远村庄没有接入传统的电力网络，居民们长期以来依赖于昂贵且不稳定的柴油发电。村级太阳能发电项目利用太阳能光伏技术，为这些偏远社区提供了稳定、可持续的清洁能源解决方案。在当地社区建设太阳能发电站，不仅解决了能源供应的问题，还为居民们创造了经济活动和就业机会。例如，一些项目通过培训当地居民成为技术工人和能源管理者，提升了他们的技能水平和就业机会，推动了社区经济的发展和社会稳定。这种社会技术设计不仅仅是技术创新，更是一种社会经济发展的整合策略，通过能源的可持续利用，促进了社区的整体发展。

肯尼亚的这些村级太阳能发电项目也彰显了可再生能源在解决全球能源问题中的重要性和潜力。特别是在气候变化加剧、能源安全问题日益严峻的今天，通过开发和利用太阳能等可再生能源，不仅能够满足社区的基本能源需求，还有助于减少温室气体排放，推动全球低碳转型。然而，要实现数字乡村和村级太阳能发电项目的长期成功，仍然面临一些挑战和难题。

首先，技术和资金的支持仍然是项目实施的关键。尽管太阳能和生物质技术逐渐成熟，但在一些贫困和偏远地区，项目的启动和运营资金仍然是一个严峻问题。政府和国际社会需要加大对可再生能源项目的投资和支持力度，降低项目的成本，增强项目的可持续性和抗风险能力。

其次，政策和法律环境的不完善限制了项目的推广和应用。各国政府需要制定更加完善和友好的政策法规，为可再生能源项目提供稳定和可预测的政策支持，鼓励更多的私人投资者参与，共同推动项目的落地和发展。

最后，社区参与和技术普及也是实现可再生能源项目长期成功的重要因素。在项目实施过程中，必须充分考虑当地社区的需求和实际情况，通过社区教育和参与，提高居民对可再生能源技术的接受度和使用率，确保项目的可持续发展和社会经济效益。

综上所述，马来西亚依斯干达的生物质太阳能城镇和肯尼亚的村级太阳能发电项目是两个成功的案例，展示了可再生能源在推动经济增长、解决能源安全和环境保护方面的巨大潜力。技术创新、社会技术设计和政策支持的结合，为全球其他发展中国家和地区提供了宝贵的经验和启示，为实现全球可持续发展目标作出了重要贡献。未来，随着技术的进步和国际合作的加强，可再生能源将在全球范围内发挥越来越重要的作用，成为解决全球能源挑战的关键之一。

三、数字乡村建设——美国案例

美国城乡在数字基础设施方面存在明显差距，这种现象通常被称为"数字鸿沟"，主要原因包括美国农村地区人口稀少、部分地区位置偏僻以及基础设施落后等。20 世纪 90 年代起，美国政府每年投入逾 10 亿美元用于建设农村农业信息网络，并推广技术和在线应用。2009 年，美国国会拨款 72 亿美元用于支持宽带和无线互联网接入项目，美国联邦通信委员会（FCC）制定了国家宽带计划，旨在确保每个美国公民都能接入宽带网络。2015 年，FCC 发布的《2015 年宽带项目报告》指出，通过"连接美国基金"，将继续投入 100 亿美元来缩小城乡宽带差距，计划覆盖至 2020 年。2019 年，微软发布的数据显示，美国超过 80% 的地区实现了网络覆盖，但未覆盖的区域主要分布在农村。为了解决这一问题，FCC 额外拨款 20 亿美元，专门用于农村地区的宽带基础设施建设，以实现更广泛的网络接入。

美国在农业领域的数字化转型和应用方面一直处于领先地位。20 世纪 80 年代，雨鸟公司与摩托罗拉公司联合开发了一种先进的中央计算机灌溉控制系统。到了 20 世纪 90 年代，这项技术进一步发展，能够根据温室的具体条件自动调整灌溉策略。目前，GPS、电脑和遥感系统在美国的温室生产中得到了广泛应用，多数中等规模及以上农场都配备了 GPS。自动驾驶技术的应用使拖拉机能够实现自动化的电脑控制耕作，而超过 20% 的美国农场也开始利用直升机执行管理任务。2019 年，SoilWeb App 软件更新至 2.0 版本，显著提高了土地信息的精确度和检测的准确度；同年 5 月，美国农业部宣布每年将投入 2500 万美元，专门用于农场土地保护的创新实验项目。此外，美国农业文献联机存取节目型数据库（AGRICOLA）、国家海洋和大气管理局测绘产品数据库（NOAA）、地质调查局数据库（USGS）等大型农业信息数据库为美国农业研究和开发提供了关键的数据支持。

美国的农业数字化发展较早，其系统化的发展模式覆盖了从农业信息技术的应用到农业信息网络的构建以及资源的开发利用等多个技术层面，这全面推动了数字乡村建设的进程。

四、数字乡村建设——法国案例

法国政府在宽带网络发展和互联网普及方面扮演了关键角色，通过资金投入和规划制定，推动了多方合作。2008 年，法国《现代经济法》提出了建设超高速网络的目标。2012 年，各市政府共投入 2 亿欧元推广互联网。此外，国家、地区和欧盟共同出资（欧盟资金需要法国政府提供配套资金，投资比例在 10%~15%），通过光纤铺设等方式，推动了宽带网络在全国范围内的普及。2016

年，欧盟批准了法国的高速宽带计划，其资金由各级政府、欧盟和私营运营商共同承担。

法国政府还积极推动互联网资源在教育领域的应用，互联网的普及带动了在线教育平台的兴起。自2016年起，法国实施了"数字时代学校"战略，旨在为所有学校提供数字化教学条件，包括计算机和数字白板等设备，确保互联网的可访问性，并通过学校数字平台（ENT）实现教学资源的共享，为乡村教师提供交流的便利，特别是对偏远地区的师生。在加强宽带基础设施建设的同时，法国政府还通过增加数字公共服务和推动网上教学，促进了互联网在教育领域的应用和普及。法国在乡村教育发展方面取得了显著成果，截至2020年6月，ENT覆盖了100%的高中学校和94%的初中学校。

法国农业部门积极将数字技术应用于农业生产，电子交易和大数据等信息技术的发展促进了技术协会的合作。多个行业组织和专业技术协会，如法国农业合作联盟等，负责收集对组织有用的技术、市场法规和政策信息，并供成员使用。

2018年底，在"未来投资计划"下，法国农业部联合其他机构发起了"未来农业与食品"项目招标，鼓励企业和机构参与农业科研创新，开发新产品、服务和模式。同时，法国农业电子商务迅速发展，Agriconomie等平台的用户数量在2015—2019年显著增长，并在多个国家受到欢迎。

法国在数字乡村建设方面展示了多元主体共同参与的发展模式。这一模式包括政府主导的基础设施建设，如通过《现代经济法》等政策文件推动超高速网络的建设，并吸引欧盟和私营企业参与。同时，法国政府还通过投资和制订计划，促进了互联网在教育和公共服务中的广泛应用，如推广数字化教育平台和校级数字化教学平台。在农业领域，法国通过信息技术的应用，推动农业生产的现代化和数字化，例如电子交易和大数据应用，以提高农产品的生产效率和质量。这些举措不仅提升了乡村地区的基础设施和公共服务水平，还推动了乡村经济的现代化和可持续发展。

第三节　对比分析与实践启示

随着全球数字化浪潮的兴起，数字技术正在深刻改变着人类社会的方方面面，农村也不例外。数字乡村建设作为应对城乡发展不平衡的重要途径，不仅是技术的应用，还是全面提升农村生产力、改善居民生活质量的战略选择。在全球范围内，各国纷纷探索数字技术在农村发展中的应用路径，并取得了诸多成功经验。本节将从国内外的案例实践中汲取经验，分析其启示，探讨数字技术如何助力新质生产力在农村落地生根。对比前述四个案例，我们可以总结出中国数字乡村试点成功的一些模式。

一、国内数字乡村建设的建设模式

（一）电商带动的数字乡村建设模式

电商带动的数字乡村建设是一种利用电子商务（E-commerce）平台和技术手段，推动农村地区经济发展和社会改善的模式。具体来说，这种模式通过电子商务的运作和发展，促进农产品的线上销售和市场化，提升农民收入，改善乡村生活条件，推动农村产业的现代化和数字化转型。这种模式的核心在于，通过电商的发展，整合资源，优化供应链，提升农产品的市场竞争力和附加值，促进农村经济的发展，实现农民增收和乡村振兴。

例如，在金华市数字乡村建设中，通过建设电商平台和优化电商服务体系，提升了农产品的线上销售能力。这包括搭建数字网络平台和电商物流体系，为农民提供一个便捷的销售渠道。通过这些平台，金华市的农产品能够更快速、更广泛地进入市场，提高了产品的市场可及性和可见度。同时，作为国家数字乡村试点市，金华市得到了大量政策支持，特别是在电商领域。政府通过出台财政扶持政策、电商培训计划和农村电商示范项目等措施，为电商平台的发展打下了坚实的政策基础。这些政策支持不仅促进了电商企业的投资和发展，也为农民提供了参与电商的必要条件和机会。众多电商企业的进驻，为当地农产品的电商化和品牌化提供了技术支持和市场拓展的平台。这些企业通过技术创新和引入管理经验，提升了电商平台的服务水平和效率，增强了农产品的市场竞争力。同时，企业的参与也带动了相关产业链的发展，促进了当地经济的多元化和可持续发展。

在电商带动的数字乡村建设模式中，农民也积极地参与电商平台的运营和销售，不仅拓宽了他们收入来源的途径，还提升了他们的经济活力和自主性。通过电商平台，农民可以直接将产品销售给城市消费者，避免了传统中间环节的成本和信息不对称问题，实现了农产品的直接溯源和品质保证。不仅如此，在这种数字乡村建设模式中，更注重引进和应用先进的电商技术，积极开展国际合作，拓展农产品的出口市场。通过提升农产品的品质标准、改进生产工艺和包装设计等的技术创新，相关农产品不仅满足了国内市场需求，还能够进入国际市场，增加了农民的收入和地方的经济效益。

（二）数据驱动的数字乡村建设模式

数据驱动的乡村建设是通过收集、分析和应用大数据、信息技术和数字化手段，以优化和推动乡村发展为核心特征的新型发展模式。其主要特征包括建立大数据平台、智能决策支持系统、数字化服务平台和促进电子商务发展等。在这些特征共同作用下，数据驱动的乡村建设模式不仅提升了农业生产的效率和质量，还优化了乡村公共服务、促进了社区参与、改善了居民生活质量。实施该模式需要政策支持、技术创新、跨部门协作和人才培养等多重要素的配合，以推动乡村现代化转型，为乡村振兴战略的实施提供重要路径和支撑。该模式利用先进的信息技术和数据分析手段，以数据为核心驱动力，推动农村经济和社会的现代化转型。该模式的关键要素包括优势特色产业链的数字化整合、建立数字农产品网络平台、发展物联网数字监测系统以及有效的政策支持、科技创新和市场需求导向。

在主体要素方面，优势特色产业链的数字化整合是核心。例如，大荔县以冬枣等特色农产品，通过建立数字化农业产业链，实现了从种植、生产到销售的全程数字化管理，从而提升了产品质量和市场竞争力。同时，建立了数字农产品网络平台，促进了农产品的在线销售，并拓展了国际市场，有效支持了农民增收和乡村经济的发展。此外，物联网数字监测系统的建设实现了对农业生产、气象预警等多功能的一体化管理，为产品质量溯源和电子商务交易系统提供了重要技术支持。例如，贵州乡村引进了国际先进的灌溉技术和智能灌溉系统，通过温湿度测量仪和土壤养分传感器实时掌握土壤状况，进行科学施肥和灌溉，提高了农业生产的精细化管理水平。

在组织和制度方面，政策支持起到了关键作用。大荔县通过制定有利于数字化农业发展的政策，为其提供了法律和政策保障，激励各级部门和农业企业积极参与数字化转型。同时，建设县级农业大数据平台、农产品交易中心和物流服务站等数字化基础设施，优化了农产品的供应链和市场流通体系。此外，推动智慧乡村建设，通过智慧乡村大数据平台的建设，提升了乡村治理的信息化水平，加强了政府与居民之间的互动和服务效率。

在动力机制方面，科技创新和市场需求导向是推动数字乡村建设模式的重要引擎。利用信息技术、大数据和物联网技术推动智慧农业生产覆盖和质量溯源系统的建设，提高了农产品生产效率和质量控制水平。同时，建设电商平台和物联网监测系统，优化了农产品销售结构，拓展了产品市场覆盖范围，增强了市场竞争力，进而推动了乡村经济的增长和农民收入的提升。例如，贵州积极发展农村电子商务，推动农业产业革命，培育农村新业态，弥合了农村地区的"数据鸿沟"。

因此，数据驱动的数字乡村建设模式不仅促进了农村经济的现代化和可持续发展，也为农民增收、农产品质量提升以及乡村治理体系的优化提供了有效路径和实践经验。在未来的乡村振兴战略中，应继续加强数据资源的整合与应用，推动数字化技术在农业生产、乡村治理和社会经济发展中的广泛应用，实现更高质量、更可持续的乡村发展目标。

二、其他发展中国家的数字乡村建设模式

在全球范围内，数字乡村建设正成为提升农村生活质量、促进可持续发展的

重要实践。印度作为一个发展中国家，有着庞大而多样化的农村社区，数字化转型已成为解决落后和不平等问题的关键策略之一。例如，马哈拉施特拉邦、古吉拉特邦、卡纳塔克邦和拉贾斯坦邦等地区通过整合技术和数字设计，成功推动了多个数字乡村项目。这些项目不仅改善了基础设施，还在教育、医疗和经济活动等方面带来显著变革。通过数字化的健康服务和在线教育平台，农村居民可以获得远程医疗服务和优质教育资源，这大大提升了他们的生活水平和社会资本积累。在经济发展方面，数字化的农业信息平台为农民提供市场价格和种植技术指导，提高了他们的农产品质量和市场竞争力。同时，通过数字化的金融服务，小微企业得到了发展，农业投资增加，推动了经济的多元化和可持续发展。

然而，数字乡村建设面临着多重挑战。技术普及和数字鸿沟是实施数字化转型的主要障碍，特别是在偏远和贫困地区。政策和法律环境的不完善限制了数字技术的广泛应用和可持续发展。此外，社会文化也是影响数字乡村建设的重要因素，需要充分考虑当地的文化传统和社区习惯，避免因文化冲突而导致项目失败。因此，实现数字乡村的长期成功需要采取多元化和包容性策略，通过与当地社区的紧密合作，确保项目的可持续性和社会接受度。

在肯尼亚的农村和马来西亚的依斯干达，可再生能源的综合利用展示了其在提升经济增长和环境保护方面的巨大潜力。依斯干达通过生物质能源和太阳能技术，打造了一个能源自给自足的社区模型，有效解决了能源供应和环境污染问题，促进了当地经济的多样化发展。肯尼亚的村级太阳能发电项目则为偏远社区提供了稳定的清洁能源解决方案，同时通过技术培训提升了居民的就业机会，改善了生活质量。

然而，这些项目在实施过程中仍面临技术和资金支持、政策法律环境不完善以及社区参与度等多重挑战。未来，各国政府、国际组织和私营部门需要共同努力，加大对可再生能源项目的投资和支持力度，推动技术创新和社会技术设计，为全球农村社区创造更加繁荣和可持续的未来。

三、发达国家的数字乡村建设模式

在全球范围内，美国、法国展示了各自独特而又有效的数字乡村建设模式。

美国通过政府的大力支持和技术创新，在农村农业信息网络、宽带覆盖和智能农业技术应用方面取得了显著进展，有效缩小了城乡数字鸿沟，为农业现代化树立了典范。法国则通过政府与网络运营商的合作，推动国家乡村互联网的普及，并通过立法促进教育数字化发展，同时重视农业数据信息的整合与利用，全面提升了乡村地区的数字基础设施，推动了农业现代化和社会服务的优化。这些国家的经验和成就为全球其他国家的数字乡村建设提供了宝贵的启示。

（一）美国数字乡村模式总结

美国在数字乡村建设方面展现了先进和系统化的发展模式，其成功经验深受全球关注和借鉴。从大规模投资农村农业信息网络，到推广宽带和无线互联网接入项目，再到应用智能灌溉系统和自动驾驶技术，美国通过多重策略和全面布局，有效地消除了城乡数字鸿沟，推动了农村社区的数字化转型和现代农业的发展。

美国政府在数字乡村建设方面的投资力度巨大，致力于提升农村地区的基础设施和信息通信技术水平。通过各级政府的资金支持和战略引导，美国推动了农村农业信息网络的建设，确保农村地区能够获得高速稳定的互联网接入。这不仅包括在偏远农村地区铺设光纤和卫星通信设施，还涵盖了提供互联网基础设施支持的政策制定和资源分配，确保农民和农业从业者能够充分享受信息技术带来的便利和效益。此外，美国在技术创新和应用方面处于领先地位，特别是在智能农业领域的探索和应用。智能灌溉系统和自动驾驶技术的引入，使得农业生产管理更加精准和高效。智能灌溉系统基于大数据分析和实时传感器监测，能够精确调控水资源的使用，提高水分利用效率，减少资源浪费。同时，自动驾驶技术在农业机械化操作中的应用，不仅提升了生产效率，还降低了劳动成本，改善了农民的工作条件和生活质量。

不仅如此，美国的农业信息数据库和创新实验项目为农业技术的前沿发展提供了重要支持。这些数据库不仅收集和存储了大量的农业生产数据和市场信息，还支持农业研究和科技创新。通过开展创新实验和示范项目，美国不断探索新的农业生产模式和技术应用，为提高农产品质量、增加产量以及降低生产成本开辟了新的途径。美国在数字乡村建设中的成功经验不仅推动了本国农村社区的现代化和经济发展，也为全球其他国家和地区提供了宝贵的经验和借鉴。特别是在面对全球性挑战和气候变化影响加剧的背景下，美国的数字乡村建设模式展示了其在提升农业生产效率、保护环境资源、促进经济增长方面的积极作用。

（二）法国数字乡村模式总结

法国的数字乡村建设模式以多元主体共同参与为特征。政府在推动宽带网络建设和互联网普及方面发挥了主导作用，通过资金投入和制订计划，积极推动全国范围内的数字基础设施建设。从 2008 年提出的超高速网络环境建设计划到 2016 年欧盟批准的高速宽带计划，法国不断加大对网络基础设施的投资力度，促使宽带在偏远乡村地区普及，从而消除了城乡数字鸿沟。

在教育和公共服务方面，法国注重利用互联网赋能教育和公共服务，推广数字化教育平台和公共服务项目。2016 年起，法国政府推行全面的数字教育战略，通过 ENT，为分散在各乡村地区的学校提供了先进的教学资源和交流平台，显著促进了偏远地区教育的均等化。此外，法国还通过增加数字公共服务的内容和项目，提升了公共服务的便捷性，使偏远乡村居民能够享受高质量的医疗、社会福利等服务。例如，远程医疗服务的引入，让乡村居民在家门口就能获得专家的诊断和治疗建议，极大地方便了他们的生活。

在农业方面，法国积极推动信息技术在农业生产中的应用。通过电子交易平台和大数据分析，不仅提升了农产品的市场化程度，还优化了农业生产的管理效率。例如，法国农业电商平台 Agriconomie 的发展极大地方便了农产品的市场交易，增强了农业生产者的市场竞争力。此外，法国还通过政府和行业组织的合作，推动农业技术研发和创新，为乡村经济的可持续发展注入新动力。各类农业技术实验项目和创新计划的实施，使得农民能够采用更先进的种植技术和管理方法，提高生产效率和农产品质量。

总体而言，法国的数字乡村建设模式强调政府、互联网企业和信息技术的协同作用。通过政策支持、基础设施建设和技术创新的有机结合，法国成功推动了乡村地区的现代化和经济发展。这种多元主体参与的模式不仅提升了乡村地区的生活质量和生产效率，还为其他国家在数字化乡村建设方面提供了宝贵的经验和启示，特别是在如何有效整合资源、促进公共服务均等化以及推动农业现代化等方面。

四、各类数字乡村建设模式的启示

（一）中国数字乡村建设模式的启示

在中国，数字乡村建设模式的多样化实践不仅为城乡一体化发展提供了宝贵的经验和启示，而且展现了中国在推动区域均衡发展和乡村振兴战略中的创新与决心。城乡一体的数字乡村建设模式，通过依托城市数据大脑和智慧城市的综合发展，加速了城乡空间的数字化、网络化和智能化进程。这一模式的核心在于强调城乡资源要素的协同配置与共享。通过整合城市与乡村的资源，实现资源共享和协同配置，推动了城乡一体化发展。在这一过程中，城市与乡村通过数字技术紧密相连，形成了互补、互助的新型城乡关系。例如，北京、广州等大城市通过提升治理效率和加强生态环境保护，实现了城乡关系更加协调和可持续发展的目标。这些城市通过数字化手段，提高了乡村地区的信息化水平，促进了乡村经济的多元化发展。同时，数字化也为乡村地区的教育、医疗等公共服务提供了更加便捷和高效的途径，改善了乡村居民的生活质量。

在中国的数字乡村建设中，"点线面"结合的模式是一种创新的实践方式，其通过示范点的引领作用，逐步实现从点到线再到面的扩展效应。这种模式的实施，不仅能够根据地方特色和资源禀赋进行精准施策，而且能以点带面地推广数字经济、数字社会和数字政府等关键应用场景，从而推动整体乡村的现代化转型。该模式首先需要在乡村中选取具有代表性和示范性的点，如特色产业村、历史文化村等，通过这些点的数字化改造和升级，形成可复制、可推广的模式。这些示范点的成功实践，可以为周边乡村提供借鉴和参考，进而带动周边乡村的数字化进程。在示范点的基础上，通过点与点之间的连接，形成数字化的线路，这些线路可以是产业链、供应链，也可以是信息流、物流等。通过线路的连接，可以实现资源的优化配置和信息的快速流通，提高乡村的整体运行效率。最终通过点与线的有机结合，形成覆盖整个乡村区域的数字化网络，实现从局部到全域的数字化发展。这种模式不仅能够提升乡村的信息化水平，还能够促进乡村经济的多元化发展，改善乡村居民的生活质量。点线面结合的数字乡村建设模式，还注重对乡村传统文化的保护和传承。在数字化的过程中，乡村的传统文化和手工艺得到了更好的记录和传播，增强了乡村文化的自信和影响力。通过数字化手段，乡村的故事和文化得以跨越地域的界限，被更多人了解和欣赏。

通过有效的项目总结和推广，点线面结合的数字乡村建设模式能够实现从局部到全域的数字化发展，为乡村振兴提供了有效路径和实践经验。这种模式的成功实施，不仅需要政府的引导和支持，还需要社会各界的参与和合作，形成政府、企业、社会组织和村民共同参与的多元化发展格局。随着技术的不断进步和实践的深入，点线面结合的数字乡村建设模式有望在未来发挥更大的作用，为全球乡村社区的繁荣和可持续发展贡献中国智慧和中国方案。通过这种模式的推广和应用，我们有理由相信，中国的乡村地区将焕发出新的活力，成为推动国家经济社会发展的重要力量。而电商带动的数字乡村建设模式则侧重于通过电子商务平台和技术手段，促进农村地区经济发展和社会改善。在金华市等地，电商平台的建设显著提升了农产品的市场可及性和农民收入，推动了农村经济的多元化和可持续发展。这种模式的成功在于通过技术创新和市场拓展，实现了农产品的线上销售和品牌化，为农民创造了更多的就业机会和增收途径。

数据驱动的数字乡村建设模式通过大数据和信息技术的应用，优化和推动了乡村发展。该模式通过建立大数据平台、智能决策支持系统和数字化服务平台，提升了农业生产效率和公共服务水平，改善了居民生活质量。例如，在大荔县等地，通过数字化农业产业链的整合和物联网监测系统的建设，有效支持了农产品的质量管理和市场竞争力，推动了乡村经济的现代化和可持续发展。

这些数字乡村建设模式不仅为中国乡村振兴战略提供了有效路径和实践经验，还为全球其他地区在数字化转型和乡村发展中提供了有益的借鉴和启示。随着技术的进步和实践的积累,期待未来可以出现更多创新型的数字乡村建设模式,共同推动全球乡村社区的繁荣和可持续发展。

(二)其他发展中国家数字乡村建设模式的启示

在全球范围内,数字乡村建设已成为提升农村生活质量、推动经济增长关键实践。随着信息技术的飞速发展,数字乡村建设不仅为农村地区的居民带来了便利和机遇,还为全球减贫、教育普及和医疗改善等社会问题提供了新的解决途径。不同国家根据各自的经济、社会和文化背景,探索出了多种具有特色的数字乡村建设模式。例如,一些发达国家通过先进的通信基础设施和互联网普及,实现了农村地区的数字化管理和服务,提高了农业生产效率和农产品的市场竞争力。而一些发展中国家则通过移动技术和云计算等低成本解决方案,为农村地区提供了远程教育、移动医疗和电子政务等服务,有效地缩小了城乡之间的数字鸿沟。这些模式对其他发展中国家具有重要的启示和借鉴意义。

数字乡村建设需要政府的积极引导和政策支持,通过制定合理的规划和提供必要的资金投入,为农村地区的数字化转型创造良好的外部环境。数字乡村建设也需要社会各界的广泛参与和合作,包括企业、社会组织和农村居民等,形成多元化的发展格局。数字乡村建设还需要注重本地化和可持续发展,根据农村地区的实际情况和需求,选择适合的技术方案和服务模式,确保数字乡村建设能够真正惠及农村居民,促进农村地区的长期发展。

在全球范围内,数字乡村建设的成功实践已经证明,信息技术在改善农村生活、促进经济发展和实现社会公平方面具有巨大的潜力。通过借鉴和学习其他国家的成功经验,结合本国的实际情况,发展中国家可以探索出适合自己的数字乡村建设模式,为农村地区的现代化转型和可持续发展提供有力的支持。

随着全球数字化进程的不断深入,数字乡村建设正逐渐成为推动全球农村地区发展的重要力量。这一进程不仅涉及技术的应用和普及,更关乎如何通过创新的模式和策略,实现农村地区的全面振兴。在这一背景下,加强国际合作和技术交流变得尤为重要。通过共享数字乡村建设的成功经验和最佳实践,各国可以相互学习、相互启发，共同探索适合自身国情的数字乡村发展道路。

在印度，数字乡村建设已经成为国家发展战略的重要组成部分。通过整合技术和数字设计，印度在改善基础设施、提升教育、医疗和经济活动等方面取得了显著的成就。特别是在马哈拉施特拉邦、古吉拉特邦等地区，数字乡村建设项目通过在线教育平台和数字化健康服务，为农村居民提供了远程医疗服务和优质教育资源，极大地提升了他们的生活水平。在线教育平台的建立，使农村地区的学生能够接触到更广泛的知识资源和更高质量的教学内容。这不仅提高了教育的普及率，也为孩子们提供了更多的学习机会和更广阔的视野。数字化健康服务的推广，使农村居民能够在家门口享受到专业的医疗服务，提高了医疗服务的可及性和便利性。数字化的农业信息平台为农民提供了市场价格、种植技术和天气信息等关键数据，帮助他们做出更科学的种植决策，提高了农产品的质量和市场竞争力。这不仅增加了农民的收入，还为消费者提供了更优质的农产品。数字化金融服务的推广，为农村地区的小微企业提供了更多的发展机会。通过便捷的金融服务，农民和小微企业能够更容易地获得贷款和投资，从而推动农村经济的多元化和可持续发展。这些服务降低了交易成本，提高了资金的使用效率，为农村经济注入了新的活力。

在和马来西亚的数字乡村建设中，可再生能源的综合利用被提升到了战略高度。这些地区通过创新的能源解决方案，不仅解决了能源供应问题，还为环境保护和经济发展开辟了新的道路。以马来西亚的依斯干达地区为例，该地区通过生物质能源和太阳能技术，成功建立了能源自给自足的社区模型。这种模式不仅有效解决了传统能源供应的不稳定性和环境污染问题，还促进了当地经济的多样化发展。利用当地的生物质资源和充足的阳光，依斯干达地区的社区能够生产出清洁、可持续的能源，满足居民的日常生活和生产需要。

肯尼亚的村级太阳能发电项目为偏远社区提供了稳定的清洁能源。这些项目不仅为当地居民带来了光明，还通过技术培训提升了居民的就业机会和生活质量。太阳能技术的推广，使得最偏远的地区也能够享受到现代能源的便利，极大地改善了当地居民的生活条件。这些地区的数字乡村建设还注重与当地文化和社区需求的结合。通过与当地社区的紧密合作，确保了数字乡村建设项目真正满足居民的实际需求，同时也保护和传承了当地的文化特色。这种以人为本的发展理念，使得数字乡村建设更加具有可持续性和社会责任感。随着全球对可再生能源和可持续发展的重视，肯尼亚和马来西亚的数字乡村建设模式为其他地区提供了宝贵的经验和启示。这些模式展示了如何通过技术创新和社区参与，实现能源的可持续供应和经济的多元化发展。

尽管各国在数字乡村建设中取得了显著进展，但这一过程仍面临诸多挑战。技术普及和数字鸿沟是最主要的障碍，特别是在偏远和贫困地区，往往缺乏必要的基础设施和资源来支持数字技术的接入和使用。由于地理环境的隔离和经济条件的限制，这些地区的居民很难享受到数字技术带来的便利和机遇。政策和法律环境的不完善同样是限制数字技术广泛应用和可持续发展的重要因素。在一些国家，缺乏明确的政策指导和法律框架来规范数字乡村建设的发展，这可能导致资源分配不均、项目实施不规范，甚至出现数据安全和隐私保护方面的问题。因此，建立一个健全的政策和法律环境对于推动数字乡村的健康发展至关重要。

社会文化因素也是数字乡村建设中需要考虑的。每个国家和地区都有自己独特的文化传统和社会习俗，这些因素可能会影响居民对新技术的接受度和使用方式。在实施数字乡村建设项目时，如果不充分考虑当地的文化背景和社区习惯，可能会引起居民的抵触甚至冲突，从而影响项目的顺利进行和成功实施。数字乡村建设还需要解决人才短缺的问题。在许多农村地区，由于教育资源的不足，缺乏具备数字技能的人才，这限制了数字技术的推广和应用。因此，加强农村地区的教育和培训，培养一批懂技术、会管理、善经营的人才，对于推动数字乡村建设具有重要意义。

资金投入不足也是制约数字乡村建设的重要因素。由于农村地区的经济基础相对薄弱，很难有足够的资金来支持大规模的数字基础设施建设和技术升级。因此，需要政府、企业和社会各方面的共同努力，通过公共投资、私人投资和社会资本等多种渠道，为数字乡村建设提供充足的资金支持。

面对这些挑战，各国需要采取综合性的措施来推动数字乡村建设的可持续发展。这包括加强基础设施建设，提高互联网普及率；完善政策和法律环境，为数字技术的应用和发展提供良好的外部条件；尊重和融入当地文化，确保项目的本地化和可接受性；加强人才培育和教育投入，提高农村居民的数字素养；加大资金支持力度，确保项目的顺利实施。通过这些努力，我们可以期待数字乡村建设能够克服现有的挑战，为农村地区的居民带来更多的发展机遇，为全球的可持续发展作出更大的贡献。

随着数字技术的不断进步和应用，数字乡村建设有望在全球范围内产生更加广泛和深入的影响，为实现联合国 2030 年可持续发展目标提供坚实的支撑。全球数字乡村建设的多样化实践为各国提供了丰富的经验和启示。通过合理整合技术和资源、注重社区参与和可持续性、完善政策支持，各国可以有效提升农村生活质量，实现经济和环境的双赢。在未来的数字化进程中，期待各国能够相互借鉴，共同推动全球农村社区的繁荣和可持续发展。

此外，全球发展中数字乡村建设的成功经验表明，采取多元化和包容性策略，通过与当地社区的紧密合作和参与，确保项目的可持续性和社会接受度是关键。同时，合理整合技术和资源，根据当地实际情况定制化解决方案，可以有效推动农村社区的发展。此外，完善的政策和法律环境是数字乡村建设的重要保障，各国政府应加大政策支持力度，为数字化转型提供有力的政策保障。通过加强国际合作，互相学习成功经验，共同探索创新和适用的解决方案，各国能够提升农村生活质量，实现经济和环境的双赢，推动全球农村社区的繁荣和可持续发展。

（三）其他发达国家数字乡村建设模式的启示

在全球范围内，数字乡村建设已经成为提升农村生活质量和促进可持续发展的重要实践。从具体的模式来看，各国在数字乡村建设中采用了多种有效策略，这些模式为我国乡村的数字化转型提供了宝贵的经验和方向。

首先，大规模投资和基础设施建设是数字乡村建设的基础。许多国家通过政府资金支持，推动农村地区信息通信技术水平的提升。例如，美国大规模投入资金建设了农村农业信息网络和互联网接入项目。具体而言，美国政府资助了光纤和卫星通信设施的铺设，确保农村地区能够获得高速、稳定的互联网接入。这种做法不仅缩小了城乡数字鸿沟，还为农村社区的数字化转型奠定了坚实的基础。此外，农业数据的收集与整合是提升农业生产决策和市场竞争力的重要手段。例如，英国通过建立庞大的农业数据库系统，收集和整合了农业生产、市场需求、气候变化、土壤条件等多方面的数据。这些数据为农业生产者和研究人员提供了重要的支持和决策依据，通过有效整合和分析数据，提升了农业生产的效率和质量。

　　未来，一些靠近发达地区的乡镇可以借鉴这种模式，通过政府主导和财政支持，优先建设农村地区的信息通信基础设施，确保宽带网络的普及和覆盖，从而为数字乡村建设提供基础保障。此外，智能农业技术的应用是提升农业生产效率和资源利用率的关键。例如，美国通过引入智能灌溉系统和自动驾驶技术，使农业生产管理更加精准和高效。智能灌溉系统基于大数据分析和实时传感器监测，能够精确调控水资源的使用，提高水分利用效率，减少资源浪费。同时，自动驾驶技术在农业机械化操作中的应用，不仅提高了生产效率，还降低了劳动成本，改善了农民的工作条件和生活质量。

　　未来可以借鉴这一模式，积极推广智能农业技术，鼓励农民使用现代化农业设备和系统，通过科技手段提升农业生产效率，降低生产成本，实现农业的可持续发展。此外，国家更应重视农业数据的收集与整合，建立综合性的农业数据库系统，推动数据的共享和应用，利用大数据分析提高农业生产的科学性和精准性，为农民提供实时、准确的市场和生产信息，增强市场竞争力。例如，通过对农业生产全过程的数据进行采集、存储和分析，大数据技术可以为农民提供种植方案优化、病虫害预测、市场价格分析等服务。人工智能技术则通过机器学习算法，对海量农业数据进行深度挖掘和智能分析，提供更为精准的农作物种植和管理建议。同时，积极探索生态农业和智慧农业园区的建设。智慧农业园区通过集成多种智能农业技术，打造现代化、智能化的农业生产基地。这些园区配备了先进的智能设施和系统，实现了农业生产的全过程智能管理和控制。此外，更要加大对智能农业技术研发和应用的支持力度，提供资金和政策保障，鼓励企业和科研机构加大投入。加快农业物联网、人工智能、大数据、区块链等新兴技术的融合与创新，推动农业技术的持续进步。积极开展国际合作和经验交流，学习和借鉴全球智能农业技术的先进经验，提升中国智能农业的国际竞争力，从而促进数字乡村建设。

电子交易和市场服务的数字化是提升农产品市场化程度和交易效率的关键。例如，日本通过建立电子交易标准和市场信息服务系统，提升了农产品市场的透明度和效率。这些系统使得农产品交易更加便捷、高效，并且提高了市场中小农户的议价能力，促进了农村经济的可持续发展。另外，公共服务和教育的数字化是提升农村生活质量的重要措施。法国通过推广数字化教育平台和公共服务项目，显著促进了偏远地区教育的均等化，并提升了公共服务的便捷性。法国政府推行全面的数字教育战略，通过 ENT，为分散在各乡村地区的学校提供了先进的教学资源和交流平台。此外，增加数字公共服务的内容和项目，使偏远乡村居民能够享受高质量的医疗、社会福利等服务。

实现数字乡村的长期成功需要采取多元化和包容性策略，强调社区参与和多元主体的合作。法国的数字乡村建设经验显示，多元主体共同参与、政府主导、企业支持、社区参与的模式是推动数字乡村建设的有效途径。通过与当地社区的紧密合作和参与，确保项目的可持续性和社会接受度。同时，重视公共服务和教育的数字化，推广数字化教育平台，提升教育资源的可及性和均等化，扩大数字公共服务的覆盖范围，提高服务质量，确保偏远和贫困地区居民能够享受优质的教育和公共服务，提升生活水平和社会资本积累，促进数字乡村建设人才培养工作。

全球数字乡村建设的成功经验表明，综合性、多元化和科技驱动的发展模式是实现农村社区现代化和可持续发展的有效途径。各国可以结合自身实际情况，借鉴成功经验，通过大规模投资与基础设施建设、智能农业技术应用、数据库系统与信息整合、电子交易与市场服务、公共服务与教育数字化以及社区参与与多元主体合作等多种策略，推进数字乡村建设，提高农村生活质量，实现经济和环境的双赢，推动全球农村社区的繁荣和可持续发展。

第六章 新质生产力赋能数字乡村建设面临的挑战与对策

第一节 面临的挑战与问题

一、数字安全与潜在的风险问题

在数字化进程加速的背景下，数字乡村建设面临着一系列复杂挑战（见图6.1）。随着经济社会的发展，数据安全问题也越发突出，大城市与农村地区之间数字产业发展的差距显著影响数据共享和价值实现。乡村数字化协同治理的问题也亟须解决，传统治理模式正在被数字技术改变，但软环境建设仍然不足。此外，乡村数字化还面临多种潜在经济风险，如数字化进程中的负面效应、网络诈骗及营销风险以及数字鸿沟的扩大。这些问题的解决需要依赖大城市的支持和资源投入，确保数字乡村建设顺利推进。

（一）数据安全

数字大平台建成后，其数据运行与处理多在大城市进行，这间接限制了数据的流通与共享，影响了数据价值的变现。数据具有"负竞争性"，即使用越多，价值越大。中国的数字产业主要集中在北京、深圳、杭州等大城市，而农村地区的数字化进程远不如城市。这一差距不仅导致农村地区在数字化治理、生产运营以及生活方式上落后，同时也增加了数字乡村建设中确保数据安全的难度。数据的安全性对数字经济的顺利运行至关重要，而这需要强大的数字产业支持，目前这种支持主要集中在大城市。

因此，数字乡村的建设需要依托大城市的资源和支持。在数字信息系统构建完成后，应将数字平台部署在大城市，以确保数据处理的安全性和高效性。当前的数据安全问题不仅限制了数据的共享和流动，也限制了数据价值的充分实现。为了解决这些问题，需要加强对数据安全的投资，建立规范统一的数据要素市场，防止数据在非法市场中流通，从而保障数字乡村建设的顺利推进。

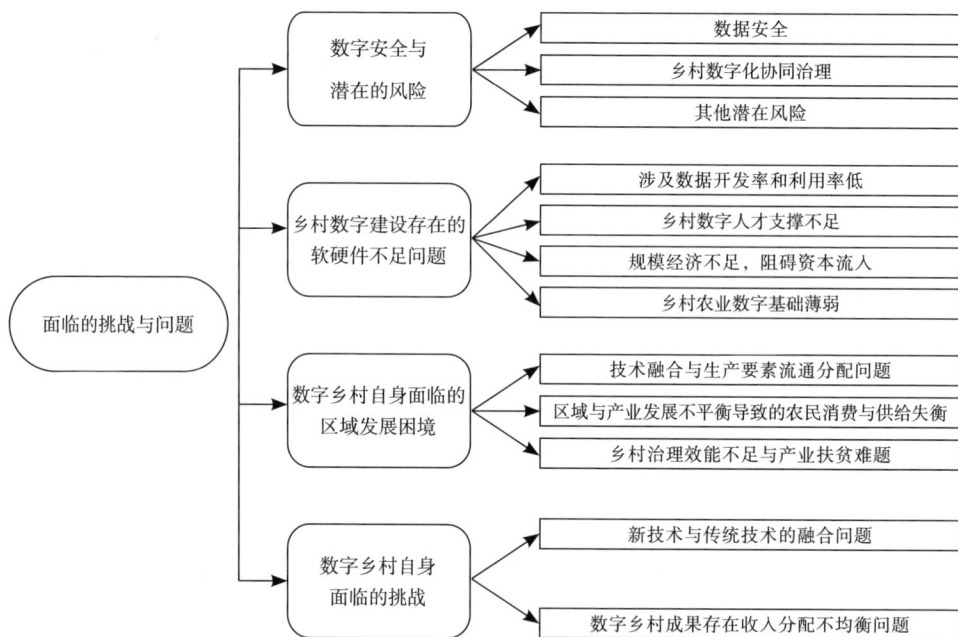

图6.1　数字乡村建设面临的挑战与问题

（二）乡村数字化协同治理

在当前时代背景下，乡村数字化的推进不仅涉及数据安全，更牵涉复杂的协同治理问题。传统的中国乡村治理模式长期依赖基于熟人社会的网络关系，这种模式在一定程度上保证了治理的有效性和稳定性。然而，随着数字技术的应用，这种传统的治理模式正面临前所未有的挑战。数字技术的应用正在逐步改变乡村治理的传统方式，但同时也带来了一些新的问题和挑战。

现阶段对数字化治理、生产运营以及生活方式等软环境的重视程度尚显不足，这在一定程度上阻碍了乡村数字化的全面发展。乡村数字化不仅是技术的简单应用，更涉及整个社会治理结构和生活方式的深刻变革。因此，仅靠技术推广是不够的，还需要从更深层次理解和重视数字软环境建设。为了实现城乡协同发展，需要将城市的数字化资源引入乡村，促进农民适应现代数字生活。这不仅能加速乡村数字化软环境建设，还能够推动乡村治理方式现代化。通过引入城市的数字资源，帮助农民更好地融入现代数字生活，提高生活质量和生产效率，促进城乡之间的信息交流和资源共享，推动城乡一体化发展。

乡村治理的数字化转型，要求乡村管理者和农民不仅要掌握新的技术工具，更要更新自己的治理理念。这意味着，乡村治理不再仅仅依靠传统的人际网络，而是需要通过数字化手段来提高治理效率和透明度。例如，通过建立数字化的公共服务平台，可以更快捷地响应农民的需求，提供更加精准的服务；通过大数据分析，可以更好地预测和解决乡村发展中可能出现的问题。乡村数字化的推进是一个系统工程，其不仅涉及技术层面的更新，更涉及治理结构、文化观念以及生活方式的全面变革。要实现这一目标，需要从多个层面进行努力。首先，需要加强对乡村数字化重要性的认识，提高农民和乡村管理者的数字素养，使他们能够更好地利用数字技术来改善生活和提高生产效率。其次，需要构建一个完善的数字化治理体系，包括但不限于建立数字化的信息收集和处理机制，以及制定相应的法律法规来保障数据的安全和隐私。最后，城乡之间的协作也是推动乡村数字化的关键。城市作为数字技术发展较为成熟的地区，拥有丰富的数字资源和先进的管理经验。通过城乡之间的资源共享和经验交流，可以将城市的数字资源有效地引入乡村，帮助乡村地区快速适应数字化转型的变化。这不仅能够使农民更好地融入现代数字生活，还能够推动乡村治理方式的现代化，实现城乡发展的均衡和协同。

乡村数字化的全面发展能帮助城乡之间缩小发展差距，提高乡村居民的生活质量，促进社会的整体进步。通过数字化手段，乡村地区可以更好地参与国家的经济社会发展，实现与城市地区的同步发展，共同构建一个更加和谐、繁荣的社会。

（三）其他潜在风险

数字化转型在全球范围内的加速推进，为城市带来了前所未有的发展机遇，同时也暴露出乡村地区在这一进程中的滞后。城市由于基础设施完善、技术资源丰富、人才集聚等优势，数字化水平远超乡村，形成了明显的城乡数字鸿沟。这种差距不仅体现在硬件设施上，还体现在农民对于数字技术的掌握和应用能力上。

农民由于缺乏必要的数字技能和知识，很难在数字化浪潮中找到立足点。他们可能无法有效利用数字化带来的经济机会，因而容易受到市场变化的冲击。例如，在电子商务的快速发展下，农民可能因为缺乏网络营销能力，难以将农产品销售到更广阔的市场，导致收入减少，生活水平下降。因此，乡村数字化使农民面临多方面的经济风险。数字化转型还可能带来网络安全风险。随着互联网在乡村的普及，农民接触网络的机会增多，但由于防范意识和技能不足，他们容易成为网络诈骗的目标。不法分子利用互联网进行虚假宣传、诈骗等违法活动，严重侵害农民的财产安全。同时，农村居民对网络营销手段认识不足，容易被虚假广告和不实信息所误导，导致盲目消费和经济损失，这也是广大乡镇农民不愿接受甚至抵触数字化转型的原因。

乡村数字化进程中的数字鸿沟问题不容忽视。理论上，数字技术的发展和应用应该能够为缩小城乡差距提供新的途径，但在现实中，这种差距往往因为多种因素而扩大。城市地区由于其经济基础雄厚、教育资源集中、技术更新迅速，居民能够更容易地接触到先进的数字技术和知识，享受高质量的教育和培训机会。这不仅提高了他们的数字技能，也使他们能够更好地适应数字化社会的变化。相比之下，农村地区在教育资源和培训机会上的不足，使得农民在数字技能的获取上面临更多困难。农村地区的学校和教育机构往往缺乏足够的资金和设备，难以提供与城市相匹配的教育质量。此外，由于地理位置偏远、信息闭塞，农村居民很难接触到最新的数字技术和知识，这进一步加剧了他们与城市居民之间的数字技能差距。数字鸿沟的扩大不仅影响了农民的个人发展，也对乡村经济的整体发展造成了不利影响。缺乏数字技能的农民难以有效利用数字化工具来提高生产效率和拓宽销售渠道，这限制了他们参与市场竞争的能力，也影响了农产品的附加值和农民的收入水平。同时，数字技能的不足也使农民在获取信息、享受公共服务等方面处于不利地位，这进一步加剧了城乡之间的不平等。

为了应对这些风险和挑战，需要社会各界的共同努力。政府和社会各界应加大对农村地区数字基础设施建设的投入力度，提高网络覆盖率和互联网接入速度，为农民提供更加便捷的网络服务。加强对农民的数字技能培训，提高他们的网络应用能力和防范风险的意识。通过开展形式多样的培训课程和实践活动，帮助农民掌握网络营销、电子支付等基本技能，增强他们在数字化转型中的竞争力。完善与强化相关法律法规，加大对网络诈骗等违法行为的执法与打击力度，保护农民的合法权益。同时加强对农村网络营销活动的监管，规范市场秩序，防止虚假广告和不实信息的传播，维护农民的消费权益。

乡村数字化是一个复杂的过程，需要政府、社会和农民共同努力。只有加强基础设施建设、提高农民的数字技能、完善法律法规等措施，才能有效应对数字化转型带来的经济风险，促进乡村经济的健康发展，实现城乡协同发展的目标。

二、乡村数字建设存在的软硬件不足的问题

（一）涉农数据开发率和利用率低

涉农数据的开发率和利用率低是乡村数字化面临的首要问题之一。"三农"

的采集面临独特挑战，农业与其他行业有所不同，受气候、地理等自然因素影响，存在大量无法量化和变化复杂的因素。传统的小农生产模式下，各户自行掌握生产数据，缺乏精确的统计信息，因此农业数据的采集异常困难。

农业生产具有高度的依赖性和复杂性。天气、土壤、病虫害等因素会对农作物的生长产生直接影响，而这些因素的变化往往难以预测和控制。这使得农业数据在采集过程中面临许多不确定性，影响了数据的准确性和可靠性。一方面，农民在生产过程中积累的经验和知识往往是口口相传，缺乏系统的记录和管理，这进一步增加了数据采集的难度。另一方面，农民对数字化技术的认知和接受程度较低也是导致数据开发利用率低的重要原因。许多农民对现代化的农业生产技术和数据管理手段缺乏了解，甚至存在一定的抵触情绪。他们习惯于传统的耕作方式，对新技术的应用缺乏信心和动力。这种情况不仅限制了农业数据的采集，也影响了数据的分析和利用，使数字化技术在农业生产中的潜力未能得到充分发挥。

为了提高涉农数据的开发率和利用率，需要从多个方面入手。首先，应加强农业数据采集的基础设施建设，推广使用先进的传感器、无人机等技术手段，提高数据采集的准确性和效率。其次，应加强对农民的教育和培训，提高他们对数字化技术的认知和应用能力。最后，政府和企业应加大对农业数据开发和利用的投入力度，建立完善的数据管理和分析系统，推动农业生产向数字化、智能化方向发展。

（二）乡村数字人才支撑不足

乡村数字经济的蓬勃发展是实现乡村振兴战略的关键，但在这一进程中，人才短缺的问题尤为突出。高素质的数字化人才是推动数字经济发展的核心力量，而乡村地区在这方面的资源严重不足，这在很大程度上制约了乡村数字化进程。

乡村地区的教育资源相对匮乏直接影响了数字化人才的培养。农村学校往往缺乏先进的教育设施和专业的师资力量，导致学生在学习过程中难以接触到前沿的数字技术。这种情况不仅限制了学生对数字技术的理解和掌握，也影响了他们创新思维和实践能力的培养。此外，即使有些学生通过自身努力获得了较高的数字化技能，他们中的许多人也会因为城市更好的职业发展机会而选择离开乡村，这进一步加剧了乡村数字化人才的短缺。

农村居民对数字经济的参与度不高，也是影响乡村数字化人才供给的一个重要因素。许多农村居民由于年龄、文化水平等，对数字技术的接受和使用存在障碍。他们习惯于传统的生产和生活方式，对数字化转型缺乏足够的理解和支持。此外，农村地区的经济水平相对较低，这也限制了数字化技术的普及和应用。由于缺乏足够的经济激励，农民很难看到投资数字技术的价值，进一步降低了他们参与数字经济的积极性。

为了解决乡村数字人才支撑不足的问题，需要采取一系列有效的措施。政府应加大对农村教育的投入力度，改善教育设施，提升师资力量，为农村学生提供更多接触和学习数字技术的机会。通过开设相关课程，组织实践活动，激发学生对数字技术的兴趣，培养他们的创新思维和实践能力。通过各种途径提高农村居民的数字素养，激发他们参与数字经济的积极性也是非常重要的。可以借助开展数字技能培训、提供在线咨询服务、建立数字技术应用示范点等方式来实现。在此过程中，应注意方式方法的生动活泼，以确保效果。通过这些措施，帮助农村居民更好地理解和应用数字化技术，提高他们的生产效率和生活质量。

政府和企业也应积极创造条件，吸引和留住数字化人才。这包括提供有竞争力的薪酬待遇、职业发展机会、良好的工作和生活环境等。同时，还应鼓励和支持乡村数字化人才的创新创业活动，为他们提供必要的政策支持和资源帮助，激发他们的创新活力和创业热情。同时，应加强城乡之间的交流与合作，促进数字资源共享和经验互鉴。通过建立城乡数字经济合作平台，推动城市数字化人才和资源向乡村流动，帮助乡村地区更好地利用数字技术，实现经济的转型升级。

总的来说，解决乡村数字人才支撑不足的问题，需要政府、企业、社会组织和农民自身的共同努力。只有通过改善教育条件、提高数字素养、创造良好的发展环境、加强城乡合作等措施，才能有效缓解乡村数字化人才短缺的问题，为乡村数字经济的发展提供坚实的人才支撑，推动乡村经济的全面振兴。

（三）规模经济不足，阻碍资本流入

规模经济不足是乡村数字化进程中面临的另一大挑战。规模经济是指企业通过扩大生产规模降低成本、提高效率的经济效应。然而，在乡村地区，由于数字化基础设施建设滞后、市场规模有限等，难以形成有效的规模经济，从而阻碍了资本的流入。乡村地区在数字经济发展中面临的市场规模和基础设施建设的双重挑战，是制约其数字化进程的重要因素。

首先，乡村市场的规模相对较小，直接影响了资本的吸引力。与城市相比，农村地区的消费者数量有限，购买力相对较弱，市场需求不足，这使得大规模的资本投入难以实现。在农业生产方面，由于小农经济的分散性，农产品的生产和销售难以形成规模效应，进一步降低了投资者对农村市场的兴趣。

其次，由于农村地区存在的数字鸿沟导致商品交易流通渠道相对城市较为不畅，导致投资者在评估投资回报时，往往会对农村市场持谨慎态度，资本流入的意愿不强。这种资本短缺不仅限制了乡村地区数字经济的发展，也影响了当地居民的生活质量和经济收入。

最后，农村地区的数字化基础设施建设相对滞后，这在很大程度上影响了数字经济的发展。数字化基础设施，如网络通信、数据中心、智能设备等，是数字经济发展的重要支撑。然而，在许多农村地区，网络覆盖率低、网络速度慢、设备老旧等问题普遍存在，制约了数字化技术的应用和推广。这是一个双向制约的死结，阻碍了农村地区的数字化进程。

这些问题不仅影响了农村居民的数字生活，也降低了投资者对农村数字经济的信心。农村地区的数字化基础设施不足，导致农民难以充分利用数字技术提高生产效率和拓宽销售渠道。同时，网络的不便利也限制了农民获取信息、享受在线服务，影响了他们对数字经济的参与度。

为了解决这些问题，需要采取一系列措施。政府可加大对农村地区数字化基础设施建设的投入力度，提高网络覆盖率和网络速度，更新老旧设备，为农村居民提供更加稳定和高效的网络服务。这不仅能够改善农村居民的数字生活，也能增强投资者对农村数字经济的信心。政府也可以适当出台相应的政策和激励机制，鼓励和吸引更多的资本投入乡村数字经济的发展。这可以通过提供税收优惠、财政补贴、信贷支持等措施实现。同时，也应鼓励和支持乡村地区的创新创业活动，培育一批有潜力的乡村数字化企业，带动当地经济发展。对于当地的居民，可加强对农村居民的数字技能培训，提高他们的数字素养，使他们能够更好地利用数字技术改善生产和生活。通过开展形式多样的培训课程和实践活动，帮助农民掌握网络营销、电子支付、智能农业等数字技能，提高他们的生产效率和市场竞争力。

加强城乡之间的交流与合作，促进资源共享和经验互鉴是促进城乡数字化融合必不可少的。通过建立城乡数字经济合作平台，推动城市数字化人才和资源向乡村流动，帮助乡村地区更好地利用数字技术，实现经济的转型升级。

总体而言，解决乡村数字经济发展中的问题，需要政府、企业、社会组织和农民的共同努力。只有通过加强基础设施建设、吸引资本投入、提高居民数字素养、加强城乡合作等措施，才能有效推动乡村数字经济的发展，实现乡村经济的全面振兴和城乡发展的均衡。

（四）乡村农业数字基础薄弱

在政策和技术的双重驱动下，我国在数据获取方面取得了较大进展，如网络普及率和生产自动化水平等关键指标持续改善。尽管如此，在数据深度利用方面，许多应用仍较为浅层，仅满足了基本的展示需求，其潜在价值尚未得到充分挖掘。

数据的有效利用是推动农业数字化转型的关键。尽管我国在农业数据采集方面取得了一定进展，网络基础设施的建设和农业生产信息化水平的提升为数据的收集奠定了基础，但这些硬件设施的改善并未完全转化为农业生产的实际效益。

数据采集系统的不完善、数据记录的不全面和不精细，以及缺乏系统性和连续性，都是数据利用率低下的原因。农民和农业企业对数据的应用能力不足，数据分析和决策支持系统的缺失，使得精准农业和智慧农业的发展目标难以实现。

数字农业技术在我国的推广和应用面临诸多瓶颈。与发达国家相比，我国在数字农业技术的应用深度和广度上均显不足。这种不足首先体现在地区发展的不平衡上。数字农业技术的推广主要集中在经济较发达地区和大规模农业经营主体，而中西部地区和小农户对这些技术的接受度和应用率相对较低。这种不平衡导致了地区之间、不同经营主体之间在数字农业发展上的显著差距，加剧了农业发展的不均衡性。现有数字农业技术在适应性和本土化方面也存在问题。许多引进的先进技术由于缺乏与当地农业生产实际相结合的二次开发和适配，难以在实际生产中得到有效应用。这不仅限制了技术的推广效果，也影响了农业生产效率的提升。此外，农业技术的本土化不足还可能导致资源浪费和环境问题，不适应当地条件的技术可能无法达到预期效益，甚至可能对生态环境造成负面影响。

为了解决这些问题，需要采取多方面的措施。应加强农业数据采集系统的建设，提高数据的全面性、精细度和连续性，确保数据的系统性和可用性。通过建立统一的数据标准和规范，实现数据的有效整合和共享，提高数据的利用率。应加强对农民和农业企业的培训和指导，提高他们对数据的应用能力。通过开展数据分析和决策支持系统的培训，帮助他们掌握数据驱动的决策方法，提高农业生产的精准度和效率。加大对数字农业技术的本土化研发和推广力度，鼓励科研机构和企业根据当地的农业生产条件和需求，进行技术的二次开发和适配，提高技术的适应性和实用性。同时，应加强对中西部地区和小农户的支持，通过政策引导和资金扶持，提高他们对数字农业技术的接受度和应用率，缩小地区之间、不同经营主体之间的发展差距。应加强国际交流与合作，引进和学习国外先进的数字农业技术和管理经验，促进我国数字农业技术的创新和发展，对于数字农业基础薄弱的乡村地区尤为重要。通过国际合作项目和技术交流，提高我国数字农业技术的国际竞争力，推动农业数字化转型。

解决数据有效利用和数字农业技术推广的问题，需要政府、科研机构、企业和农民的共同努力。只有加强数据采集和应用、提高技术本土化水平、加强培训和指导、加大政策支持力度等，才能有效推动我国农业数字化转型，实现农业现代化和乡村振兴的目标。

国内数字农业在数据分析和模型构建方面的能力尚待提高，其在降低成本和提高效率方面的实际贡献有限。以种植业为例，尽管可以收集到生产环境的相关数据，并能识别出一些病虫害，但对于如何为特定作物创造最佳生长条件、确定施肥的最佳时机以及精确控制灌溉量等关键问题，目前还没有找到有效的解决方案。当前，国内数字农业项目普遍采用"一张图"大屏和视频监控，主要用于展示和节省人力成本，但未能通过数据优化农产品质量，如提高水果的甜度或增加大米的产量。此外，国内数字农业平台多为定制开发，软件成本高昂，缺乏适应纯软件企业发展的环境。高昂的维护费用是最致命的问题，因为数字化设备不仅容易损坏，而且需要定期的资金投入来更新软件。在实际应用中，智慧农业项目经常遇到网络问题和传感器数据异常，如果无法远程解决，则往往会导致设备停用。

三、数字乡村自身面临的区域发展困境

智慧城市在全球范围内已取得显著进展，许多城市通过先进的信息技术和智能化管理，实现了城市管理的高效化和智能化。然而，与城市相比，数字乡村的发展起步较晚，面临诸多挑战和困难。农村地区的发展环境相对不利，基础设施建设滞后，人才资源匮乏，经济发展水平较低，这些因素都制约了数字乡村的发展。农村地区的基础设施建设是数字乡村发展的基础，许多农村地区在网络通信、电力供应、交通设施等方面存在明显不足。网络覆盖率低、网络速度慢、电力供应不稳定等问题，严重影响了数字技术的普及和应用。这不仅限制了农民获取信息和享受在线服务，也阻碍了农业生产的智能化和自动化。数字人才资源的匮乏是制约数字乡村发展的另一个重要因素。农村地区由于经济发展水平较低，教育和医疗等公共服务资源不足，难以吸引和留住高素质人才。许多有才华的年轻人

更倾向于前往城市发展，导致农村地区人才流失严重。高素质人才的缺乏不仅影响了农村地区的教育和医疗水平，也阻碍了数字技术的推广和应用。由于农村地区的经济发展水平相对较低，这直接限制了数字乡村建设的资金投入和技术支持。许多农村地区因经济基础薄弱、财政收入有限，难以进行大规模的基础设施建设和技术引进。同时，农村地区的企业和农民对数字技术的接受度和应用能力也相对较低，这进一步限制了数字技术的普及和应用。

在实践过程中，数字乡村的发展还面临着许多其他挑战。例如，农村地区的文化和生活习惯与城市存在较大差异，农民对数字技术的接受度和使用习惯需要逐步培养和引导。此外，农村地区的地理环境复杂，气候条件多变，这也给数字技术的推广和应用带来了额外的困难。

（一）农业技术融合与生产要素流通分配问题

在传统农业领域，一些地方政府尚未能精准识别并利用本地乡村的特色资源。依赖手工作业的传统农业效率低下，产量有限。尽管一些地区已经开始引入新技术并具备一定的机械化生产基础，但由于缺乏全面的规划和政策指导，部分乡村的机械设备仍然未能得到有效利用，造成资源浪费。尽管乡村在数字化方面已有一定基础，但整体的协同发展和管理能力仍有待提高，以充分发挥新技术在提升生产力方面的潜力。

此外，数字乡村建设还面临技术应用与实际需求不匹配的问题。部分乡村虽然引入了先进的农业设备和技术，但缺乏适应当地实际情况的操作和管理模式，导致技术与实际生产脱节。为解决这一问题，需要在政策层面加强对乡村特点的研究，制定符合实际情况的技术应用方案，并在实施过程中加强技术指导和培训，确保新技术真正落地生根，提高农业生产效率。

同时，数字乡村的推进虽然为经济发展带来了重大机遇，但政策和法规的不完备导致了成果分配的不均衡。不同地区之间的发展不平衡现象突出，东部、中部和西部地区的进展程度存在显著差异。在同一个乡村内部，成员之间的收入差距也相当明显。由于宗族观念的影响、人才资源的不均衡分布以及资金分配的不公平，少数人控制了大部分的生产资源，这限制了数字乡村建设成果的普及和共享，使得大多数农民无法公平地享受到相应的经济利益。

此外，尽管数字乡村的建设提升了农业生产的效率，农产品的市场流通仍然面临挑战。由于交通等条件的限制，部分乡村的农产品难以顺利进入市场，造成销售困难，产品的价值没有得到充分的实现。同时，乡村地区缺乏持续发展的内在动力，特别是专业技能人才的流失和短缺，使得数字乡村的建设难以持续有效地进行。缺乏足够的人才进行宣传和推广，数字乡村建设的成果难以长期维持，最终影响农民的收入和生活水平。

（二）区域与产业发展不平衡导致的农民消费与供给失衡

数字乡村建设在区域和产业发展上存在显著不均衡。各地区发展差距显著，东部地区的数字乡村发展明显领先于中西部地区，而三四线城市的数字乡村建设则相对滞后。城乡发展不平衡现象尤为突出，智慧城市建设起步早且条件成熟，而数字乡村建设则起步晚、发展环境较为恶劣，推进步伐较为缓慢。

区域发展不均衡导致农民消费能力不足，供需失衡成为数字乡村建设的重要挑战。农民收入相对城镇居民较低，加上地理限制，大多数农民仅能解决温饱问题，难以提升生活质量。产品价格与农民生活质量需求不匹配，农民虽有消费意愿却无力实现。此外，数字乡村发展带来的机遇与收益可能引发部分村民的不理性消费行为。乡村地区由于商业圈和第三产业的不完善，难以实现数字消费的增长，这不仅限制了农民的消费能力，也制约了数字经济在农村的推广和发展。

为解决这一问题，政府需要在政策层面增加对乡村商业基础设施的投资，支持第三产业的发展，改善农村消费环境。同时，加强农民的消费教育，引导他们理性消费，提升消费能力。数字乡村建设的不均衡现象在区域和产业发展上表现得尤为明显，这不仅影响了农村地区的经济发展，也制约了农民生活质量的提升。东部地区由于经济基础雄厚、基础设施完善、人才资源丰富，其数字乡村的发展明显领先于中西部地区。而三四线城市由于经济实力相对较弱，基础设施和人才资源相对不足，数字乡村建设相对滞后。一些地区由于特色产业的发展，数字技术得到了较好的应用和推广，而其他地区则由于缺乏特色产业支撑，数字技术的应用和发展相对滞后。这种不平衡的发展格局导致了地区之间、不同产业之间的数字鸿沟。

为了解决这一问题，需要在政策层面增加对乡村商业基础设施的投资，支持第三产业的发展，改善农村消费环境。通过建设商业中心、物流配送体系等，提高农村地区的商业服务水平，促进数字消费的增长。同时，加强农民的消费教育，引导他们理性消费，提升消费能力。通过开展消费知识培训、普及金融知识等，帮助农民树立正确的消费观念，提高他们的消费决策能力。此外，还应加强对农民的数字技能培训，提高他们的数字素养，使他们能够更好地利用数字技术改善生产和生活。加大对农村地区的政策支持和资金投入力度，改善基础设施条件，提高农村地区的网络覆盖率和网络速度，为数字技术的普及和应用提供基础保障也是较好的策略。通过建立数字农业示范项目、推广电子商务等，带动农村地区的经济发展，提高农民的收入水平。加强城乡之间的交流与合作，促进资源共享和经验互鉴能够促进城乡之间互联互通推动进步。通过建立城乡数字经济合作平台，推动城市数字资源和人才向农村流动，帮助农村地区更好地利用数字技术，实现经济的转型升级。这些措施的实施，可以逐步缩小城乡之间的数字鸿沟，推动数字乡村的发展，实现城乡发展的均衡和协调。

（三）乡村治理效能不足与产业扶贫难题

乡村治理效能不足是数字乡村建设面临的重要挑战之一，尤其在经济欠发达地区，这一问题更加突出。农村地区普遍存在资金短缺的现象，这直接制约了基层信息化平台的建设和维护，导致这些平台难以满足基层治理现代化的需求。资金的匮乏也致使乡村治理的基础设施建设滞后，数字化服务水平低下，进而阻碍了乡村经济社会的全面发展。

当前，数字乡村项目的建设在很大程度上依赖于政府的财政投入。然而，由于财政预算有限，这种依赖性带来了一系列问题。财政支持的阻碍使得乡村治理效能难以提升，产业扶贫工作也面临诸多困难。许多乡村数字化建设项目因资金缺乏而无法如期推进，基础设施建设滞后，数字化服务水平低下，导致乡村治理和产业扶贫工作难以取得实质性成效。

乡村治理效能不足的一个显著表现是基层信息化平台建设的滞后。信息化平台是实现乡村治理现代化的重要工具，但在许多农村地区，由于缺乏资金和技术支持，这类平台的建设和维护始终处于较低水平。缺乏现代化的信息化平台，导致基层治理过程中信息传递不畅，数据无法及时共享和分析，决策效率低下。此外，农村地区的网络覆盖和通信基础设施相对薄弱，进一步限制了信息化平台功能的发挥。

为了解决上述问题，需要采取一系列措施。对于农村信息化建设的财政投入，应坚持"开源节流"，确保有充足的、多渠道的资金系统性地支持乡村治理现代化的基础设施建设。同时，应积极探索多元化的资金筹措渠道，吸引社会资本参与数字乡村建设，形成政府、市场和社会三方共同参与的格局。加强农村地区的网络覆盖和通信基础设施建设，提高网络速度和稳定性，为信息化平台的建设和运行提供良好的基础条件。通过提升网络基础设施，可以促进信息的快速传递和数据的有效共享，提高决策效率。

同时，应加强对农村基层干部和农民的信息技术培训，增强他们的信息化应用能力。通过培训，可以帮助他们更好地利用信息化平台进行治理工作，提升治理效能。经过培训的基层干部能够在行动中更好地帮扶落实数字乡村建设的成效，更好地吸引和留住数字乡村建设的人才。

对于创新创业活动更应加以鼓励与引导，同时以此为契机培育一批有潜力的乡村数字化企业，带动当地经济发展。通过创新创业，可以激发乡村地区的经济活力，为数字乡村建设提供源源不断的动力。

总之，应加强城乡之间的交流与合作，促进资源共享和经验互鉴。通过建立城乡数字经济合作平台，推动城市数字资源和人才向农村流动，帮助农村地区更好地利用数字技术，实现经济的转型升级。提升乡村治理效能，推动数字乡村建设并非一朝一夕之功，这需要政府、市场和社会三方面的共同努力。通过加大财政投入、改善基础设施、加强培训、鼓励创新创业和促进城乡合作等措施，可以逐步解决乡村治理效能不足的问题，推动数字乡村建设取得显著实效，实现乡村经济社会的全面发展。

四、数字乡村建设目前面临的挑战

马克思在《政治经济学批判》导言中提出了一个核心观点，即社会经济生活的基本构成要素包括生产、消费、分配和交换。他强调这些要素必须相互协调、统一发展，以确保经济系统的有效运行。数字乡村建设所面临的困难和挑战正是这些生产关系之间的协调性不足，导致生产、分配、交换和消费之间的循环难以顺畅进行，从而影响了经济的全面发展和持续增长。在数字化进程中，乡村的生产力提升、资源合理分配、市场接入和消费模式的统一性与协调性显得尤为重要。这些因素不仅关乎乡村经济的现代化发展，还直接影响其融入全球经济体系的能力，为实现农村地区的可持续发展和长期繁荣奠定了坚实基础。数字化乡村建设需要注重整体战略规划和政策配套措施的制定，以促进各生产要素的协同作用，推动经济发展模式向更加智慧、高效的方向迈进。

（一）新技术与传统技术的融合问题

在传统农业生产领域，新兴技术的应用与乡村实际需求的结合尚未达到理想状态。当地政府在推动农业技术革新的过程中，有时未能充分理解乡村地区的独特性，包括其地理环境、文化传统、经济状况和农民的实际能力。这种认识上的差距导致新兴技术与传统农业生产方式之间的融合并不顺畅。

传统农业生产往往依赖于手工操作，这种方式虽然能够保持一定的灵活性和适应性，但也存在明显的局限性。手工作业效率低下，导致生产规模受限，农产品的产量和质量难以满足市场需求。这种低效率的生产方式不仅消耗了农民大量的体力和时间，而且由于缺乏规模化、标准化的生产流程，农产品的质量稳定性和供应的连续性也难以得到保障。此外，手工操作的局限性还体现在农民的收入水平上。由于生产效率不高，农民难以通过增加产量来提高收入，这直接影响了他们的生活水平和对新技术的采纳能力。农业现代化的推进需要农民具备一定的经济基础和对新技术的认知度，而手工作业的低收益限制了这一进程。

　　尽管在一些地区，机械化农业生产的基础条件已经初步具备，现代化的农业设备和技术也开始逐步进入农村，但这些先进的机械化设备和数字技术并未能充分发挥其应有的作用。这主要是由于缺乏全面的统筹规划和政策引导，所以这些设备和技术在实际应用中存在诸多问题。

　　具体来说，许多地方虽然购置了先进的农业机械和设备，但缺乏系统的培训和技术支持，农民在实际操作中遇到了很多困难。这不仅影响了设备的使用效率，也导致了设备长期闲置，形成了巨大的资源浪费。例如，一些村镇虽然购置了收割机和播种机，但由于没有配套的农机操作培训，农民不会使用这些设备，只能将它们搁置在仓库中，无法发挥其应有的作用。这种情况不仅限制了农业生产的效率，也影响了农民的收入水平和生活质量。

　　乡村地区虽然初步具备了数字化发展的条件，如互联网的普及和部分数字农业应用的引入，但由于缺乏整体的协同发展和管理策略，数字技术的潜力未能得到充分释放。在缺乏有效协调的情况下，数字技术的应用往往只是停留在表面，未能深入农业生产的各个环节。例如，一些地方虽然引入了农产品追溯系统和智能灌溉系统，但由于没有系统化的管理和维护，这些系统在使用过程中频频出现故障，影响了农业生产的连续性和稳定性。

　　为了解决这些问题，可采取一些措施进行推动。第一，加强对农业机械化和数字化的统筹规划，制定科学合理的发展策略。通过统筹规划，可以明确农业机械化和数字化的发展目标和路径，避免资源的浪费和重复建设。第二，加大对农民的技术培训力度，提高他们的操作技能和应用能力。通过系统的培训，可以帮助农民操作和维护农业机械和数字技术，提高他们的生产效率和质量。同时，也应加强对农业技术人员的培训，提高他们的服务水平和能力，为农民提供更好的技术支持。第三，定期对农业机械化和数字化项目进行管理和维护。通过建立完善的管理制度和维护机制，可以确保设备和系统的正常运行，提高其使用效率和效果。同时，也应加强对农业机械化和数字化项目的评估和监督，确保项目的实施效果和效益。第四，鼓励和支持农业科技创新，推动农业机械化和数字化技术的不断进步。通过科技创新,可以开发出更加先进和适用的农业机械和数字技术,提高农业生产的效率和质量。同时,也应加强对农业科技创新的推广和应用,促进农业机械化和数字化技术的普及。第五,在农业数字化和机械化发展方面要加强城乡之间的交流与合作,促进资源共享和经验互鉴。通过建立城乡数字经济合作平台,推动城市数字资源和人才向农村流动,帮助农村地区更好地利用数字技术,实现经济的转型升级。

总之,推动农业机械化和数字化的发展,需要政府、农民和社会各界的共同努力。通过加强统筹规划、提高技术培训、加强管理和维护、鼓励科技创新和促进城乡合作等措施,可以逐步解决农业机械化和数字化发展中存在的问题,提高农业生产的效率和质量,推动农业现代化进程,实现乡村经济社会的全面发展。

(二)数字乡村成果存在收入分配不均衡

数字乡村建设虽然给当地乡村带来了巨大的机遇,使经济发展速度加快,但当前各地政府尚未出台完整系统的政策和法律法规,导致数字乡村建设的成果在收入分配方面存在显著的不均衡现象。

不同地区之间的数字乡村建设成果存在明显的不均衡。东部地区由于经济基础较好、技术水平较高,数字乡村建设进展迅速,取得了较为显著的成果。这些地区的农民能够较早地接触到先进的数字技术,享受到数字经济带来的便利和收益。相比之下,中部和西部地区由于经济发展相对滞后、技术资源匮乏,数字乡村建设的推进速度较慢,发展成果相对较少。这种区域之间的不平衡不仅体现在基础设施和技术应用上,也影响到了农民的收入和生活水平。中部和西部地区的农民往往难以享受到数字乡村建设带来的经济机会,收入增长缓慢,生活质量提升有限。

与此同时,同一乡村内部的收入分配也存在较大差距。由于宗族观念的存在,村落内部的社会结构相对固化,资源和机会往往集中在少数人手中。那些拥有更多资源和权力的家庭或个人,能够更早、更充分地利用数字乡村建设带来的各种机会,从而获得更多的收益。他们可以利用数字技术提高农业生产效率,拓宽销售渠道,增加收入来源。而那些没有资源和权力的普通农民,则很难从中受益,甚至可能因为缺乏技术和资金支持而被边缘化。这种现象在一定程度上加剧了乡村内部的贫富差距，影响了社会的和谐稳定。

不仅如此，村落内部的人才分布和资金分布也极不均匀。部分有技术、有资金的人群能够通过数字乡村建设迅速致富，他们可以利用数字技术进行精准农业、电子商务等创新活动，提高自身的经济收益。而大部分农民则因缺乏相应的资源和支持而无法享受到数字乡村建设带来的经济增长。这种不均衡的现象不仅限制了数字乡村建设的普及和推广，也影响了乡村经济的整体发展。

为了解决这些问题，可采取以下一系列措施。政府应出台更加完整和系统的政策和法律法规，为数字乡村建设提供明确的指导和保障。通过制定公平合理的政策，确保数字乡村建设的成果能够惠及更多的农民，缩小地区和乡村内部的收入差距。加大对中西部地区和经济欠发达乡村的扶持力度，提高这些地区的基础设施建设和技术水平。通过提供资金支持、技术支持和人才培训，帮助这些地区加快数字乡村建设的步伐，提升农民的收入水平和生活质量。加强对农民的技术培训和教育，提高他们的数字素养和应用能力。通过开展形式多样的培训课程和实践活动，使农民能够操作和应用数字技术，增强他们利用数字乡村建设机会的能力。鼓励和支持乡村内部的创新创业活动，培育一批有潜力的乡村数字化企业，带动当地经济发展。通过创新创业，激发乡村地区的经济活力，为数字乡村建设提供持续的动力。加强城乡之间的交流与合作，促进资源共享和经验互鉴。通过建立城乡数字经济合作平台，推动城市数字资源和人才向农村流动，帮助农村地区更好地利用数字技术，实现经济的转型升级。

推动数字乡村建设的公平性和可持续性，需要政府、农民和社会各界的共同努力。通过加强政策引导、提高基础设施建设、加强技术培训、鼓励创新创业和促进城乡合作等措施，可以逐步解决数字乡村建设中存在的不均衡现象，实现乡村经济的全面发展和社会的和谐稳定。

（三）数字乡村成果无法有效进行交换流通

数字乡村的推进虽然在提升农业生产效率和增加农产品产出方面取得了显

著成效，但在农产品的销售和流通环节仍面临诸多挑战。农产品能否顺利进入市场并实现交易，直接关系到农民的收入增长和农村经济的发展。尽管数字乡村的推进明显提升了农业生产的效率并增加了农产品的产出，但在实现农产品顺畅交易和流通方面仍存在不少障碍。只有农产品能够顺利销售，才能实际增加农民收入；否则，大量农产品无法售出，将导致严重的库存积压问题。

交通不便是农产品流通不畅的主要原因之一。有些乡村的产品由于交通不便的因素导致商品积压，无法顺利流入市场，农产品的价值无法变现。交通条件差使得农产品的运输成本高，运输时间长，导致产品的新鲜度和质量下降，这不仅削弱了农产品的市场竞争力，也使农民难以通过销售农产品获得应有的收益。

许多乡村地区的基础设施建设滞后，特别是偏远和贫困地区的交通网络建设不足，严重制约了农产品的市场流通效率。即使一些乡村通过数字乡村建设提高了生产效率，农产品依旧难以在市场上流通，这就使农民难以实现增收的目标。数字乡村建设中还存在内生动力不足的问题，特别是人才流失和短缺，严重制约了乡村自我发展的能力。

乡村地区缺乏专业技术人才，许多有才华的年轻人和专业人才纷纷涌向城市，导致乡村地区人才流失严重。留在乡村的劳动力多为老年人和缺乏技术的人群，这对数字乡村建设的可持续发展构成了巨大挑战。缺乏内部技术支持和创新动力，使得很多项目只能流于形式，无法真正落地见效。

乡村地区在推广和宣传数字乡村建设成果方面也存在不足。由于缺乏专业人才进行宣传和推广，许多优秀的农产品和先进的农业技术难以被更多人知晓和认可，导致市场知名度低，销售渠道狭窄。农民普遍缺乏市场营销和品牌建设的意识和能力，使得农产品难以通过品牌效应打开市场，获取更高的附加值。

为了解决这些问题，需要采取一系列措施。应加大对乡村物流设施建设的投入，特别是交通网络的建设，提高农产品的流通效率。通过改善交通条件，降低运输成本，缩短运输时间，可以提高农产品的市场竞争力，增加农民的经济收益。

加强乡村人才队伍建设，吸引和留住更多年轻人和专业人才。通过提供优惠政策、创造良好的工作和生活环境，鼓励年轻人和专业人才投身乡村建设。加强对乡村劳动力的培训，提高他们的技术水平和创新能力，增强乡村的自我发展动力。加强农产品的宣传和推广，提高市场知名度，这对于农产品来说是至关重要的。通过利用数字技术，如电子商务、社交媒体等，扩大农产品的宣传范围，提高市场影响力。同时，加强品牌建设，提升农产品的附加值，通过品牌效应吸引更多消费者。加强农民的市场营销培训，提高他们的市场意识和营销能力是最关键的一步。通过开展市场营销培训课程，帮助农民了解市场需求，掌握营销技巧，提高农产品的销售效果。这样能够助力农户开发当地农产品，实现有效的脱贫致富。

解决农产品销售和流通的障碍，需要政府、农民和社会各界的共同努力。通过改善基础设施、加强人才队伍建设、加大宣传推广力度和增强农民的市场营销能力，可以促进农产品的顺畅交易和流通，增加农民收入，推动农村经济的发展。

（四）农民消费能力不足与供给失衡

由于收入水平相对较低，农民的消费能力普遍不及城镇居民，再加上地理位置的限制，许多农民的消费仅能满足基本的温饱需求和日常生活必需支出。与城市居民相比，农民的可支配收入有限，使得他们在消费选择上受到极大限制。这种消费能力的不足导致他们在面对供给的产品时，价格和日益提升的生活质量追求之间存在明显的不匹配。

一方面，农民希望能够购买更优质的产品来提高生活质量；另一方面，他们的收入不足以支持这种消费需求，导致在心理上想消费但在经济上没有能力消费。这种矛盾不仅使农民无法享受到更高质量的生活，还影响了他们的生活满意度和幸福感。农民渴望享受更好的生活条件，但收入的制约使得他们无法轻易购买自己心仪的商品，长期下来，这种心理上的落差会对他们的精神状态和幸福感产生不利影响。此外，数字乡村的推进虽然创造了新的机遇并带来了一定的经济效益，但同时也可能导致部分村民出现非理性消费行为。一些农民因为突然增加的收入，可能在消费上变得冲动，购买一些高档商品或者不必要的奢侈品，导致资金流失，没有用于更有意义的投资或储蓄。这种不理性的消费行为不仅没有改善他们的生活质量，反而可能带来经济上的困境，进一步影响他们的消费能力。一些农民由于缺乏理财知识和消费观念，容易被市场上的各种诱惑所吸引，进行超出自己承受能力的消费，结果是债台高筑，经济负担加重。

乡村地区由于商业设施和第三产业不够完善和发达，消费环节难以形成有效循环。缺乏多样化的商业设施和服务，农民在购买生活用品、享受娱乐和服务等方面受到很大的限制。即使有消费需求，农民也常需要长途跋涉到较远的城镇或城市购买所需商品和服务，这不仅增加了消费成本，也降低了消费意愿。乡村地区的商业环境相对单一，缺乏竞争和创新，导致商品和服务的质量和种类无法满足农民日益多样化的消费需求。不健全的商业生态系统使得农民的消费潜力无法充分释放，制约了整体的经济发展。此外，商业设施的不完善使得乡村地区的经济活动局限于小范围内，难以形成规模效应，进而抑制了乡村经济的活力和增长。即便农民有意愿消费，也因缺乏相应的基础设施和服务支持，其消费需求得不到满足。缺乏大型购物中心、娱乐设施和优质服务供应商，使得农民的消费活动被迫停留在低质量和低效的水平上，乡村经济无法实现良性循环，农民的生活质量也难以得到实质性提升。

第二节　政策建议与对策研究

本节主要探讨如何通过多层面的策略，积极构建数字安全堡垒、提升农业从业者的知识水平与技能、推动城乡协同发展、改善交通与市场经济参与状况、增强土地利用率和资本吸引力、夯实农业科技获取的"硬"实力、突破区域发展困境，以及持续推进农村经济发展，从而实现数字乡村建设的全面推进与农村经济的可持续振兴。通过完善顶层设计、强化数字基础设施、结合地区优势、加强宣传能力等综合措施，确保数字乡村发展的有效性和可持续性，推动乡村治理和农业生产的现代化进程。政策建议与对策研究详情见图 6.2。

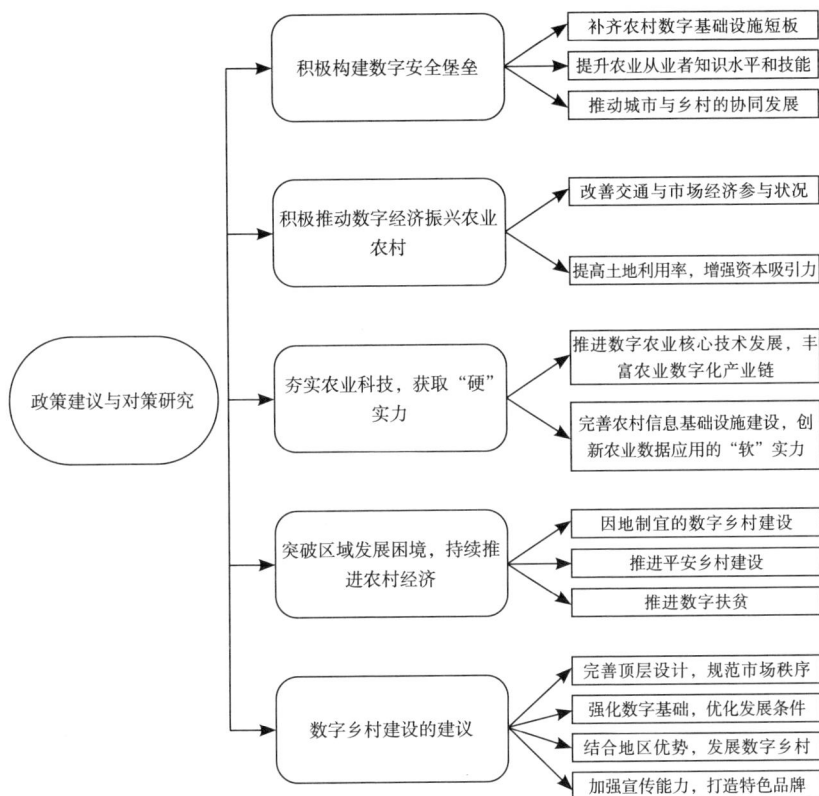

图6.2　政策建议与对策研究

一、积极构建数字安全堡垒

随着数字化进程不断加快，数据安全问题已成为全球的关注焦点，特别是在农村地区，这一问题更为突出。农村地区在数字化转型过程中面临着更多挑战和风险，尤其是在数据安全方面。为保护农村地区的数据安全，确保数字农业和乡村治理的顺利进行，构建数字安全堡垒尤为重要。

加强网络安全基础设施建设是提升农村地区网络防护能力的关键。由于农村地区的网络基础设施相对薄弱，网络覆盖率和网络速度往往不如城市地区，这使得农村地区在面对网络攻击时更加脆弱。因此，需要通过建立和完善网络安全监控系统，及时发现和防范网络攻击，保障数据传输和存储的安全。这包括但不限于加强网络设备的物理防护、提升网络系统的安全防护能力、建立网络安全事件的应急响应机制等。

制定和实施严格的数据安全管理制度也是确保数据安全的重要手段。在数据采集、传输、存储和使用过程中，必须确保数据的安全性，防止数据泄露和滥用。这要求从制度层面对数据的全生命周期进行管理，包括数据的采集、处理、传输、存储和销毁等各个环节。通过制定详细的数据安全操作规程、加强数据访问控制、实施数据加密技术等措施，可以有效提升数据的安全性。

同时，加强农村居民的数据安全意识教育也是保护数据安全的重要环节。许多农村居民对网络安全知识了解不足，缺乏必要的防护意识和技能，这使得他们在使用数字技术时更容易受到网络攻击和面临更大的数据泄露的风险。因此，需要通过开展各种形式的培训和宣传活动，普及网络安全知识，提高他们的防护能力。这可以通过组织网络安全知识讲座、发放网络安全宣传手册、开展网络安全演练等方式实现。

此外，提升农村地区的数字技能和素养也是保护数据安全的重要途径。许多农村居民由于缺乏数字技能，在使用数字技术时往往无法有效保护自己的数据安全。因此，需要通过教育和培训提高他们的数字技能和素养，使他们能够更好地利用数字技术，同时保护自己的数据安全。这包括教授他们如何安全地使用互联网、如何识别和防范网络诈骗、如何保护个人隐私等。农村地区的数字治理也是确保数据安全的重要措施。通过建立和完善数字治理体系，可以更好地管理和利用农村地区的数据资源，同时保护数据安全。这需要从政策、法规、技术等多个层面进行综合考虑，建立科学合理的数据治理机制，确保数据的安全、合规和有效利用。

保护农村地区的数据安全是一个系统工程，需要从网络安全基础设施建设、数据安全管理制度、农村居民的数据安全意识教育、数字技能提升和数字治理等多个方面进行综合施策。通过这些措施，可以有效地提升农村地区的数据安全防护能力，确保数字农业和乡村治理的顺利进行，推动农村地区的数字化转型和可持续发展。

（一）补齐农村数字基础设施短板

要推动乡村数字化建设，首要任务是补齐农村数字基础设施的短板。当前农村数字基础设施相对薄弱，不仅限制了乡村治理和产业扶贫的效率，还制约了数字农业的发展。为此，需要加大对农村数字基础设施的投入力度，改善网络覆盖和通信条件。通过提升农村地区的宽带覆盖率和网络速度，确保农民能够方便快捷地接入互联网。除此之外，还应推动智能设备和传感器在农业生产中的应用，提升农业生产的自动化和智能化水平。同时，应建设和完善农村信息化平台，实现农业生产数据的实时采集和分析。通过建立统一的农业数据平台，整合各类农业数据资源，为农民和农业企业提供精准的决策支持，推动农业生产的现代化和高效化。

当前农村地区数字基础设施的薄弱不仅影响了乡村治理和产业扶贫的效率，还成为制约数字农业发展的瓶颈。为此，必须从多方面着手，全面加强农村数字基础设施的建设。在政府和社会各界共同加大对农村数字基础设施的投入方面，尤其要关注网络建设和维护。提升农村地区的宽带覆盖率和网络速度是基础，这确保了农民能够方便快捷地接入互联网，享受数字技术带来的便利。同时，改善通信条件，扩展移动通信网络，确保农村地区有稳定的信号覆盖，便于农民进行信息交流和远程服务的获取。

推广智能设备和传感器在农业生产中的应用是进行基础设施建设至关重要的一步。这些技术的应用能够显著提升农业生产的自动化和智能化水平，如智能灌溉系统、无人机监测、自动化收割设备等，它们能够大幅提升农业生产的精准度和管理效率。建设和完善农村信息化平台，实现农业生产数据的实时采集和分析提高农业生产效率。通过建立农业物联网系统，收集作物生长数据、土壤湿度、气候变化等信息，为农业生产提供科学依据，推动农业生产的现代化和高效化。通过整合农业数据资源，建立统一的农业数据平台，为农民和农业企业提供精准的决策支持，使农业不再"靠天吃饭"。这不仅涉及气象数据、土壤数据、市场数据的整合，还包括建立信息共享机制，让农民能够及时获取市场信息、政策信息、新技术信息等，减少信息不对称。提升农民的数据素养和应用能力，通过培训和教育使他们能够理解和应用数据分析结果，从而做出更合理的生产决策，避免"谷贱伤农"的现象。强化网络安全，保障数据的安全和农民的网络使用安全，随着数字基础设施的完善，网络安全问题也日益凸显。鼓励和支持农村地区的科技创新和研发活动，促进适合农村地区的数字技术的研发和应用，提高农村地区的技术自给能力。制定长期规划和政策，确保农村数字基础设施建设的持续性和稳定性，避免资源浪费和重复建设。

通过这些措施，可以有效补齐农村数字基础设施的短板，为乡村数字化建设打下坚实的基础，推动农业生产的现代化和高效化，提高农民的生活质量，促进农村经济的全面发展，实现乡村振兴战略的目标。

（二）提升农业从业者知识水平与技能

在数字化时代背景下，中国农村的发展迫切需要普及数字农业知识并强化农业人才的培养。信息技术及其在农业领域的应用属于高科技领域，对相关人才的专业水平提出了更高要求。我们必须采取有效措施，从普及和实用的角度出发，通过在线教育和远程培训等方式，不断提升农业从业者的知识水平和技能，培养他们成为具备数字农业综合技能的专业人才。信息技术及其应用是高科技领域的一部分，这要求相关人才必须拥有高水平的专业知识。因此，我们应从普及和实用出发，通过在线教育和远程培训等方式，持续提升农业从业者的知识水平，培养具备数字农业综合技能的人才。为支持农村数字化发展，城市可以为数字乡村建设提供必要的人才支持。

在数字农业综合技能培训方面，应充分利用在线教育平台，提供丰富多样的数字农业课程，这些课程应覆盖农业生产的各个环节，如土壤管理、作物栽培、病虫害防治、农产品加工等。通过远程培训的方式，农民可以不受时间和地点的限制，学习到最新的农业技术和管理手段，从而提升他们的生产效率和经济收益。针对不同层次的农业从业者，应制订多样化的培训计划，提供个性化的学习路径，以满足不同农民的学习需求。通过开展实地培训、技能竞赛和技术交流活动，不仅可以激发农民学习的积极性和主动性，还能提升他们的综合素质和技能水平。建立整合数据信息的数字平台也至关重要，这有助于实现城乡资源的统一调动，进而提升资源配置效率。通过该平台，农民可以便捷地获取市场信息、政策信息、新技术信息等，从而减少信息不对称，提高对市场变化的响应速度。

为了强化人才支持，城市可以为数字乡村建设提供必要的人才支持。具体而言，应积极推进科技人员下乡，建立科研人员常驻乡村的工作机制，以拓展科技推广服务的覆盖面，并培养适应数字时代需求的乡村人才。此举不仅能够促进城乡之间的知识和技术交流，还能帮助农民更好地应用数字技术，提升农业生产的现代化水平。因此，在引进人才方面，可以充分利用政策支持，制定数字人才引进的优惠政策和创业扶持措施，确保数字人才能够引进和留住。通过提供有吸引力的待遇和良好的工作环境，可以吸引更多有才华的年轻人和专业人才投身乡村建设，为乡村数字化发展提供强有力的人才支撑。

同时，应加强对农业从业者的数据安全意识教育，普及网络安全知识，提高他们的防护能力。在数字化环境中，数据安全至关重要。农民需要了解如何保护个人和农场的数据不受侵害，并掌握基本的网络安全技能。为此，应建立长效机制，确保数字农业人才培养和知识普及工作的持续性和稳定性。通过制定长期规划和政策，持续推动数字农业教育和培训工作，为乡村数字化建设提供源源不断的人才支持。

综上所述，普及数字农业知识并强化农业人才的培养对于中国农村的进步至关重要。通过在线教育、远程培训、实地培训、技能竞赛、技术交流、数字平台建设、人才引进和长效机制建立等多种措施，可以有效提升农业从业者的专业水平和技能，为乡村数字化建设和农业现代化发展提供坚实的人才基础和技术支持。

（三）推动城市与乡村的协同发展

在支持农村数字化发展中，城市在数字乡村建设中的人才支持作用不容忽视。城市作为数字技术发展较为成熟的区域，拥有一大批专业的数字技术人才，这些人才可以成为推动农村数字化进程的重要力量。通过城乡对接，不仅可以实现资源共享，促进资源的优化配置，还能有效提升农村地区的数字化水平。

城市可以通过整合数据信息的数字平台，实现城乡资源的统一调动，提升资源配置效率。这样的数字平台可以作为桥梁，连接城市的专业人才和农村的生产实践，使农村直接受益于城市的技术优势和创新成果。积极推进科技人员下乡，建立科研人员常驻乡村的工作机制，是实现农村数字化发展的关键措施之一。通过这种方式，科研人员可以直接深入农业生产实践，为农民提供现场的技术指导和支持，帮助他们解决实际问题，提高农业生产的科技含量。

此外，在引进人才方面，政府应充分利用政策支持，建立数字人才引进的优惠政策和创业扶持措施。通过提供有吸引力的待遇和良好的工作环境，吸引城市中的优秀人才到农村地区创业和工作，为农村数字化建设注入新的活力。通过建立城乡协作机制，鼓励城市的科技人员、专家学者深入农村，为农民提供技术指导和培训。这种协作机制可以促进城市与农村之间的知识交流和经验分享，帮助农民掌握数字农业技术，提高他们的生产技术水平和管理能力。

政府还应出台一系列优惠政策和扶持措施，以吸引和留住高素质人才。这包括提供资金支持、税收减免和生活保障等措施，降低人才到农村工作的门槛，提高他们的积极性。通过开展形式多样的培训课程，提高农民的数字技能和互联网应用能力，使他们能够更好地利用数字技术提高生产效率和生活质量。此外，还需制定长期规划和政策，持续推动数字农业技术的普及和应用，为乡村数字化建设提供源源不断的人才支持和知识供给。

城市对农村数字化发展的人才支持是一项系统工程，需要政府、企业和社会各界的共同努力。通过整合数字平台、推进科技人员下乡、引进和留住人才、建立城乡协作机制、加强教育培训和建立长效机制等多种措施，可以有效提升农村地区的数字化水平，推动农业现代化和乡村振兴战略的实施。

二、积极推动数字经济振兴农业农村

（一）改善交通与市场经济参与状况

尽管交通强国战略在很大程度上改善了农村地区的交通状况，使更多农民得以参与到市场经济分工体系中，但仍有一部分农民维持着传统的自给自足经济模式。这种模式虽然在一定程度上保障了基本生活，但难以适应现代市场经济的发展需求。交通条件的改善是农业农村现代化的重要前提，良好的交通基础设施不仅有助于农产品的运输和销售，还能促进信息和技术的流通，从而为农村经济的发展提供基础支撑。然而，依靠交通条件的改善是不够的。为了进一步推动农村经济的全面发展，必须结合数字技术的应用，实现农村经济的数字化转型。在交通改善的基础上，积极推动农村物流体系的数字化建设显得尤为关键。通过建立智能物流平台，可以实现农产品的高效配送和精准对接，减少中间环节，降低物流成本。这种数字化的物流体系不仅能够提高农产品的市场流通效率，还能帮助农民更好地把握市场动态，及时调整生产和销售策略。同时，利用电子商务平台，拓展农产品的销售渠道，让农民能够直接面向消费者销售产品，提高农产品的附加值和市场竞争力。电子商务平台的普及，使得农民可以突破地理限制，将农产品销售到全国各地甚至海外市场，拓宽收入来源。此外，电子商务还能为农民提供更多的市场信息，帮助他们更好地了解市场需求，优化产品结构，提高产品质量。

此外，大力推广数字支付手段，提升农村金融服务水平也是推动农村经济发展的重要措施。通过移动支付、互联网银行等金融科技手段，农民可以更方便地进行交易和融资，提高他们的经济参与度和市场竞争力。数字支付不仅提高了交易的便捷性和安全性，还能降低交易成本，活跃农村经济。借助数字金融服务，农民可以更方便地获得农业贷款、保险等金融产品，缓解资金压力，促进农业生产和农村经济的发展。加强农村地区的数字技能培训，提高农民的数字素养和应用能力也是必不可少的。通过开展形式多样的培训课程和实践活动，农民可以掌据数字技术的操作和应用，增强他们利用数字技术改善生产和生活的能力。这不仅有助于提高农业生产效率，还能促进农民更好地融入现代市场经济。

不仅如此，建立和完善农村地区的数字治理体系，提升农村治理的现代化水平也是推动农村经济发展的关键。通过建立统一的数据平台，整合各类农业数据资源，为农民和农业企业提供精准的决策支持。同时，加强农村地区的网络安全防护，保障数据的安全和农民的网络使用安全，为农村经济的数字化转型提供坚实的保障。因此，推动农村经济的全面发展，需要综合施策，既要改善交通基础设施，又要积极推动物流、金融、技能培训和数字治理等方面的数字化建设。通过这些措施，可以有效地提升农村经济的整体竞争力，促进农业现代化和农村经济的可持续发展。

（二）提高土地利用率，增强资本吸引力

土地作为农业生产不可或缺的基本要素，其高效利用对于推动农业现代化具有决定性意义。在传统农业模式中，由于技术和管理手段的局限性，土地的利用率往往不高，导致资源的浪费和生产潜力的未充分利用。而数字技术的引入，为提高土地利用率和农业生产效益提供了新的解决方案。

精准农业技术的推广应用是提高土地利用率的关键。利用大数据、物联网、人工智能等现代信息技术，可以实现对农田的精准管理。通过部署土壤传感器、无人机以及卫星遥感等设备和技术，可以实时监测和收集土壤湿度、养分含量、作物生长状况等关键信息。这些数据能够帮助农民进行更为科学的决策，比如精准施肥、合理灌溉，从而提高土地的产出率和农业生产的整体效益。数字技术还可以促进土地流转和规模经营，提高土地资源的配置效率。通过建立土地流转信息平台，可以集中发布土地租赁、转让和入股等信息，为农民提供更多的土地流转机会，推动土地资源向更有效率的使用者手中集中。这种流转不仅有助于优化土地资源的配置，还能促进农业规模化、集约化经营，提升农业生产的效率和竞争力。土地确权登记是保障农民土地权益、激发土地流转积极性的基础。通过确权登记，可以明确土地的权属关系，保护农民的合法权益，增强农民对土地流转

和投资的信心。这不仅有助于稳定农业生产,还能为农业的可持续发展提供动力。

加强农民对数字技术的培训和教育,提升他们的信息素养和应用能力也是必要的。通过开展针对性的培训项目,教授农民如何利用数字工具进行土地管理、市场分析和产品销售等,可以提高他们对现代农业技术的掌握程度,促进土地资源的高效利用。政府和相关部门也应出台相应的政策和措施,支持数字技术在农业领域的应用。这包括提供资金补贴、技术指导、市场信息服务等,以降低农民采用新技术的门槛和风险,鼓励他们积极参与数字农业的发展。建立跨部门、多层次的合作机制,整合各方资源,形成推动土地高效利用的合力。政府、科研机构、企业以及农民共同努力,可以更好地发挥数字技术在提高土地利用率方面的作用,实现农业现代化。

同时,为了增强农村地区对资本的吸引力,应构建完善的农村投资环境。政府应出台一系列政策措施,鼓励社会资本投资农村数字经济,并提供税收优惠、资金补贴等支持。同时,建立健全法律法规和监管体系,保护投资者权益,增强他们的投资信心。这样不仅可以提高农村土地的利用率,吸引更多资本进入农业农村领域,也能推动农业生产的规模化和现代化。借助数字技术,可以实现农业生产全过程的数字化管理,提升农业生产的效率和效益,推动农村经济的全面振兴。

提高土地利用率是实现农业现代化的重要途径,而数字技术的广泛应用为这一目标提供了强有力的支持。通过精准农业技术的应用、土地流转信息平台的建设、土地确权登记的实施、农民数字技能的提升以及政策支持和合作机制的建立,可以有效提升土地的利用率,推动农业的可持续发展。

三、夯实农业科技,获取"硬"实力

在数字化浪潮的推动下,数字乡村建设已成为推动农业现代化和实现乡村振兴战略的关键途径。为了全面促进农村经济的数字化转型,必须从完善农村信息基础设施做起,确保每个乡村都能接入高速、稳定的互联网,为数字化应用提供必要的网络支撑。在此基础上,推动数字农业核心技术的发展,如精准农业、智

能农机、物联网等，这些技术能够显著提升农业生产的智能化水平，实现资源的高效利用和产量的最大化。同时，丰富农业数字化产业链，通过整合上下游资源，形成从生产、加工到销售的全链条数字化管理，提升整个农业产业的竞争力。

此外，创新农业数据应用的软实力至关重要，通过大数据、云计算等技术深入挖掘农业数据的潜在价值，为农业生产经营提供科学决策支持，增强农业对市场变化的适应性和灵活性。在这一过程中，加大人才培养力度，建立一支既懂技术又懂管理的农业专业人才队伍，是实现数字乡村可持续发展的重要保障。政策支持和市场参与是推动数字乡村建设的双重引擎，政府需要出台相应的政策措施，提供资金、技术、政策等全方位支持，同时激发市场活力，引导社会资本投入数字乡村建设，形成政府引导、市场运作、农民参与的多元共建格局。

数字乡村建设是一项系统工程，需要我们在基础设施、核心技术、产业链发展、数据应用、人才培养、政策支持等多个方面综合施策，共同推动。通过这些措施的深入实施，我们能够充分发挥数字技术在农业发展中的创新驱动作用，提高农业生产效率，促进农民增收，推动农村经济社会全面进步，为实现农业农村现代化奠定坚实基础。

（一）推进数字农业核心技术发展，丰富农业数字化产业链

数字农业作为推动传统农业向现代化转型的关键力量，其发展不仅需要技术创新，还需要构建一个从生产到市场的完整产业链条。这一过程需要政府在政策层面给予全面的支持和引导，通过资金投入、技术研发、人才培养等多方面的扶持，为数字农业的发展提供坚实的基础。政府应制定并实施一系列扶持政策，从资金、技术、培训等方面给予大力支持。这些政策应旨在降低农民使用数字技术的门槛，提高他们接受新技术的意愿和能力。同时，政府应鼓励科研机构和企业进行数字农业核心技术的研发和应用，推动农业生产管理方式从经验驱动向数据驱动的转变。这一转变对于提升农业生产的科技含量、增强农业的可持续发展能力具有重要意义。

数字农业涉及数据采集、处理、分析及应用等多个环节，每一个环节都需要

精密的技术支持和科学管理。因此，应大力支持创新应用数字农业技术，深入探索数据驱动的商业潜力。借助大数据、人工智能、物联网等前沿科技，可以提高农业生产的效率和盈利能力，实现精准农业。通过对土壤、水分、气候等进行实时监控和分析，实现精准施肥、灌溉和病虫害管理，提升农产品的产量和品质。农民可以通过数字化平台，实时了解市场需求和价格走势，合理安排生产和销售，减少生产盲目性，增加收入。这种数据驱动的决策模式，能够帮助农民更好地适应市场变化，提高农业经营的灵活性和响应速度。

构建完整的产业链条是数字农业发展的重要组成部分。政府应采取扶持政策，促进从种子培育、种植养殖、收割加工到物流销售的各个环节的数字化转型，形成协同高效的农业产业链。这不仅能够提升农业生产的整体效率，还能够增强农业产业的竞争力，推动农业向市场化、现代化发展。此外，数字农业的发展还应借助消费市场对产业链的深入影响，推动传统农业向现代化转型。通过数字化手段，可以更好地满足消费者对农产品质量、安全、可追溯性的需求，提高消费者对农产品的信任度和满意度。同时，激励年轻劳动力和现代农民在创新与创业中扮演重要角色，这不仅体现在农产品的经营上，还包括通过开发和推广乡村文化来促进旅游及其相关产业的繁荣。年轻一代的参与和创新思维，将为数字农业的发展注入新的活力和创造力。支持创新性的数字农业服务项目，如提供农业数据分析、数字化营销策略和金融解决方案，旨在提高农业产业的整体发展水平。这些服务项目可以帮助农民更好地利用数字技术，提高农业生产的智能化水平，增强农业产业的抗风险能力，促进农业产业的稳定发展。

数字农业的发展是一个系统工程，需要政府、科研机构、企业和农民的共同努力。通过政策支持、技术创新、人才培养、产业链构建等多方面的协同推进，数字农业将为我国农业现代化和乡村振兴战略的实施提供强有力的支撑。

（二）完善农村信息基础设施建设，创新农业数据应用的"软"实力

第七次全国人口普查数据显示，中国农村人口为 5.1 亿人。到 2024 年，已实现村村通宽带，农村网民规模超过了 3 亿，占全国网民数近 30%，呈现东部地

区强势、中西部地区相对落后的格局。要改变这一现状，政府需进一步增加信息基础设施和数字服务的投入，特别是在贫困地区的支持上。政府应推动数字乡村计划，确保农村地区的数字基础设施建设有效推进。具体来说，应加大对宽带网络和移动通信基础设施的投入，提升网络覆盖率和服务质量。通过降低电信资费，减轻农民的经济负担，使更多农村居民能够享受到优质的网络服务。这不仅有助于缩小城乡数字鸿沟，还能为农村经济发展打下坚实的基础。

为了提升农村的信息化水平，政府和企业需要携手合作，推动信息技术在农村的广泛应用。首先，应加强对农村居民的信息化培训，提高他们的数字素养和技能。通过开设数字技能培训班，普及互联网使用、电子商务操作和基本的计算机应用知识，帮助农民更好地融入数字经济。同时，应推广智慧农业技术，例如精准农业、智能灌溉和无人机监测等，以提升农业生产的效率和效益。此外，农业数据的应用不仅依赖硬件设施，还需要强大的软件支持。重点扩展农作物管理、作物影像分析和农场 ERP 等前端软件的研发和应用。这些软件可以帮助农民实时监测农作物的生长状况，进行科学管理，提高农业生产的精确性和智能化水平。利用大数据分析和人工智能技术，可以对农业生产的各个环节实施精细管理。例如，通过气象数据分析，可以预测天气变化，指导农民进行合理的农作物种植和管理；通过土壤数据分析，可以了解土壤的养分含量，指导科学施肥，提高农作物的产量和质量。

为促进数字农业技术的创新和应用，我国可以借鉴法国的农业众筹平台模式，让投资者参与农业生产并获取实物回报，提高农业项目的成功率。农业众筹不仅可以为农民提供资金支持，还可以增加农产品的市场曝光度，提升其市场竞争力。同时，应推广乡村旅游、观光农业和农村电商等数字农业项目，通过多元化的经营模式，增加农民收入，推动农村经济发展。

此外，数字农业不仅是传统的农产品生产和销售，还可以通过多元化的经营模式提升农业的附加值。推广乡村旅游、观光农业和农村电商等项目，可以吸引更多的城市居民到农村消费，带动农村经济发展。例如，通过开发特色农业旅游线路，可以让游客亲身体验农作物的种植和收获过程，增加他们对农产品的认知和认可；通过电子商务平台，可以将农产品直接销售给消费者，减少中间环节，提升农产品的附加值。

四、突破区域发展困境，持续推进农村经济

（一）因地制宜的数字乡村建设

数字乡村建设是一项系统工程，必须根据各地的实际情况进行规划和实施，避免一刀切的模式，确保建设成果能够真正符合当地农民的需求和期望。因地制宜的数字乡村建设策略，不仅能够充分发挥各地的地理、经济和文化优势，还能够提升数字技术在农业生产、乡村治理和居民生活中的应用效果。

对于农业资源丰富的乡村，数字农业技术的推广和应用是提升农业生产效率的关键。通过智能灌溉、精准施肥、智能监测等技术，可以提高农作物的产量和品质，减少资源浪费，增强农业的可持续性。例如，利用物联网技术监测作物生长环境，自动调节灌溉系统，确保农作物在最佳条件下生长；通过大数据分析，优化施肥方案，提高肥料利用率，减少环境污染。

对于旅游资源丰富的乡村，智慧旅游的发展可以成为推动当地经济发展的重要途径。通过数字平台推广乡村旅游，提供游客预订、导览、评价等服务，不仅可以提高游客的体验，还能够为当地农民创造更多的就业机会和收入来源。例如，利用虚拟现实技术，让游客在线上预览旅游景点，提前规划行程；通过智能导览系统，为游客提供个性化的旅游推荐和信息服务。

在数字乡村建设的过程中，信息网络数据安全保护措施和应急预案的完善是不可忽视的环节。随着数字技术的广泛应用，乡村地区也面临着网络攻击和数据泄露的风险。建立健全信息安全保护机制，制定完善的应急预案，确保在突发事件发生时能够迅速响应和处理，是保障农村经济平稳运行的关键。例如，加强网络安全防护，定期进行安全检查和风险评估；建立数据备份和恢复机制，防止数据丢失和损坏。

数字乡村建设还需要加强人才培养和技术支持。通过开展农民数字技能培

训，提高他们的信息技术应用能力，使他们能够更好地利用数字技术改善生产和生活。同时，鼓励科研机构和企业参与数字乡村建设，提供技术支持和创新解决方案，推动数字技术的本土化应用和推广。政府在数字乡村建设中发挥着至关重要的作用。通过制定科学合理的政策和规划，提供必要的资金和技术支持，政府可以引导和推动数字乡村建设的健康发展。同时，政府还应加强与农民的沟通和交流，了解他们的需求和期望，确保数字乡村建设能够真正解决他们的实际问题，提高他们的生活质量。数字乡村建设是一项长期而复杂的任务，需要政府、企业和农民的共同努力。通过因地制宜的策略，加强信息安全保护，培养数字技能人才，提供技术支持，数字乡村建设将为乡村振兴战略的实施提供强有力的支撑，推动农村经济社会的全面发展。

（二）推进平安乡村建设

推进平安乡村建设是提升乡村治理水平的重要举措。利用数字技术强化乡村治安管理，可以显著提高乡村的安全性和村民的安全感。推动视频监控全覆盖工程，扩展镇、村重点区域的视频监控覆盖范围，让村民能够参与、了解和监督，提升乡村治理的数字化水平。例如，可以在村庄入口、公共广场、主要道路等关键区域安装高清摄像头，通过智能分析技术实现实时监控和预警，及时发现和处置潜在的安全隐患。

具体实施过程中，可以在村庄入口、公共广场、主要道路等关键区域安装高清摄像头，这些摄像头不仅能够提供清晰的实时图像，还能够通过智能分析技术实现行为识别、异常检测等高级功能。例如，视频监控系统可以设置运动监测，一旦侦测到异常行为或不寻常活动，系统会自动发出预警，通知管理人员及时处理。通过建立统一的监控平台，可以实现对所有监控设备的集中管理，提高监控效率和响应速度。村民也可以通过授权的方式，参与乡村治安管理，通过智能设备查看监控画面，了解村庄治安状况，参与监督和反馈，形成群防群治的良好局面。同时，平安乡村建设需要加强网络安全建设，确保视频监控数据的安全和隐私保护。建立健全的数据保护机制，防止数据泄露或被非法访问，保障村民的个人信息安全。除了视频监控系统，平安乡村建设还可以借助其他数字技术，如大数据分析、云计算等，对治安数据进行深入分析，预测和防范治安风险。通过分析村民的生活习惯、活动模式等信息，可以更准确地识别出潜在的安全隐患，提前采取措施进行干预。

此外，平安乡村建设还应加强与公安、消防、医疗等相关部门的联动，建立快速反应机制，一旦发生紧急情况，能够迅速启动应急预案，组织力量进行处置，最大限度地减少损失。

推进平安乡村建设还需要加强法治宣传教育，增强村民的法治意识和安全防范意识。通过开展形式多样的宣传教育活动，普及法律知识，教育村民遵守法律法规，增强自我保护能力。

推进平安乡村建设是一项系统工程，需要综合运用数字技术、加强网络安全、建立联动机制、开展宣传教育等多方面的措施，形成全方位、立体化的乡村治安防控体系。这些措施的实施，可以有效提升乡村的安全性和村民的安全感，为乡村振兴战略的顺利实施提供坚实的安全保障。

（三）推进数字扶贫

在推进网络帮扶向纵深发展的过程中，政府的积极作用不容忽视。通过出台一系列优惠性政策措施，政府为乡村数字化建设提供了坚实的支持和动力。利用数字技术精准掌握帮扶信息，是提升扶贫工作精准性和有效性的关键。建立统一的帮扶信息管理平台，能够实现贫困户信息的实时收集与更新，为精准扶贫提供强有力的数据支撑。该平台不仅能够帮助政府、企业和社会组织了解帮扶对象的实际情况，还能促使相关方制定更为精准的帮扶措施，从而显著提高扶贫工作的效率。这种基于数据的决策模式，能够确保扶贫资源得到最有效的分配和利用，为贫困户提供更为切实的帮助。

数字技术在产业扶贫中的应用，是推动贫困地区长期增收和脱贫的重要途径。通过发展农村电商，可以帮助农民将农产品直接销售给消费者，减少中间环节，提高农产品的附加值和农民的收入。同时，建立农业大数据平台，为农民提供市场信息和技术指导，能够提升农业生产的科学性和效益，帮助农民更好地适应市场需求，提高竞争力。

此外，数字技术还能推动乡村旅游和文化产业的发展。通过数字平台宣传和推广乡村旅游资源，不仅能吸引更多城市居民到农村旅游消费，还能带动农村相关产业的发展，为农村经济注入新的活力。同时，利用数字技术发掘和保护乡村传统文化，进行展示和推广，能够提升乡村文化的影响力和经济价值，促进文化旅游和创意产业的发展。例如，利用 VR 技术将传统手工艺、民俗活动等进行数字化展示，可以让更多人了解和体验乡村文化，增强文化自信，推动文化传承与创新。这些举措不仅能够丰富农村居民的精神文化生活，还能够为乡村振兴提供强有力的文化支撑。因此，要突破区域发展困境，持续推进农村经济的发展，就需要因地制宜地进行数字乡村建设，并全面推进平安乡村建设。通过完善信息基础设施、保障数据安全、推进网络帮扶和产业扶贫，利用数字技术提升乡村治理水平和产业发展水平，实现农村经济的可持续发展。政府、企业和社会组织应共同努力，发挥各自优势，加强合作，形成推动乡村数字化建设的强大合力。通过政策引导、资金支持、技术援助和人才培养等多种方式，共同为实现乡村振兴和农业农村现代化贡献力量。这不仅能够提升农民的生活质量，还能够促进农村经济的全面繁荣和社会的和谐稳定。

五、数字乡村建设的建议

数字乡村建设作为乡村振兴战略的重要组成部分，其重要性日益凸显。在这一过程中，政府的角色尤为关键，需要从多个层面确保数字乡村建设的健康发展，从而推动乡村经济的可持续增长和社会的全面进步。

首先，政府需要制定明确的数字乡村发展战略规划，确立发展目标和方向。这包括对基础设施建设、人才培养、技术研发、产业升级等方面的长远规划，确保数字乡村建设与国家整体发展战略相协调。其次，政府应加大财政投入力度，优化资源配置，为数字乡村建设提供坚实的资金保障。这不仅包括对网络基础设施、数据中心等硬件设施的投入，也包括对技术研发、人才培养等软件方面的支持。通过财政补贴、税收优惠等措施，激励企业和社会组织参与数字乡村建设。最后，政府需要推动技术创新和应用，提高农业生产效率和乡村治理水平。利用物联网、大数据、云计算、人工智能等现代信息技术，实现农业生产的智能化、精准化，提升农产品的质量和市场竞争力。同时，通过数字化手段提高乡村治理的透明度和效率，增强农民的获得感和满意度。

此外，政府应加强人才培养和引进，为数字乡村建设提供人才支持。通过教育和培训，提高农民的数字技能和互联网应用能力，培养一批懂技术、会管理、善经营的新型职业农民。同时，吸引和留住一批数字技术领域的专业人才，为乡村数字化转型提供智力支持。政府还需要加强与企业的合作，发挥市场在资源配置中的决定性作用。通过公私合营、政府购买服务等方式，引导和支持企业参与数字乡村建设，发挥企业的创新能力和市场敏感性，推动数字技术在乡村地区的广泛应用。同时，政府应加强法律法规建设，保障数字乡村建设的规范性和安全性。建立健全的数据保护和网络安全管理体系，保护农民的个人信息和隐私权益，防范网络攻击和数据泄露风险。

政府需要加强宣传和引导，提高农民对数字乡村建设的认识和参与度。通过各种渠道和方式，普及数字知识和技术，让农民了解数字乡村建设的意义和价值，激发他们的积极性和创造性。政府在数字乡村建设中发挥着至关重要的作用。通过制定战略规划、加大财政投入力度、推动技术创新、加强人才培养、促进企业合作、加强法律法规建设和宣传引导等措施，政府可以确保数字乡村建设的健康发展，为乡村振兴战略的实施提供有力支撑。这不仅能够促进乡村经济的可持续增长，还能够推动社会全面进步，实现农业农村现代化的目标。

（一）完善顶层设计，规范市场秩序

为了促进数字乡村的发展，政府的角色不可或缺。实施全面和系统的规划，出台详细明确的政策措施，是创造有利发展环境的前提。当前，我国不少乡村地区尚未形成政策体系，这不仅导致了乡村之间出现过度竞争，还可能使得少数人垄断关键资源，如资金和土地等，在数字乡村建设中独占这些资源的使用权，进一步加剧了竞争秩序的混乱。

政府需要进一步简化行政审批程序，降低乡村发展的政策门槛，同时加强对各产业融合的引导和支持。这包括提供资金支持、税收减免、技术创新服务等，以促进乡村经济的健康发展和可持续增长。通过这些措施，可以确保数字乡村发展的有效性和可持续性，推动乡村地区更好地融入现代经济体系，实现经济社会全面进步的目标。此外，政府还需要积极引导和支持乡村社区的自主发展，加强基层治理体系建设。这不仅有助于应对不同地区乡村发展的多样性和挑战，还能确保各地乡村经济能够有效适应时代变迁和市场需求，促进全面的社会经济发展。政府的政策执行需要更多关注乡村社区的具体需求和资源配置，以确保政策落实的有效性和社会效益的最大化。政府还应加强乡村地区的教育和培训，提高农民的数字素养和技能，使他们能够更好地利用数字技术提升生产效率和生活质量。同时，鼓励和支持乡村创新创业，为乡村青年和返乡创业者提供良好的发展平台和机会，激发乡村发展活力。

在推动数字乡村建设的同时，政府还需注重保护乡村文化和生态环境，避免无序发展和资源过度开发。通过科学规划和合理布局，实现乡村经济、社会、文化和生态的协调发展。此外，政府应加强与企业的合作，发挥市场在资源配置中的决定性作用，同时发挥政府的作用，引导企业参与数字乡村建设。通过公私合营 (PPP)、政府购买服务等方式，支持企业参与乡村基础设施建设、公共服务提供、技术创新应用等领域，提高数字乡村建设的效率和质量。政府需要加强对数字乡村建设的监管和评估，确保各项政策措施得到有效执行，及时发现和解决发展中的问题。通过建立科学的评估体系和监管机制，促进数字乡村建设的健康、有序、可持续发展。

通过这些综合措施，政府能够为数字乡村发展创造一个稳定、可持续的发展环境，促进乡村经济的长期繁荣和社会进步，为实现经济社会全面进步目标奠定坚实基础。这不仅能够提升农民的生活质量，还能够促进农村经济的全面振兴和社会的和谐稳定。

（二）强化数字基础，优化发展条件

政府在推动数字乡村发展方面，必须制定全面加强基础设施普及的战略。特别是在医疗、通信和交通等关键领域，政府需持续改进和扩展网络设施，确保光纤、光缆和 5G 网络广泛覆盖。这些基础设施的建设不仅关乎农村居民的生活质量和便利程度，还直接影响到乡村经济的发展潜力和可持续性。通过提升数字基础设施的覆盖和质量，政府能够有效解决乡村地区信息不对称和资源匮乏的问题，为农村经济转型升级提供坚实支撑。

除了基础设施建设，政府还应积极加强与各级政府及大数据企业的沟通联系，深化上下级政府之间的协调与合作。建立高效的省、市、县、村四级政务互通平台是非常关键的一步，其能够保障农村信息在数字乡村建设中及时、精确地录入，促进各级政府和各单位之间的信息共享与互动。这种信息共享不仅有利于政府决策的科学性和精准性，也有助于企业和社会组织更好地参与乡村发展，共同推动数字乡村的全面进步。不仅如此，政府还应当设立县级和村级大数据中心，成立数字乡村建设孵化园。通过这些举措，政府能够有效培养和吸引相关技术人才，推动科技创新和人才培养。这不仅有助于数字乡村技术水平的提升，还能够为乡村经济的长远发展奠定更加坚实的基础，实现数字乡村发展的长远进步和可持续发展目标。

总之，政府推动的数字乡村发展模式，需全面加强基础设施普及，特别是医疗、通信和交通等领域，提升网络覆盖和质量，解决信息不对称和资源匮乏问题，支持乡村经济转型。加强政府间协调与合作，建立高效的政务互通平台，促进信息共享与企业参与，推动数字乡村全面进步。

（三）结合地区优势，发展数字乡村

地方政府在推动数字乡村发展时，必须根据乡村的特点制定发展策略。这一过程涵盖了对乡村资源禀赋、丰富的文化传承、地理位置优势以及社会风貌的深入分析，深刻理解当地的实际情况，以便量身定制适合的发展路径。随着村镇自治在发展中的重要性日益凸显，地方政府可以通过与上级政府的紧密合作，制定并实施可持续发展的规划，充分发挥当地资源的优势，推动特色产业的发展，特别是在农业、畜牧业和旅游业等具有本地特色的行业中引入先进的互联网技术和数字化解决方案。这种个性化的发展方式不仅有助于构建完善的数字乡村产业生态系统，还能显著提升居民和游客的生活质量和体验。同时，通过促进产业的整合与创新，地方政府能够有效推动乡村经济的复兴和可持续发展，为实现全面建成小康社会的目标作出贡献。

首先，地方政府需要深入了解乡村的自然条件、经济基础和文化特色，这些因素共同构成了乡村独有的个性和潜力。例如，一些乡村可能拥有丰富的自然资源，适合发展特色农业或生态旅游；而另一些乡村则可能拥有深厚的历史文化底蕴，适合发展文化旅游或手工艺品产业。其次，地方政府应与上级政府紧密合作，共同制定并实施可持续发展的规划。这包括制定合理的土地利用规划、环境保护政策和产业扶持措施，确保乡村发展既符合国家战略，又能满足当地居民的需求和期望。

在推动特色产业发展方面，地方政府可以利用先进的互联网技术和数字化解决方案，提升传统产业的竞争力。例如，在农业领域，可以引入智能农业管理系统，实现精准种植和养殖；在畜牧业，可以利用物联网技术进行牲畜的智能监控和管理；在旅游业，可以通过数字化营销和智能服务提升游客体验。地方政府还应重视乡村信息化基础设施的建设，提高乡村的网络覆盖率和带宽，确保乡村居民和企业能够享受到便捷的数字服务。这不仅有助于提高乡村居民的生活质量，也有助于吸引外来投资和人才，促进乡村经济的发展。

同时，地方政府需要加强乡村人才的培养和引进，特别是数字技术领域的专

业人才。通过与高校、科研机构和企业合作，为乡村提供技术支持和人才培养，提高乡村居民的数字技能和创新能力。在促进产业整合与创新方面，地方政府可以通过建立产业联盟、创新中心等平台，推动不同产业之间的交流与合作，激发乡村产业的创新活力。同时，鼓励乡村企业利用数字化手段拓展市场，提高产品和服务的附加值。地方政府应加强对数字乡村建设的监管和评估，确保各项政策措施得到有效执行，及时调整和优化发展策略。通过建立科学的评估体系和监管机制，促进数字乡村建设的健康、有序、可持续发展。

（四）加强宣传能力，打造特色品牌

各个地区的乡村需积极打造独特的地方形象，并充分利用新媒体平台进行推广。如今，越来越多的农民加入抖音、快手等新媒体平台，他们通过这些渠道不仅仅宣传当地的农产品和乡村风貌，更是将这些元素生动地呈现给全国甚至全球的观众。为了进一步扩大影响力，村干部不仅要与新媒体行业紧密合作，还要积极参与内容创作和市场营销，充分利用媒体快速传播的能力，将乡村的独特魅力和文化价值传递给更广泛的受众群体。新媒体的兴起有效地解决了乡村交通不便和信息闭塞的问题，使农民在家门口即可享受到信息技术带来的经济红利和社会认知。这一发展趋势为乡村注入了新的发展动力，不仅促进了乡村经济的多元化和可持续发展，还为乡村文化的传承和创新提供了广阔的平台和机遇。通过这种方式，乡村不仅展示了其独特魅力和生机，也吸引了更多游客和投资者的关注和支持，进一步推动了地方经济的蓬勃发展和社会的全面进步。这种全新的宣传模式不仅推广农村形象，还推动了农村地区在全球化信息传播中的积极参与，促进了城乡间的经济文化互动与融合，为未来的乡村振兴提供了可持续的发展路径。

总之，为了优化数字乡村的发展环境，政府应当完善基础设施，特别是在信息技术、通信和交通等方面持续改进，以解决乡村地区信息不对称和资源匮乏的问题。同时，结合地区优势，制定因地制宜的发展策略，充分利用本地资源和文化特色，推动数字乡村的多元化发展。此外，政府还需加强宣传能力，通过新媒体平台和市场营销，打造当地特色品牌，吸引更多投资和游客，推动地方经济的蓬勃发展和社会的全面进步。

第三节　未来发展趋势预测

在深刻理解乡村发展面临的挑战和困境的基础上，我们应充分利用数字技术的赋能作用，为乡村发展注入新的活力。数字技术在乡村中的应用不应仅仅停留在表面，而应深入农业生产、经营管理、市场销售、乡村治理等各个方面，实现全面的数字化转型。

未来的乡村数字技术的基础设施建设必然得到加强，乡村地区的网络覆盖率和互联网接入速度必定会得到提高。这是数字乡村建设的前提条件。只有确保了良好的网络基础设施，农民才能利用数字技术获取信息、学习技术、推广产品。数字技术与农业生产必然会得到深度融合。利用物联网、大数据、人工智能等技术，可实现对农业生产过程的实时监控和管理，提高农业生产的精准度和效率。例如，通过安装土壤湿度传感器、气象监测设备等，收集农田数据，分析作物生长状况，指导农民进行精准施肥、灌溉和病虫害防治。

利用数字技术提升农产品的流通效率和市场竞争力已成为县域的常见做法。通过建立农产品电商平台，拓宽销售渠道，让农产品直接对接消费者，减少中间环节，提高农民的收益。同时，利用大数据分析市场需求，指导农民调整种植结构，生产适销对路的产品。数字技术在乡村治理中的应用得到了加强，乡村治理的智能化、精准化水平得到前所未有的提高。例如，通过建立数字化的村务管理平台，实现村务公开、决策咨询、意见反馈等功能，增强村民的参与感和满意度。通过运用 GIS 等技术，进行乡村规划和管理，提高资源利用效率。数字技术在农民培训和教育中的应用也得到了普及。通过线上线下相结合的方式，开展农民技能培训、创业指导等活动，帮助农民掌握电子商务、网络营销等技能，增强农民的自我发展能力。

综上所述，从基础设施建设、农业生产、产品流通、乡村治理、农民培训、文化传承等多个方面入手，形成全方位的数字化发展格局，这不仅能够推动农业、农村和农民更好地融入数字化发展，还能让乡村地区共享数字化带来的各项红利，实现乡村全面振兴和可持续发展。数字乡村建设未来发展趋势预测见图6.3。

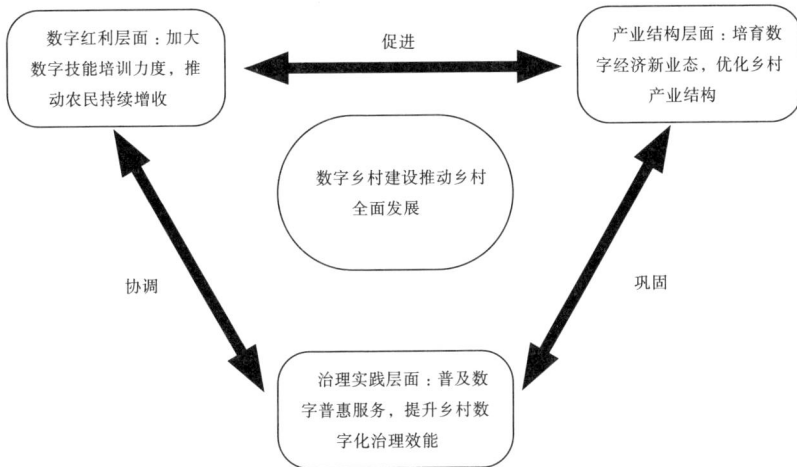

图6.3　数字乡村建设未来发展趋势预测

一、产业结构层面：培育数字经济新业态，优化乡村产业结构

数字技术在乡村产业发展中的应用，已经成为推动乡村经济转型升级的重要力量。通过有效促进生产要素的流动效率和资源配置效率的提升，数字技术正在深刻改变着乡村的传统产业结构和经济模式。为了充分发挥数字技术在优化传统产业结构、创新乡村数字经济新业态方面的作用，我们必须采取一系列切实有效的措施。

首先，加快传统农业的数字化转型是关键。这需要深化数字技术与传统农业的融合，建立基于数字技术应用场景的数字农业和智慧农业模式。通过推广数字技术在农业生产经营中的应用，如智能监测、精准施肥、无人机喷洒等，可以实现农业全产业链的数字化改造，从而提升农业生产效率和现代化水平。这种改造不仅能够提高作物的产量和品质，还能够减少资源浪费，增强农业的可持续性。

其次，扩展电商在乡村的影响力也是推动乡村经济发展的重要途径。通过"互联网+"模式，可以拓展高质量农产品的线上销售渠道，扩大农产品的市场覆盖范围。通过建立农产品电商平台，农民可以直接向消费者销售产品，减少中间环节，从而提高自身收益。同时，吸引商贸、物流和平台企业进入乡村市场，探索直播电商、网红经济等新兴模式，推动农村电商服务点的数字化升级，提升农村电商产业的规模和品质。这不仅能够增加农民的收入，还能够提高农产品的市场竞争力。

再次，创新乡村数字经济新业态是推动乡村经济发展的另一重要方向。依托地方生态资源、文化特色和农业优势，积极推动农文旅融合发展的创新模式和路径。通过发展基于互联网技术的休闲农业、生态旅游和数字文旅等新型经济业态，可以激发乡村经济发展活力，促进城乡生产要素的有效流动。例如，利用 VR 技术展示乡村的自然风光和文化特色，吸引更多游客；通过在线预订和支付系统，提供便捷的旅游服务。同时，加强乡村信息化基础设施建设也是必不可少的。提高乡村地区的网络覆盖率和带宽，确保乡村居民和企业能够享受到便捷的数字服务。这不仅有助于提高乡村居民的生活质量，也有助于吸引外来投资和人才，促进乡村经济的发展。

最后，加强乡村人才的培养和引进也是推动乡村数字经济发展的关键。通过与高校、科研机构和企业合作，为乡村提供技术支持和人才培养，提高乡村居民的数字技能和创新能力。这不仅能够增加乡村居民的就业机会，还能够促进乡村经济的多元化发展。

综上所述，数字技术在乡村产业发展中的应用，不仅能够提升农业生产效率和现代化水平，还能够推动农村电商和数字经济新业态的发展。通过加快传统农业的数字化转型、扩展电商在乡村的影响力、创新乡村数字经济新业态、加强乡村信息化基础设施建设和乡村人才培养，可以有效地促进乡村经济的全面振兴和可持续发展。这不仅能够提高农民的收入和生活质量，还能够促进城乡生产要素的有效流动。

二、治理实践层面：普及数字普惠服务，提升乡村数字化治理效能

利用数字技术推动公共服务的普及和基层治理体系的现代化，是实现乡村全面振兴的重要途径。通过提高数字化水平，可以更有效地响应群众需求，提升服务效率和质量。提升乡村治理的数字化水平是基础，这需要强化基层治理主体的现代化、智能化和数字化理念，创新数字技术与基层政务的整合应用。通过整合政务服务信息资源，扩展基层数据共享，可以建立多元参与的乡村智能治理合作机制。这种机制有助于完善乡村数字治理体系，将"互联网＋政务服务"推广到偏远乡村，满足数字时代乡村的电子政务需求，促进政府与农民之间的互动，提高政策传达和执行的效率。

扩展数字公共服务覆盖范围至关重要。探索基于数字技术的"互联网＋"教育、医疗、文化、养老等乡村应用场景，可以拓展线上服务和高质量供给，促进城乡基础公共服务的均等化和普及化。例如，在教育领域，可以通过远程教育平台为乡村学生提供优质的教育资源；在医疗领域，可以通过在线医疗咨询和远程诊疗提高乡村医疗服务水平；在文化领域，可以通过数字化手段保护和传承乡村文化遗产；在养老领域，可以通过智能养老系统提供更加精准的养老服务。

重视提升乡村数字公共服务质量，结合数字技术供给和农民的公共服务需求，实现供需平衡。这意味着要不断优化服务内容和形式，确保公共服务的实用性和有效性，满足农民的实际需求。同时，加强基层治理人才的数字化技能培训，为乡村基层干部、驻村工作队等管理人员提供数字技术教育，提升他们的数字素养和服务水平。这不仅能够提高他们运用数字技术进行管理和服务的能力，还能支持基层治理的数字化转型，提高治理效率和质量。此外，建立和完善乡村数字治理平台，通过数据分析和智能决策，提高乡村治理的科学性和精准性。利用大

数据分析乡村社会经济状况，为政策制定和资源配置提供依据，实现更加精准的管理和服务。

三、数字红利层面：加大数字技能培训力度，推动农民持续增收

为了使农民分享数字技术发展的好处，需要加强新型数字技能人才的培养，并制订农民数字技能培训计划，以填补数字鸿沟，建立农民与数字技术的利益联结机制，推动农民持续增收。

首先，重视培养乡村数字技能人才，培养实用性强、多元复合型的数字技能专业人才，针对乡村转移劳动力和返乡创业者进行培训，同时为科技人员、电商从业者和新型职业农民提供数字职业培训，提升他们的就业竞争力，有效增加乡村数字人才的供给，缓解结构性失业问题。

其次，提升农民的数字素养和技能，加强数字技术应用的宣传普及，提升农民的数字素养和技术应用能力。通过线上渠道和线下活动，培训农民使用智能设备，全面提升农村劳动力的整体素质，使他们更好地适应数字化时代的发展。

最后，建立农民与数字技术的利益联结机制是推动农民持续增收的重要途径。通过发展农村电商、智慧农业等新型业态，使农民能够直接参与数字经济，分享数字技术带来的红利。例如，通过建立农产品电商平台，农民可以将自己的产品直接销售给消费者，减少中间环节，提高收入。同时，加强农民数字技能培训计划的实施也是必不可少的。这需要政府、企业和社会组织的共同努力，通过提供培训资源、技术支持和进行政策引导，帮助农民掌握数字技能。例如，可以开展农民数字技能大赛、数字技能培训周等活动，激发农民学习数字技能的兴趣和热情。加强乡村教育和培训基础设施建设也是推动农民数字技能提升的重要措施。通过建立乡村数字技能培训中心、数字图书馆等，为农民提供更多的学习资源和平台。同时，鼓励和支持乡村学校和教育机构开展数字技能教育，培养更多的数字技能人才。

参考文献

[1] 张震宇. 新质生产力赋能数字乡村建设：转型逻辑与实施路径 [J]. 学术交流，
    2024（1）：93-107.

[2] 祝智庭，戴岭，赵晓伟，等. 新质人才培养：数智时代教育的新使命 [J]. 电化教
    育研究，2024，45（1）：52-60.

[3] 周文，唐教成. 共同富裕的政治经济学阐释 [J]. 西安财经大学学报，2022，35（4）：
    5-14.

[4] 郭红东，陈潇玮. 建设"数字乡村"助推乡村振兴 [J]. 杭州（周刊），2018（47）：
    10-11.

[5] 王耀宗，牛明雷. 以"数字乡村"战略统筹推进新时代农业农村信息化的思考与
    建议 [J]. 农业部管理干部学院学报，2018（3）：1-8.

[6] 丁志刚. 论国家治理能力及其现代化 [J]. 上海行政学院学报，2015，16（3）：
    60-67.

[7] 汪曙华. 传媒数字化背景下的媒介融合与全媒体传播 [J]. 东南传播，2011（4）：
    73-75.

[8] 林军. "数字化"、"自动化"、"信息化"与"智能化"的异同及联系 [J]. 电气时代，
    2008（1）：132-137.

[9] 刘俊祥，曾森. 中国乡村数字治理的智理属性、顶层设计与探索实践 [J]. 兰州大
    学学报（社会科学版），2020，48（1）：64-71.

[10] 王廷勇，杨丽，郭江云. 数字乡村建设的相关问题及对策建议 [J]. 西南金融，2021（12）：43-55.

[11] 曾亿武，宋逸香，林夏珍，等. 中国数字乡村建设若干问题刍议 [J]. 中国农村经济，2021（4）：21-35.

[12] 熊金武，侯冠宇，张震宇. 数字经济赋能乡村振兴：理论机制、关键堵点与提升路径 [J]. 改革与战略 2024，40（3）：87-96

[13] 唐红涛，熊悦. 数字经济赋能乡村振兴"三步走"战略的逻辑进路 [J]. 重庆理工大学学报（社会科学），2023，37（6）：91-103.

[14] 拓兆兵. 以数字化赋能乡村振兴 [N]. 经济日报，2023-05-13（6）.

[15] 王胜，余娜，付锐. 数字乡村建设：作用机理、现实挑战与实施策略 [J]. 改革，2021（4）：45-59.

[16] 申恒胜，郝少云，陈栋良. 数字化赋能乡村治理的效度、问题及纾解 [J]. 重庆理工大学学报（社会科学），2023，37（6）：137-147.

[17] 杨志玲，周露. 中国数字乡村治理的制度设计、实践困境与优化路径 [J]. 经济与管理，2023，37（5）：16-23.

[18] 张震宇，侯冠宇. 数字经济赋能经济高质量发展：历史逻辑、理论逻辑与现实路径 [J]. 西南金融，2023（11）：32-44.

[19] 张军，杨倩云. 发展滞后区域乡村数字化空间的生产机制 [J]. 福建论坛（人文社会科学版），2022（8）：173-185.

[20] 魏晓彤，龚大永. 数字技术赋能乡村产业内源式发展的作用机制研究 [J]. 重庆理工大学学报（社会科学），2023，37（6）：57-68.

[21] 张震宇，侯冠宇，张春华. 产业结构升级研究进展、热点探析与趋势展望——基于 CiteSpace 文献计量分析 [J]. 生态经济，2023，39（6）：220-227.

[22] 魏晓彤，龚大永. 数字技术赋能乡村产业内源式发展的作用机制研究 [J]. 重庆理工大学学报（社会科学），2023，37（6）：57-68.

[23] 盖宏伟，张明欣. 基层治理现代化的数字赋能机制——以技术赋能和制度赋能为分析框架 [J]. 学术交流，2023（6）：146–161.

[24] 张继良，宋俊敏. 中国特色乡村治理体系建设论纲 [J]. 河北学刊，2023，43（5）：15–23.

[25] 易君，杨值珍. 我国城乡数字鸿沟治理的现实进展与优化路径 [J]. 江汉论坛，2022（8）：65–70.

[26] 侯冠宇，熊金武. 数字经济对共同富裕的影响与提升路径研究——基于我国 30 个省份的计量与 QCA 分析 [J]. 云南民族大学学报（哲学社会科学版），2023，40（3）：89–99.

[27] 陈雪梅，周斌. 数字经济推进乡村振兴的内在机理与实现路径 [J]. 理论探讨，2023（5）：85–90.

[28] 侯冠宇，虎琳，熊金武. 教育政策对人力资本水平与劳动力价格的影响 [J]. 经济论坛，2022（11）：5–15.

[29] 郝新军，沈朝阳. 农村电商赋能乡村振兴成效评价与障碍因素分析 [J]. 西安财经大学学报，2022，35（5）：40–52.

[30] 胡晶，赵文哲. 数字农业助推黑龙江省乡村振兴的对策 [J]. 学术交流，2023（5）：140–153.

[31] 金书秦，牛坤玉，韩冬梅. 农业绿色发展路径及其"十四五"取向 [J]. 改革，2020（2）：30–39.

[32] 高鸣，种聪. 依靠科技和改革双轮驱动加快建设农业强国：现实基础与战略构想 [J]. 改革，2023（1）：118–127.

[33] 苑鹏，张瑞娟. 新型农业经营体系建设的进展、模式及建议 [J]. 江西社会科学，2016，36（10）：47–53.

[34] 蔡之兵. 推动科技创新和产业发展深度融合 [N]. 人民日报，2023–10–12（10）.

[35] 郑直，孔令海．乡村人才振兴与乡村经济高质量发展——基于高校毕业生返乡就业分析 [J]．经济问题，2024（2）：91–97．

[36] 魏后凯，崔凯．建设农业强国的中国道路：基本逻辑、进程研判与战略支撑 [J]．中国农村经济，2022（1）：2–23．

[37] 杜志雄，李家家，郭燕．加快农业强国建设应重点突破的方向 [J]．理论探讨，2023（3）：154–162．

[38] 魏后凯，崔凯．农业强国的内涵特征、建设基础与推进策略 [J]．改革，2022（12）：1–11．

[39] 苏弘戬，傅慧芳．农村基层党建引领乡村治理现代化：内在机理、现实境遇、优化路径 [J]．宁德师范学院学报（哲学社会科学版），2023（4）：29–34．

[40] 刘淑春．数字政府战略意蕴、技术构架与路径设计——基于浙江改革的实践与探索 [J]．中国行政管理，2018（9）：37–45．

[41] 张震宇．新质生产力赋能数字乡村建设：转型逻辑与实施路径 [J]．学术交流，2024（1）：93–107．

[42] 王林宇，朱炳元．数字乡村治理现状及未来展望——一个文献综述 [J]．贵州社会主义学院学报，2023（3）：70–76．

[43] 苏弘戬，李益长．论全过程人民民主嵌入乡村治理的理论探析与实践要求 [J]．甘肃政协，2024（2）：11–17．

[44] 刘鸣筝，芦猛．全面推进乡村振兴中农民媒介使用与其政治参与行为的关系——基于二元 Logistic 回归模型的分析 [J]．河北农业大学学报（社会科学版），2022，24（3）：71–80．

[45] 李全利，朱仁森．打造乡村数字治理接点平台：逻辑框架、案例审视与联动策略 [J]．学习与实践，2022（3）：82–92．

[46] 胡玉桃．数字化转型视野下的地方政府数据协同治理 [J]．学习与实践，2021（6）：69–77．

[47] 韩瑞波. 技术治理驱动的数字乡村建设及其有效性分析 [J]. 内蒙古社会科学，2021，42（3）：16–23.

[48] 高春城. 我国农业发展的资源环境问题与展望 [J]. 当代生态农业，2013（Z2）：151–153.

[49] 包宗顺. 国外农业现代化借鉴研究 [J]. 世界经济与政治论坛，2008（5）：112–117.

[50] 张伟伟，张景静. 经济增长目标策略能否为高质量发展增效？[J]. 求是学刊，2023，50（5）：55–67.

[51] 胡祎，陈芳，易建勇，等. 中国农业科技创新现状及其存在的问题与对策 [J]. 食品与机械，2017，33（1）：209–212.

[52] 陈升，王京雷，代欣玲. 基于"结构—动力"视角的合作治理模式比较——以小城镇建设为案例 [J]. 公共管理学报，2020，17（2）：104–115，172.

[53] 谭子聪，赵宇琛，郑海青. 现阶段智慧农业推广难题分析与解决方案研究 [J]. 天津农业科学，2019，25（9）：46—48.

[54] 吴贤纶. 美国有线电视产业参与其全国宽带计划 [J]. 有线电视技术，2010，17（4）：3–7.

[55] 庄科君，张文兰，刘盼盼，等. 美国农村教育信息化发展框架与策略管窥及启示——基于对《成功指南：农村学校个性化学习实施策略》的解读 [J]. 电化教育研究，2019，40（10）：102–108.

[56] 阳晓伟. "负竞争性"：对新古典经济学物品划分理论的挑战与完善——兼论平台经济的生发逻辑 [J]. 浙江社会科学，2021（1）.